Boris Dunck. 2021

Peter Dinzelbacher

Weltuntergangsphantasien

Peter Dinzelbacher

Weltuntergangsphantasien in der europäischen Geschichte

Entwicklung, Funktionen, Deutungen

Alibri Verlag
Aschaffenburg

2014

Peter Dinzelbacher, Dr. phil. habil., geboren 1948; seit 1998 Honorarprofessor für Sozial- und Mentalitätsgeschichte an der Universität Wien. Zahlreiche Publikationen zu historischen Themen; Gründer und Herausgeber der Zeitschrift *Mediaevistik*.

Alibri Verlag
www.alibri.de
Aschaffenburg
Mitglied in der Assoziation Linker Verlage (aLiVe)

Erste Auflage 2014

Umschlaggestaltung: Claus Sterneck
(unter Verwendung eines Bildes von Gerhard Knobloch)
Druck und Verarbeitung: Interpress, Budapest

ISBN 978-3-86569-175-0

Inhalt

Einleitung 7

I. Geschichte der Endzeitvorstellungen 15

Altertum 15
Naturphilosophie im Mittelmeerraum 15
Nordgermanische Mythologie 31

Christliches Mittelalter 36
Frühmittelalter 37
Hoch- und Spätmittelalter 46
Endzeit und Häresie 71
Renaissance und Reformationszeit 77
Frühneuzeit 91
Phantasten der Apokalyptik 91
Endzeitgläubige Wissenschaft 110

Hauptmotive traditioneller Endzeitvorstellungen 114
Vorzeichen 114
Antichrist 118
Endschlacht 123
Friedenskaiser und Pastor angelicus 125
Chiliasmus oder Millenniarismus 129
Neues Jerusalem 131

Jüngere Neuzeit und Gegenwart 133

II. Mentalitätsgeschichtliche und psychohistorische Analyse 155

Unterschwellige Momente 158
Wunscherfüllung 160
Macht 161
Angst und Furcht 168

Gruppenpsychologie 171
Kollektiver Freitod 177
Anlässe für die Aktivierung von Untergangsphantasien 181

Die großen Linien der Entwicklung 184

Sprechen über den Weltuntergang 190
Epilog 195

Abkürzungen 199

Literaturverzeichnis 200

Abbildungsverzeichnis 206

Register 207

Einleitung

Man kann die Grundfragen der menschlichen Existenz auch anders fassen als Kant, nämlich:

– Warum ist etwas und nicht nichts?
– Wie lebe ich glücklich?
– Warum muß ich sterben?

Hier geht es nur um die letzte dieser Fragen, die für unsere Kultur wohl am eindringlichsten Martin Heidegger mit dem Wort vom „Sein zum Tod“ als conditio humana erfaßt hat. Daraus ist der Tod in Folge des Weltuntergangs jener Sonderfall, der nicht den Einzelnen, sondern das Kollektiv der Menschheit insgesamt betrifft.

Sowohl das individuelle Ende wie das globale ist freilich für unsere Vorstellungskraft schlichtweg unrealisierbar, wir können uns das ‘Fehlen’ unseres Selbst oder unserer Umwelt ebenso wenig wirklich vorstellen wie das Faktum, sämtliche Äonen vor unserer Zeugung nicht dagewesen zu sein, obwohl wir alle sehr gut um unsere Nichtexistenz vor diesem Zeitpunkt wissen. Daß wir auch sämtliche Äonen nach unserem Sterben nicht da sein werden, ergibt sich aus jeder rationalen Prüfung – allein die Unfähigkeit, sich damit abzufinden, erzeugte in aller Welt die Mythen vom Jenseits oder die Idee einer Seelenwanderung.[1]

In jedem Fall bleibt die Frage, warum es denn den Einzelnen überhaupt interessieren sollte, ob mit ihm noch andere zugrunde ge-

---

1 Dinzelbacher, Peter: Formen des Jenseitsglaubens und ihre Funktion im Diesseits, i.Dr.; Ders.: Die Widerlegung der Unsterblichkeitsphantasien durch Feuerbach und die kritische Tradition, i.Dr.

hen oder selbst das ganze Universum (auch wenn man mit Goethe den Ausruf, „Die Welt, sie war nicht, eh' ich sie erschuf",[2] für lächerlichen Solipsismus halten mag). Denn das Resultat, seine Auslöschung, wird für jeden Einzelnen in jedem Fall dasselbe sein, und das Schicksal aller sonstigen Wesen und Welten für ihn somit völlig irrelevant. Warum sollte er also für die imaginäre Vorwegnahme des Omni- oder Holozids durch eine weltumspannende Katastrophe überhaupt empfänglich sein?

Solche Überlegungen haben zur Bedingung das moderne Selbst, das sich auch dem Eschaton gegenüber nur als Individuum zu denken und zu empfinden vermag. In einem seiner Dreiminutenspiele schildert Thornton Wilder, wie die Seelen der Ertrunkenen aus den Wassern zum Jüngsten Gericht aufsteigen. Ein Schrei bricht aus jeder Seele hervor, der Schrei ihrer Angst, unwiderruflich und unkenntlich mit den anderen zu einer Einheit verschmolzen zu werden: „O God, do not take away my identity! Do not take away my myself!"[3]

Diese Haltung steht in diametralem Gegensatz zur älteren Mentalität, die durch eine intensive Einbindung des Individuums in seine Gruppe oder Familie geprägt war. Sie manifestiert sich deutlich im Entwurf des Neuen Jerusalem der *Geheimen Offenbarung* 21 f., wo die Menschen als lebendige Steine gleichsam mineralisiert oder petrifiziert zu Bauelementen werden.[4] Auch wenn im *1. Petrusbrief* 2,5 die Gläubigen aufgefordert werden, sich als lebendige Steine zum geistigen Haus aufzubauen, so ist dies eine Metapher der dienenden Gleichschaltung in Erstarrung, die selbst ein Puritaner wie Wilder als unserer Mentalität konträr erkannte. Ähnlich wird ein oder zwei Generationen später in der Offenbarungsschrift *Poimen* des Hermas (Mitte des 2. Jahrhunderts), der deutlich die *Apokalypsen*-Lektüre

2 Der Verfasser legte sie ja dem Baccalaureus in den Mund (2, 2).

3 The angel that troubled the waters, London 1928, S. 67-71.

4 Metzner, Persönlichkeitszerstörung und Weltuntergang, S. 189 (n.b.: Literatur, die nur mit Verfassernamen und Kurztitel zitiert wird, ist S. 200-205 vollständig zu finden. Dort nicht aufgenommene spezielle Literatur wird verkürzt nur zitiert, wo sie knapp zuvor in extenso angegeben wurde).

erkennen läßt, die Kirche als gewaltiger Turm aus glänzenden Quadersteinen beschrieben. Die Sünder sind dargestellt als umherliegende Steine, die vom Bußengel zu behauen und zu säubern sind, ehe sie in die Konstruktion eingefügt werden können. So nahe ist ihre Vollendung, daß Christus in Kürze kommen wird, das Bauwerk zu prüfen.[5]

Dieses entpersonalisierte Weiterexistieren in alle Ewigkeit ist ein Entwurf aus einer uns nicht nur zeitlich sehr fernen orientalischen Kultur, der das Ideal der persönlichen Verwirklichung fremd gewesen sein muß. Auch das Pathos der Weltuntergangsszenarien beruht auf einer von der heutigen individualistischen sehr differenten Mentalität, nämlich der des ‘gebundenen Ichs’ archaischer Gesellschaften:[6] In ihnen erscheint der Einzelne zur Gänze integriert in die Gemeinschaft, die damals für ihn materiell und psychisch in der Tat lebensnotwendig war. Noch „fallen die egologische Perspektive einzelner Gesellschaftsmitglieder und die allgemeine Perspektive des Kollektivs weitgehend zusammen“.[7] Ursprünglich gibt es ja, psychologisch gesehen, ein Individuum nicht, es gibt zunächst nur Kind und Mutter, prä- und postnatal. Es bedurfte eines langen Prozesses der Zivilisierung, um diese Urerfahrung so weit verdrängen zu können, daß der „Einzige“ (und sein Eigentum) hervorzutreten vermochte; die sogenannten Naturvölker kennen ihn noch nicht.

Archaisch kann die Vorstellung eines Weltuntergangs genannt werden – gleichviel ob sie sich ‘nur’ auf die Erde oder den gesamten Kosmos bezieht –, weil sie als Archetyp in die ältesten historisch greifbaren Zeiten zurückreicht. Diese Kennzeichnung trifft auch zu, wenn man die Apokalyptik mit der gegenwärtig normalen Geschichtsauffassung vergleicht: Diese basiert auf der Konzeption der Entwicklung, also einer steten Veränderung und laufenden (wirkli-

5 Bardenhewer, Otto: Geschichte der altkirchlichen Literatur, Freiburg 2/1913, I, S. 469 ff.

6 Dinzelbacher, Europäische Mentalitätsgeschichte, S. 20 ff.

7 Soeffner, G.: „Typus und Individualität“ oder „Typen der Individualität“, in: Typus und Individualität im Mittelalter, hrsg. von. H. Wenzel, München 1983, S. 11-44, 30.

chen oder vermeintlichen) Verbesserung der Lebensumstände. Dafür gibt es in der Vorstellungswelt der Untergangspropheten keinen Raum: Sie glauben an eine letzte Revolution, nach der nichts mehr kommt als die Ewigkeit.[8]

Daß religiöse Endzeitthemen auch in Zeiten weiter überliefert und wiederbelebt werden, in denen ganz andere soziale und mentale Situationen dominieren als in ihrer Entstehungsära, ist ein Phänomen, das allenthalben in der Mentalitätsgeschichte zu beobachten ist: Das Neue tritt neben das Alte, läßt es obsolet werden, löscht es aber nicht aus. Insofern können Archaismen als 'survivals' bei gegebenem Anlaß trotz allen inzwischen erfolgten Fortschritts wieder aktiviert werden, wofür die europäische Geschichte des 20. Jahrhunderts (Führerprinzip im Faschismus, Blutrache in den Balkankriegen) und die Geschichte des Katholizismus im 19. und 20. Jahrhundert (Dogmen von 1870 und 1950) bekannte Beispiele liefern.

Generell sind zwei Typen von Weltuntergangserwartungen zu beobachten: Einerseits die auf *rationaler Kalkulation* beruhenden, wo gelehrtes Wissen – sei es naturkundliches oder religiöses – dazu führt, ein Ende der Welt zu konstruieren. Hierher gehören alle kosmologischen Spekulationen ebenso wie die Berechnungen des Untergangs nach der numerologischen Ausdeutung heiliger Texte. Andererseits die auf *spontanem Erleben* beruhenden Erwartungen, wo aufgrund von religiösen Inspirationen, Träumen und Visionen an das bevorstehende Ende geglaubt wird. Bei manchen Verkündern der Apokalypse, wie wohl schon bei Johannes selbst, später etwa bei Swedenborg, trafen diese beiden Konstituenten zusammen. Während wir beim ersten Typus oft die Originaltexte ihrer jeweiligen Urheber lesen können, muß bei den visionären Prophezeiungen mit manchen Bearbeitungen bis hin zu Umdeutungen gerechnet werden.[9]

Die Modi des erwarteten Grauens sind fraglos Reaktivierungen wirklicher Katastrophen – Erdbeben, Feuersbrünste, Überschwem-

8 Funkenstein, Heilsplan und natürliche Entwicklung, S. 10 f.

9 Vgl. Dinzelbacher, Revelationes.

mungen, Trockenphasen... –, also phantasierte Aktualisierungen von Gefahren, die tatsächlich und stets latent existieren. Ihre Übersteigerung ins Weltumfassende liefert die Farben, mit denen alle derartige Szenarien gemalt sind, von der *Bibel* bis zu aktuellen Sektenbroschüren[10] und den in erstaunlicher Fülle laufend im Internet veröffentlichten neuesten Prophezeiungen.[11]

Es ist vielleicht nicht überflüssig, vorab einige wesentliche Termini zu klären:

- Apokalyptik wird gebraucht für eine Weltanschauung, die mit dem Hereinbrechen der Zerstörung der Welt und mit ihr der Menschheit in absehbarer Zeit, oft in nächster Gegenwart, rechnet. Stets war dabei an ein punktuelles Katastrophen-Geschehen gedacht, erst in allerjüngster Zeit begegnet der Begriff auch angewandt auf langdauernde Prozesse (z.B. einer klimatischen Verschlechterung).
- Katastrophismus ist eine Haltung, die mit besonderem Engagement auf den Beginn einer Weltkatastrophe wartet und diese besonders lautstark thematisiert, sei es als religiöse Phantasie (wie in der Predigt), sei es als profane (wie in den modernen Informations- und Unterhaltungsmedien).
- Chiliasmus oder Millennarismus meint die jüdische und christliche Vorstellung, vor dem Ende der Welt werde noch ein tausendjähriges Reich glücklichen Lebens für die von Gott auserwählten Anhänger der jeweiligen Religion kommen.
- Unter Messianismus versteht man im Juden- und Christentum die Lehre, eine einzigartige Persönlichkeit würde durch ihr he-

10 „Sekte“ ist ein negativ besetzter, aber in der Geschichtsschreibung eingebürgerter Kampfbegriff, mit dem die Großkirchen kleinere Religionen diffamieren; ich will ihn wertfrei verstanden wissen: religiöse Kleingruppe, oft entstanden als Abspaltung (Häresie) von einer bestehenden Religionsgemeinschaft.

11 http://www.schauungen.de/prophwiki/index.php?title=Hauptseite. Auch ältere Untergangsweissagungen werden heute so verbreitet, siehe z. B. die Sammlung http://www.bibliotecapleyades.net/profecias/esp_profecia01c1b.htm (leider ohne Quellenangaben).

roisches Handeln dieses Endreich herbeiführen und regieren. Im Judentum wird ihr Erscheinen noch erwartet (obwohl viele Sektenführer diesen Titel beanspruchten), im Christentum ist der Messias schon in Jesus von Nazareth erschienen (der zugleich als inkarnierter Gott betrachtet wird). Dieser werde aber am Ende der Zeiten nochmals als Richter zum Jüngsten Gericht erscheinen.

– Utopie ist die Vorstellung einer idealen Lebensgestaltung schon auf Erden, die zu verwirklichen oft das Ziel von chiliastischen Gruppen war (Täuferreich in Münster), sowie, auf säkularisierter geschichtsphilosophischer Basis, das von sozialpolitischen Bewegungen (Kommunismus). Das pessimistische Gegenteil, die zum Untergang führende Zukunftsgesellschaft, figuriert unter Dystopie.

Eine zusammenfassende Darstellung der Weltuntergangsphantasien in der europäischen Geschichte scheint auf wissenschaftlichem Niveau bisher nicht vorzuliegen. In unserer Studie wird das Thema daher nicht aus Sicht der Theologie betrachtet, sondern aus der von Geistes- und Mentalitätsgeschichte, Geistesgeschichte im Sinne von Friedrich Heer, Mentalitätsgeschichte im Sinne der Einleitung zu meiner *Europäischen Mentalitätsgeschichte*. Dabei geht es hier mehr als in anderen Publikationen zum Thema um die konkreten Vorstellungen, ihre Funktionalisierung und ihre Konsequenzen im Handeln, die an einer Reihe von Beispielen gezeigt werden. Daß die Theologie- und Dogmengeschichte eine unerläßliche Referenzebene darstellt, bedarf keiner Betonung.[12] Selbstverständlich handelt es sich bei der Deutung von Weltuntergangsbefürchtungen auch um einen kleinen Ausschnitt aus dem bekannten Streit zwischen religi-

12 Und auch keiner bibliographischen Hinweise, alle Fachenzyklopädien der einzelnen Konfessionen bieten unter Stichworten wie Apokalyptik, Chiliasmus, Millennarismus und Jüngstes Gericht reichlich Information. Die Encyclopedia of Apocalypticism I-III, hrsg. von John Collins et al., New York 1998, verwendet den Begriff in sehr weitem Sinn, geht aber kaum ins Detail. Zimbaro, Valerie, Encyclopedia of Apocalyptic Literature, Santa Barbara 1996, bietet einige ausgewählte Lemmata fast nur aus der schönen Literatur der Neuzeit.

ösem und wissenschaftlichem Weltverständnis, ein Konflikt, der ein Hauptthema der jüngeren Geschichte der westlichen Kultur darstellt.[13] Und der noch nicht ganz ausgefochten ist, denn von fundamentalistischen Christen wird die Thematik ja immer noch als dem Bereich des Glaubens zugehörig beansprucht.

Zumeist wurde die Geschichte der Endzeitszenarien bisher unter dem mehr abstrakten Gesichtspunkt der theoretischen (religiösen oder kosmologischen) Begründungen für die Annahme des hereinbrechenden Omnizids behandelt; nach den Umsetzungen im Leben der daran Glaubenden wird wenig gefragt und schon gar nicht danach, warum bzw. zu wessen Vorteil apokalyptische Szenarien verbreitet wurden und werden. Eben darauf wird sich unsere Darstellung konzentrieren. Das in der Sozialgeschichte vielfach untersuchte Thema des Weiterwirkens der religiösen Endzeitvorstellungen in säkularisierten politischen Ideologien und Bewegungen (wobei etwa die Wiedertäufer interpretiert werden als Vorläufer des Sozialismus)[14] ist nicht mehr Gegenstand der vorliegenden Untersuchung.

13 Das ist oft dargestellt, z. B. von Otto Zöckler: Geschichte der Beziehungen zwischen Theologie und Naturwissenschaft, mit besonderer Rücksicht auf Schöpfungsgeschichte, Gütersloh 1877/79; August Pfannkuche: Religion und Naturwissenschaft in Kampf und Frieden: Ein geschichtlicher Rückblick, Leipzig 2/1912; http://www.iep.utm.edu/s-rel/.

14 Vgl. Müller, Chiliasmus und Sozialgeschichte.

I. Geschichte der Endzeitvorstellungen

Altertum

Naturphilosophie im Mittelmeerraum

Es wäre ein Irrtum zu glauben, Angst vor einer Weltkatastrophe und Entwicklung entsprechender Szenarien hätten die Menschen in Europa erst mit der Ausbildung der jüdisch-christlichen Apokalyptik beschäftigt. Die alten Kelten etwa fürchteten wenig, aber sie fürchteten tatsächlich, der Himmel könnte einstürzen und alles Leben vernichten. Dies wissen heute alle aus der Asterix-Lektüre, die Nachricht stammt indes tatsächlich von dem Geographen Strabon, der zur Zeitenwende lebte, aber eine Quelle aus der Zeit Alexanders der Große zitierte: „... mè ho ouranòs autoîs epipéssi ...“[15] Noch in mittelalterlichen Texten aus Irland liest man ähnlich vom Bersten des Himmels und vom Niederstürzen des Firmaments, worin Spezialisten authentische keltische Traditionen sehen, keine Übernahmen aus dem Christentum.[16] Doch kannten diese Völker ebenso die Vorstellung vom Untergang durch Feuer und auch im Wasser.

Im klassischen Altertum beschäftigten sich bereits die Vorsokratiker eingehend mit kosmologischen Fragen; verschiedentliche Ansätze, die Dauer der Weltexistenz zu berechnen, sind überliefert. Besonders die Stoa lehrte das Ende im Feuer („ekpyrosis“), der Epikuräismus fügte Wasser und Erdbeben hinzu.

---

15 Geographika 7, 3, 8.

16 Maier, Bernhard: Die Religion der Kelten, München 2001, S. 70 ff.

Doch dieser Untergang ist gemäß der zyklischen Zeitauffassung der Antike ebenso ein Neubeginn, eine Verjüngung der gealterten Welt. Die Konzeption von der Wiederkehr des Gleichen („palingenesia") geht auf die ionischen Naturphilosophen zurück und wurde von wohl allen Stoikern, aber auch den meisten Adepten anderer Schulen, vertreten.[17] Die positiven Aspekte des Neubeginns treten in den antiken Texten jedoch hinter der Faszination des Unheils zurück. Hier die in Mittelalter und vor allem Neuzeit weiterwirkende Zeichnung im Epos *De rerum natura* des Lukrez:

> „Der eine Tag wird die Welt dem Untergang überliefern, und die durch viele Jahre erhaltene Masse, das Gefüge der Welt, wird zusammenbrechen... Du wirst dann sehen, wie durch die schwer ausbrechenden Erdbeben das All in kurzer Zeit einstürzt – was das lenkende Geschick weit von uns abwenden möge! Und lieber soll [uns] die Vernunft als das Ereignis selbst davon überzeugen, daß alles mit schrecklichem Getöse besiegt niederzustürzen vermag!"[18]

> una dies dabit[19] exitio, multosque per annos
> sustentata ruet moles et machina mundi...
> ... graviter terrarum motibus ortis
> omnia conquassari in parvo tempore cernes.
> quod procul a nobis flectat fortuna gubernans,
> et ratio potius quam res persuadeat ipsa
> succidere horrisono posse omnia victa fragore! (V, 95 ff.)

Nach der von Demokrit entworfenen und von dem römischen Dichter verbreiteten Theorie ist die Atomstruktur nämlich nur für begrenzte Zeit fest (364). Die Erfahrung der Vergänglichkeit von Erde,

17 Long, A.: The Stoics on world-conflagration and everlasting recurrence: R. Epp (ed.), Spindel Conference 1984 : Recovering the Stoics = Southern Journal of Philosophy, 23 suppl. 1985; Gourinat, Jean-Baptiste: Éternel retour et temps périodique dans la philosophie stoïcienne, in: Revue philosophique de la France et de l'étranger 127, 2002, S. 213-227.

18 Diese und alle anderen Übersetzungen stammen vom Verfasser, wenn nicht anders angegeben.

19 sc. terras, cf. Ovid, Amores 1, 25, 24.

Wasser, Luft und Feuer im Kleinen läßt nicht minder auf die Vergänglichkeit des Gesamten schließen (5, 235 ff.) als die Erinnerung an die Katastrophe der Sintflut (411 ff.). Überall sind schließlich bereits Verfallserscheinungen zu beobachten (2, 1144 ff.), sind die Kräfte geschwächt. Im Kampf der Elemente wird das Wasser vertrocknen oder alles überschwemmen oder das Feuer alles verbrennen... (5, 380 ff.).

Wenn man die ausführliche und erschreckende Schilderung der finalen Katastrophe, mit der wenig später Seneca das Wissen seiner Gegenwart zusammenfaßte, mit einem Zitat auf den Punkt bringen will: „Wasser und Feuer herrschen über die Erde, aus denen der Ursprung der Welt und ihr Untergang kommt: Also wann immer der Welt ein Umsturz beliebt, wird so auf uns von oben das Meer losgelassen wie, wenn der Untergang sich auf andere Weise vollziehen soll, die Feuersglut: „Aqua et ignis terrenis dominantur; ex his ortus, ex his interitus est: ergo quandoque placuere res nouae mundo, sic in nos mare emittitur desuper, ut feruor ignisque, cum aliud genus exitii placuit.“[20]

Dieselbe naturkundliche Sicht liegt ja auch in der *Bibel* dem *2. Petrusbrief* 3,7 ff. zugrunde, eine Übernahme aus der stoischen Philosophie[21]: „Himmel und Erde aber, wie sie jetzt existieren, erwarten dasselbe Wort [Gottes], aufgespart für das Feuer am Tag des Gerichts und des Verderbens der ungläubigen Menschen... Der Tag des Herrn aber wird kommen wie ein Dieb, an ihm werden die Himmel im großen Ansturm vergehen. Die Elemente aber werden in der Hitze verdampfen... die brennenden Himmel werden schmelzen und die Elemente in der Feuerhitze zergehen... Doch erwarten wir neue Himmel und eine neue Erde...“ Im für die europäische Geistesgeschichte maßgeblichen Original, der *Vulgata*, der lateinischen Fassung der *Bibel*, die vom 4. bis ins 20. Jahrhundert die Norm im Katholizismus darstellte: „caeli autem, qui nunc sunt, et terra eodem verbo repositi sunt igni servati in diem iudicii et perditionis impiorum hominum... adveniet autem dies Domini ut fur. in qua

20 Naturales quaestiones 3, 28, 7.

21 Pascal, Carlo: La morte e l'aldilà nel mondo pagano, Genova 1987, S. 320.

caeli magno impetu transient, elementa vero calore solventur ... caeli ardentes solventur, et elementa ignis ardore tabescent ... novos vero caelos et novam terram ... expectamus ...“

Während aber die frühen Christen wie die Juden dieses Ende als den Vollzug von Gottes Befehl erwarteten, wäre es ganz irrig, auch den „deus“ Senecas vom Gottesverständnis des israelitischen Monotheismus her zu lesen, denn im Sinne der Stoa sind Gott, Natur, Schicksal und Fortuna nur verschiedene Aspekte der einen weltdurchwaltenden Vernunft.[22]

Dieses ursprünglich wohl der babylonischen Kosmologie entstammende Motiv des Weltenbrandes wurde auch von anderen antiken Überlieferungen verbreitet wie den *Sibyllinischen Orakeln*, der gnostischen *Pistis Sophia* oder einigen apokryphen Apokalypsen. Für die europäische Vorstellungswelt sind jedoch die biblischen Texte so grundlegend geworden, daß wir die wichtigsten trotz ihrer Bekanntheit kurz umreißen wollen. Aufgrund des Eindringens endzeitlicher Vorstellungen von Persien ins nachexilische Judentum kam es zur Entwicklung der jüdischen und dann der frühchristlichen Apokalyptik, von der nur die *Geheime Offenbarung* in den Kanon der *Heiligen Schrift* Aufnahme fand. Was schon bei einigen der alttestamentlichen Propheten wie vor allem Daniel, aber auch Jesaias, Zacharias oder Joel an Motiven vorkommt, die auf den Weltuntergang bezogen werden konnten, braucht hier nicht wiederholt zu werden. Es existierte jedoch neben der *Johannesoffenbarung* eine Fülle anderer (apokrypher) Apokalypsen, die den Weltuntergang ausmalten, wie etwa das *IV. Esra-Buch* oder das *Henoch-Buch,* die über das Zerschellen der Erde schreiben. „Apokalypsen überschwemmen bereits die letzten zwei Jahrhunderte vor Jesus und bilden in den ersten Jahrhunderten nach seinem Tode eine für viele Christus-Gläubige unersetzliche Tröstung.“[23] Schon Johannes der Täufer war erfüllt von der Erwartung der baldigen Ankunft des Reiches Gottes und des Gerichts, bei dem der Weizen gesammelt, die Spreu aber verbrannt werden sollte (Mt 3,7 ff.). Sein Nachfolger Jesus wird ausführlich

22 Seneca, De beneficiis 4, 7.

23 Heer, Abschied von Höllen und Himmeln, S. 71.

von den Anzeichen der Weltkatastrophe predigen, bei der kein Stein auf dem anderen gelassen wird, Erdbeben, Pest, Wasserfluten die Menschen vernichten werden und der Menschensohn zur Vergeltung kommen wird in einer Wolke... (Lk. 21,5 ff.).

Es ist nicht zu bestreiten, daß der Religionsstifter selbst das Ende der Welt noch für seine Generation erwartete: „Es stehen etliche hier, die nicht schmecken werden den Tod, bis sie des Menschen Sohn kommen sehen in seinem Reich" (Mt. 16,28). Genauso wie alle anderen analogen Prophezeiungen vor und nach ihm war auch diese falsch. Es gilt nach wie vor das Wort von Alfred Loisy, einem katholischen Theologen, der exkommuniziert wurde, weil er der historischen Wahrheit den Vorrang vor Dogmatik und Apologetik gab: „Jésus annoncait le royaume, et c'est l'église qui est venue."[24] Während Jesus sich freilich das Jüngste Gericht und die Hölle schrecklich genug ausmalte (die Authentizität der entsprechenden Bibelstellen einmal angenommen), sind zum Thema der Zerstörung der Welt selbst keine ausführlicheren Darlegungen von ihm erhalten.

Ob die Visionen des nicht ungebildeten griechischen Christen Johannes, der die *Geheime Offenbarung* verfaßte, in ihrem Nucleus auf tatsächliches Erleben zurückgehen, ob sie sich nur dichterischer Fiktion verdanken, ob sie nichts mehr sind, als „a reworking of the canonical apocalypse of Daniel and other traditional materials",[25] bleibt für ihre Wirkungsgeschichte irrelevant. Ihr Anlaß war wohl die kumulierte Unheilserfahrung der Parthereinfälle, der sozialen und wirtschaftlichen Nöte, der Konkurrenz vonseiten der hellenistischen Kultur, der Untaten der römischen Imperatoren, auch der kultischen Verehrung, die diesen (bzw. ihrem Genius) als Zeichen der Untertänigkeit zu erbringen war. Jerusalem ist zerstört (70), Masada gefallen (74), der Vesuv speit Feuer, bald muß auch Rom selbst, die große Hure, stürzen. „Aber dieser Untergang Romas ist doch nur Hinweis auf das Weltende. Das wird nicht mehr von geschichtlichen

24 Zit. bei Erlemann, Endzeiterwartungen im frühen Christentum, S. 17.

25 Diese eher extreme Position wird von dem bekanntesten katholischen US-Spezialisten zum Thema vertreten: McGinn, in Emmerson/McGinn, The Apocalypse, S. 7.

Faktoren entschieden, sondern von metaphysischen. Jetzt kämpft Christus mit den dämonischen Mächten den Endkampf aus."[26] Eine Fülle von Katastrophen wird beschreiben, explizit wird aber nur in einem Satz gesagt, daß diese zum Untergang des ersten Himmels, der ersten Erde und des ersten Meeres führen (21,1).

Wie auch später für Texte des apokalyptischen Genus typisch, ist in der *Geheimen Offenbarung* vieles so verschlüsselt und auf Anspielungen reduziert, daß die Weissagungen nur der kleinen Gruppe der Eingeweihten deutlich sein sollten – was späteren Exegeten Tür und Tor für die Eisegese (das Hineinprojizieren) fast beliebiger Phantasien eröffnete. Zumal die Bibelauslegung die Texte buchstäblich verstehen konnte oder allegorisch oder zwischen diesen Möglichkeiten alternierend.

Die zitierte neutestamentliche Schrift bot und bietet einen unentwegt hin und her gewendeten Fundus von Untergangsvorstellungen, in dem die gegen Feinde gerichteten Rachephantasien wesentlich präsenter sind, als die für die jeweilige Wir-Gruppe ausgemalten Paradieseszustände. Die kosmische Katastrophe steht unmittelbar bevor, sie erfüllt die Prophezeiungen, die auserwählten Einzelnen in verschlüsselter Form geoffenbart wurden. Diese haben warnend die Vorgaben Gottes für die Weltgeschichte vorhergesagt, die Weltgeschichte, die – wie die Zeit überhaupt – somit an ihr Ende kommt.

Zum Weiterwirken der *Johannesoffenbarung* sei angemerkt: Im Laufe der Bewertung der Verbindlichkeit der biblischen Texte ist dieser Schrift wohl mehr Skepsis entgegengebracht worden, als den sonstigen; Autoritäten wie etwa der Kirchenlehrer Gregor von Nazianz hielten die *Geheime Offenbarung* nicht für kanonwürdig. Nicht alle Spitzentheologen des antiken Christentums glaubten daran, daß die Verkündigung des Endgerichts und Weltuntergangs so konkret zu erwarten seien, wie sie der Apokalyptiker zeichnete. Clemens von Alexandrien und Origenes Adamantius, vom Neuplatonismus kommend, bekämpften vielmehr jede Versinnlichung eschatologischer

26 Schneider, Carl: Geistesgeschichte der christlichen Antike, München 1979, S. 101 f.

Begriffe, allegorisierten und spiritualisierten die heiligen Texte.[27] Erst ab etwa 400 galt die *Apokalypse* des Johannes unwidersprochen als Abschluß der *Heiligen Schrift*, ihr Verfasser als identisch mit dem gleichnamigen Autor der Briefe und des *Evangeliums*. So im ganzen Mittelalter, wenn auch nicht immer ohne Bedenken. Die einflußreiche Mystikerin Birgitta von Schweden (gest. 1373)[28] etwa wurde von ihrem Beichtvater um eine Offenbarung hinsichtlich der Autorschaft der *Apokalypse* gebeten, worauf ihr Christus erschien und bezeugte, daß tatsächlich Johannes den Text verfaßt habe.[29] Erst Luther sollte wieder die Kanonizität dieses Buches bestreiten, obwohl er es, wenn auch mit Unbehagen, wie alle anderen Bibeltexte verdeutschte. Die Bedeutung der Johannesoffenbarung für die hier untersuchte Thematik läßt sich so zusammenfassen: „The Revelation of St. John, moreover, provided a coherent blueprint of what to expect because it was, of course, the only work of authentic Christian prophecy."[30] Damit wurde dieser biblische Text zum Modell par excellence, wenn es um die Beschreibung des kosmischen Untergangs aus christlicher Weltsicht ging.[31]

Texte und Bilder in Fülle liegen uns als Quellen aus Vergangenheit und Gegenwart vor, die Auskunft über die historischen Gestaltungen der christlichen Phantasien vom Weltuntergang geben, alle von der *Johannesapokalypse* berührt. Es ist sachgerecht, hier zunächst auf die Unterscheidung von Quellen aus dem Bereich der Religion vécue und dem der Religion prescrite im Sinne der französischen Religionssoziologie hinzuweisen:[32] Die gelebte Religion ist das Insgesamt dessen, was die Gläubigen konkret erwarten und

27 Schneider, Geistesgeschichte der christlichen Antike, S. 279 f.

28 Dinzelbacher, Manifestazioni apocalittiche nella cultura scandinava del medioevo.

29 Revelationes VI, 110, zitiert nach der kritischen Ausgabe in Samlingar utg. av Svenska Fornskriftsällskapet, Uppsala 1956 ff. (http://www.umilta.net/bk.html).

30 Backman, Clifford: Arnau de Vilanova and the Body at the End of the World, in: Bynum, Caroline / Freedman, Paul (Hrsg.): Last Things. Death and the Apocalypse in the Middle Ages, S. 140-155, 141.

31 Mohr, Zum Verhältnis von Angst, Prophezeiung und Modell, S. 186 ff.

32 Dinzelbacher, Mentalität und Religiosität des Mittelalters, S. 7 ff.

praktizieren, die verordnete Religion ist der Komplex der dogmatisch festgeschriebenen und kirchlich gelehrten Doktrinen. Diese Bereiche decken sich nur teilweise: Vieles in der Volksreligion gilt der geistlichen Führungsschicht als Aberglaube, viele Lehren der Hochreligion bleiben für die praktische Frömmigkeit belanglos. Der gelebte Glaube enthielt jedoch auch Komponenten anderer Herkunft, sei es aus den vorchristlichen Kulturen, sei es aus kirchlich nicht approbierten oder häretisierten Formen des Christentums, theologisch-abqualifizierend als Superstition, wissenschaftlich-neutral heute als Parallelglaube bezeichnet. Die wichtigsten Vermittler der Lehren der verordneten Religion sind die Predigt, das Beichtgespräch und die kirchliche Kunst; durch sie werden viele Komponenten des von den geistlichen Obrigkeiten festgelegten Glaubens auch zu solchen der Religion vécue.

So haben wir in der Geschichte des Christentums einerseits die biblischen Passagen vom Weltuntergang, hier verbunden mit dem Endgericht, sowie die offiziellen exegetischen und dogmatischen Lehraussagen dazu. Andererseits die Fülle volksläufiger Vorstellungen und ohne Zustimmung der Großkirchen verbreiteter Privatoffenbarungen und -berechnungen, die den Letzten Tag verkünden. Daß sich eigentlich kein Rechtgläubiger anmaßen könnte, diesen auf einen Termin festzulegen, geht eindeutig aus den Worten Christi hervor, niemand kenne die Stunde noch den Tag, nicht einmal die Engel im Himmel, nicht einmal der Sohn, sondern allein der Vater (Mt. 24,36). Die Be- oder Mißachtung dieser Bibelstelle sollte durch die Zeiten hin ein entscheidendes Kriterium abgeben für die Einschätzung der Rechtgläubigkeit oder Devianz all jener, die sich um ein Verständnis des dunklen *Schrift*-Textes von Weltuntergang und -neuentstehung bemühen sollten.

Für die Spätantike sind uns die Ansichten der Gelehrten, der höheren Geistlichkeit, also der Kirchenväter, besser bekannt als die Erwartungen der einfachen Gläubigen. Übergehen wir kurze Anspielungen wie das „parelthéto ho kosmos outos“[33] (es vergehe

33 Didache, hrsg. von G. Schöllgen, Freiburg 1991, S. 124 f.

dieses Universum) in der *Didache*, der ältesten bekannten Kirchenordnung (nur auf Griechisch). An gebildete Heiden wandte sich in rhetorischer Form der römische Apologet Minucius Felix (um 200, Biographie unbekannt); er antwortet ausführlich auf die von diesen vorgebrachte Kritik am Christentum. Ein Punkt daraus bezog sich auf den Glauben an die Zerstörung des riesigen Himmelsbaues – das erscheine doch als zu aberwitzig. Minucius argumentierte dagegen, daß dies ebenso die Ansicht der Stoa, der Epikuräer und vor allem Platos sei, dessen Lehre er so wiedergibt: „Die Erdteile würden bald überschwemmt, bald im Wechsel damit verbrannt. Und obschon er die Welt selbst ewig und unauflöslich geschaffen nennt, fügt er doch hinzu, für den Schöpfer Gott allein sei sie auflösbar und vergänglich. Daher ist es keineswegs verwunderlich, wenn jene Masse von dem, von dem sie errichtet wurde, vernichtet werden kann“: „partes orbis nunc inundare nunc alternis vicibus ardescere, et cum ipsum mundum perpetuum et insolubilem diceret esse fabricatum, addit tamen, ipsi artifici deo soli et solubilem et esse mortalem. Ita nihil mirum est, si ista moles ab eo, quo exstructa est, destruatur.“[34]. Somit wird die traditionelle Sicht der heidnischen Naturphilosophie als durchaus kompatibel mit der jüdisch-christlichen präsentiert.

Wenig eigene Stellungnahme bringt eine aus der Verfolgungszeit der Wende zum 3. Jahrhundert stammende griechische Schrift *De consummatione mundi, de Antichristo et de secundo Christi adventu*, als deren Verfasser Bischof Hippolytus von Rom gilt.[35] Sie ist im Westen nicht rezipiert worden und handelt das Thema vor allem durch Sammlung der entsprechenden Bibelstellen ab. Eine gewisse poetische Qualität erreichen in ihrer Bildlichkeit die *Sibyllinischen Weissagungen* über das Weltende, die in der christlichen, von Augustinus zitierten Form ganz auf die neutestamentliche Konzeption ausgerichtet sind. „Das Interesse des Judentums an der sibyllistischen Literaturform, zuerst in Alexandria erwacht, erklärt

---

34 Octavius 34, 4 nach Platos naturphilosophischem Dialog Timaios; vgl. Oct. 11, 1 ff.

35 Moreschini, Claudio / Norelli, Enrico: Storia della letteratur cristiana antica greca e latina I, Brescia 1995, S. 348 f.

sich aus der Ähnlichkeit der sibyllinischen Unheilsprophetie mit den alttestamentlichen Drohweissagungen und aus der Hoffnung, mit Hilfe dieser Form das überlegene Alter der israelitischen Religion gegenüber dem Griechentum zu veranschaulichen."[36] Augustin zitiert offenbar gläubig die Weltuntergangsschilderung einer solchen, in dieser Fassung wohl dem 2. nachchristlichen Jahrhundert entstammenden Prophezeiung, die wechselweise die Katastrophen der Natur und die Geschicke der Menschen vorträgt. Der Stil mit seiner betonten Parataktik – meist kurze Sätze der Feststellung ohne Nebensätze – ist durchaus typisch für das Genus der Weissagungsliteratur an sich, weswegen eine längere Passage hier exemplarisch zitiert werden soll:

> iudicii signum tellus sudore madescet.
> e caelo rex adueniet per saecla futurus, scilicet ut carnem praesens, ut iudicet orbem.
> unde deum cernent incredulus atque fidelis celsum cum sanctis aeui iam termino in ipso.
> sic animae cum carne aderunt, quas iudicat ipse,
> cum iacet incultus densis in uepribus orbis,
> reicient simulacra uiri, cunctam quoque gazam,
> exuret terras ignis pontumque polumque inquirens taetri portas effringet Auerni.
> sanctorum sed enim cunctae lux libera carni tradetur, sontes aeterna flamma cremabit.
> occultos actus retegens tunc quisque loquetur secreta,
> atque deus reserabit pectora luci.
> tunc erit et luctus, stridebunt dentibus omnes.
> eripitur solis iubar et chorus interit astris.
> uoluetur caelum, lunaris splendor obibit; deiciet colles, ualles extollet ab imo.
> non erit in rebus hominum sublime uel altum.
> iam aequantur campis montes et caerula ponti omnia cessabunt,

36 Prümm, K., in: LThK 9, 1937, Sp. 526.

tellus confracta peribit: sic pariter fontes torrentur flumi-
naque igni.
sed tuba tum sonitum tristem demittet ab alto orbe, gemens
facinus miserum uariosque labores, Tartareumque chaos
monstrabit terra dehiscens.
et coram hic domino reges sistentur ad unum.
reccidet e caelo ignisque et sulphuris amnis.[37]

(Zum Zeichen des Gerichts wird die Erde naß von Schweiß.
Aus dem Himmel wird der künftige König der Ewigkeit
kommen, auf daß er, also gegenwärtig, das Fleisch, auf daß
er den Erdkreis richte.
Daran werden der Ungläubige und der Gläubige Gott, den
Erhabenen, erkennen mit den Heiligen des Äons eben an
seinem Ende.
Allerdings werden die Seelen, die er richtet, mit ihrem
Fleisch da sein.
Wenn der Erdkreis wüst liegt in dichten Dornen,
werden die Menschen die Götzen verwerfen und auch jeden
Schatz.
Es wird Feuer die Länder verbrennen und das Meer und
zum Himmelspol sich erstreckend die Pforten der finsteren
Unterwelt zerbrechen.
Aber dem Fleisch der Heiligen wird ganz Licht in Freiheit
gewährt, die Schuldigen wird die ewige Flamme verzehren.
Jeder wird dann seine Taten gestehen und seine Geheimnisse
aussprechen,
und Gott wird die Herzen dem Licht erschließen.
Dann wird auch Klagen sein, alle werden mit den Zähnen
klappern.
Entrissen wird der Sonnenglanz, und zugrunde geht der
Sternenchor. Der Himmel wird sich zusammenrollen, der

37 De civitate Dei 18,23 nach der Ausgabe im Corpus Christianorum: http://www.hs-augsburg.de/~harsch/Chronologia/Lspost05/Augustinus/aug_cd18.html#23.

Mondschein vergehen.
Er [Gott] wird die Berge erniedrigen und die Täler aus der Tiefe erhöhen.
In den Dingen der Menschen wird es weder Hoch noch Niedrig geben.
Schon werden die Gebirge den Ebenen gleichgemacht und alles Blau des Meeres wird vergehen. Die Erde, zerbrochen, wird untergehen: so auch die Quellen, und die Flüsse werden vom Feuer ausgetrocknet.
Dann aber wird die Posaune ihren traurigen Klang aus höchster Höhe ertönen lassen, stöhnend ob des furchtbaren Geschehens und der verschiedenen Qualen.
Die aufklaffende Erde wird auch das Höllenchaos zeigen.
Und hier vor dem Herrn werden die Könige sich eng zusammendrängen.
Dem Himmel wird entstürzen ein Strom von Feuer und Schwefel.)

Der Tenor ist also ganz der einer Offenbarungsschrift, naturkundliche Argumente fehlen, womit die Weltuntergangserwartungen exklusiv in den Bereich der Religion gezogen werden. Die wissenschaftlichen Lehren der antiken Kosmologie erscheinen nicht mehr nötig, um das Thema glaubhaft zu machen, womit sich dieser sibyllinische Text gut genug dem theologischen Anliegen des Augustinus anpaßte.

Derselbe Kirchenvater sollte aber auch jene Autorität sein, deren Gewicht die Aktualität der apokalyptischen Hoffnungen so weit zurückdrängte, daß sie in der Religion prescrite kaum mehr diskutiert wurden. Chiliastische Träume dürften den Gläubigen zu seiner Zeit auch nicht mehr als so wichtig erschienen sein, nachdem das Christentum im 4. Jahrhundert Staatsreligion geworden war und es jenen Druck der Verfolgungen nicht mehr gab, welche entsprechende Rachephantasien genährt hatten. Eine Rolle spielte auch die Frontstellung gegen betont endzeitliche Gruppierungen wie im 2. Jahrhundert die von Prophetinnen geleiteten Montanisten, die von der katholischen Kirche als Häretiker verworfen wurden. Die apokalyptische Stimmung unter ihnen gilt als Reaktion auf die Pest und die Kriege zur Zeit Mark Aurels.[38]

„Die Exegese der Johannesoffenbarung durch Augustinus läßt sich so zusammenfassen: Die Apokalypse erlaubt keine Deutung geschichtlicher Ereignisse. Sie beschreibt die grundsätzliche Situation der Gläubigen in christlicher Zeit…“[39] Augustinus faßt den visionären Text als Metapher und lehrt, das Königreich Gottes sei bereits durch Christi erstes Kommen geschaffen worden, und seine Wiederkunft vollziehe sich kontinuierlich, nämlich nach und nach in seinen Gliedern, deren Insgesamt sein Körper in Gestalt der Kirche darstellt. Indem die Bilder der *Geheimen Offenbarung* allegorisch gedeutet werden – das vom Himmel herabsteigende Jerusalem etwa bedeute das stetige Wachstum der Gemeinschaft der Gläubigen seit Christi Geburt[40] –, wird die von Johannes im Sinne einer punktuellen Katastrophe und Neuschöpfung gemeinte Szenerie entschärft und zeitlich gedehnt. Ist die Kirche einmal in der Zukunft vollendet, wird die Welt in Feuer von der Vergänglichkeit zur Unvergänglichkeit gewandelt. Das apokalyptische Wort vom Millennium (Offb. 20,1 ff.) ist jedoch nicht auf die Zukunft zu deuten, sondern auf die gegenwärtige Herrschaft der heiligen Mutter Kirche. „The work of Augustine virutally eliminated all realistic Second Adventism from the main stream of Roman Catholic thinking, and his views have also been widely current in Protestant circles.“[41] – Die Alte Kirche konnte also das letzte Buch der *Bibel* nur dann gelten lassen, wenn sie es einer Uminterpretation unterzog, also die Verwerfung des Imperiums, dessen Staatsreligion sie ja nun war, ausklammerte.

Dies hinderte den afrikanischen Bischof freilich nicht, im 20. Buch seiner *Civitas Dei* ausführlich alle Einzelheiten des Endgerichts durchzubesprechen, womit das Thema für das gesamte Mittelalter verbindlich festgeschrieben war. Alle wichtigen Bibelstellen

38 Lietzmann, Hans: Geschichte der Alten Kirche, Berlin 1999, II, S. 197 f.

39 Riedl, Joachim von Fiore, S. 109; anders Funkenstein, Heilsplan und natürliche Entwicklung, S. 36 ff.

40 De Civitate Dei 20, 17.

41 Case, Second Adventism, S. 285.

werden zitiert, und vor allem wird die Ewigkeit der Jenseitsstrafen und das die Auferstehungsleiber in alle Ewigkeit marternde Feuer dogmatisch verbindlich fixiert sowie die niederschmetternde Lehre von der Prädestination. Die auch bei Augustinus deutliche Freude der christlichen Spätantike an qualvollen eschatologischen Szenerien hatte übrigens durchaus ein reales Pendant im zunehmenden Sadismus des Strafrechts.[42]

Wie konträr die Ideale des Augustinus dem Millennarismus waren, erhellt auch aus folgender Bemerkung: Wie schnell wäre doch das Ende der Welt herbeizuführen, überlegte er in seiner Ehelehre, denn: „Wenn alle Menschen, sagt man, sich von jeglichem Geschlechtsverkehr enthalten würden, wie sollte dann die Menschheit weiterbestehen? Wenn das doch alle wollten! Dann würde der Gottesstaat um vieles rascher vollendet werden."[43] Dieselbe Idee sollte, allerdings mit dem Schopenhauerischen Weltentwurf als Hintergrund, im 19. Jahrhundert von dem 'Messias der Sozialdemokratie', dem radikalen Pessimisten Philipp Mainländer (gest. 1875), in seiner *Philosophie der Erlösung* verfochten werden.[44]

Gerade in der Eschatologie übernahm der afrikanische Kirchenlehrer einiges aus dem Manichäismus, dessen Anhänger er jahrelang gewesen war und dessen Dualismus durch ihn den mittelalterlichen Katholizismus und in der Neuzeit vor allem den Calvinismus tief prägen sollte. Nach jener persischen Religion kehrt in der dritten Weltperiode, in der Licht und Finsternis – ursprünglich gesondert, dann vermischt – wieder getrennt werden, Christus nach kurzer Erdenherrschaft in das Lichtreich zurück. Jene Lichtpartikel, die noch

42 Worauf schon Lecky, William: Geschichte des Ursprungs und Einflusses der Aufklärung in Europa I, Leizig 2/1873, S. 269, hinwies, nicht erst Liebs, D.: Unverhohlene Brutalität in den Gesetzen der christlichen Kaiser, in: Behrends, O. u.a. (Hrsg.), Römisches Recht in der europäischen Tradition, Ebelsbach 1985, S. 89-116.

43 De coniugali bono 10, 10, Corpus Scriptorum Ecclesiasticorum Latinorum 41, 201.

44 Birnbacher, Dieter: Wärmtetod oder nuklearer Winter? Die zeitgenössische Apokalypse in ethischer Perspektive, in: Haupt, Endzeitvorstellungen, S. 359-383, hier S. 372.

zu retten sind, werden in Form einer Statue vereinigt, die sich zum Himmel erhebt. „Dann wird die Erdkugel vernichtet. Die Verdammten, die Dämonen, die Welt der Materie und Finsternis werden zu einem gestaltlosen Haufen zusammengeworfen, der in der Tiefe eines riesigen Grabens versenkt und mit einem Stein zugedeckt wird.“[45]

Daß die prophezeite Erscheinung Christi zum Gericht, die „deutera parousia“ nicht stattfand, machte für die Gläubigen Erklärungsversuche notwendig, von denen eben der des Augustinus die Theologiegeschichte bestimmen sollte. Er konterkariert aufsteigende Zweifel besonders schlau: Das Reich des Herrn sei *schon* angebrochen, wenn auch unsichtbar und unmerklich (s. o.). Dieser Kirchenvater ist somit „der große Töter der Hoffnung“, „der die harten Herrschaftsverhältnisse des spätrömischen Reiches theologisch einzementiert“. Es hat nach ihm keinen Sinn, sich gegen bösartige Obrigkeiten aufzulehnen, „Christen sollen auch den verbrecherischsten Staat ertragen“.[46] Genau in einer Folge solcher Staaten besteht die politische Geschichte, und nicht in dem von Jesus verkündeten Reich göttlicher Gerechtigkeit.

Durch die Erwartung der zweiten Wiederkehr des Messias ergibt sich übrigens eine Parallele zwischen den feindlichen Religionen: Die Juden hoffen ebenso auf das Erscheinen ihres Erlösers wie die Christen, nur daß er für letztere bereits einmal auf Erden gewesen ist, freilich ohne daß sich die Welt in erkennbarer Weise verändert hätte. Und freilich verzögert sich sein abermaliges Kommen – im Gegensatz zu den Voraussagen des *Neuen Testaments* – ad infinitum, was die Institutionalisierung der Kirchen erst ermöglichte.

Die verschiedenen Periodisierungen der Geschichte durch christliche Gelehrte[47] nahmen natürlich ebenso Bezug auf die Endzeit; neben für sich bestehenden apokalyptischen Prophezeiungen waren auch geschichtstheologische Entwürfe Medien der Verbreitung von

45 Heer, Abschied von Höllen und Himmeln, S. 81.

46 Ebd., S. 83 f.

47 Pot, De periodisering der geschiedenis.

Weltuntergangsvorstellungen. Sie alle teilen die historische Kontinuität in einzelne Ären oder Perioden ein, die im Christentum dem einen, vorbestimmten Ende zustreben. Die gängigste Meinung war die, daß analog zu den sechs Schöpfungstagen das Weltende nach sechs mal tausend Jahren zu erwarten sei; Christus sei am Beginn der letzten dieser Perioden Mensch geworden und werde an ihrem Ende wiederkommen. Dann sollte gemäß der *Geheimen Offenbarung* das Millennium einsetzen, das die Erretteten mit Freude in ihren auferstandenen Leibern durchleben würden. Am Beginn oder Ende dieser Zeit würde die Erde in einer Katastrophe untergehen und nach dem Weltgericht eine neue, vollkommene erschaffen werden. Die Festsetzung des entscheidenden Datums hing natürlich von der Berechnung des Alters der Welt, dem Jahr ihrer Erschaffung, ab.

Da kaum bekannt, sei als Abschluß dieses Kapitels eine poetische Fassung des Weltuntergangs aus der Feder eines jüngeren Augustinus-Zeitgenossen und Amtskollegen wiedergegeben, des Orientius von Auch.

> Ergo ubi terribilem dederit cava buccina cantum,
> Adventum tandem testificata Dei;
> Mox longis tellus rimis divulsa patebit,
> Ac passim flammae, fulgura, grando ruent,
> Imis concusso penitus de sedibus orbe
> Dum totae fervent inde vel inde viae.
> Hinc tristis gemitus, illinc pia gaudia vitae,
> Una in diversis vox erit agminibus.[48]

(Wenn also das hohle Horn seinen schrecklichen Ton erschallen läßt, die Ankunft Gottes endlich zu bezeugen, wird sogleich die Erde aufbrechen und werden sich lange Spalten öffnen, und allenthalben werden Flammen, Blitze, Hagel strömen aus den innersten Plätzen der erbebenden Erde, während alle Wege hier und dort entbrennen. Von dort trauriges

48 II, 347 ff., Orientii commonitorium, hrsg. von Carmelo Rapisarda, Catania 1958, S. 125.

Stöhnen, von hier fromme Lebensfreude – aber ein einziger Klang wird es in den entgegengesetzten Scharen [der Auferstehenden] sein.)

Nordgermanische Mythologie

Es ist eine seit den Anfängen der Altnordistik strittige und bis heute ungelöste Frage, inwieweit die in der *Lieder-* und der *Prosa-Edda* überlieferten Weltuntergangsschilderungen authentische Vorstellungen der germanischen Religion tradieren und inwieweit diese Texte bereits Elemente der christlichen Lehre rezipiert haben. Jedenfalls haben die Intellektuellen im mittelalterlichen Skandinavien, die Texte der Religion vor der Konversion überliefert oder Darstellungen von ihr verfaßt und abgeschrieben haben, ein Saxo Grammaticus, ein Snorri Sturluson, ein Olaus Magnus, wesentlich mehr Interesse für den Glauben ihrer heidnischen Vorfahren gezeigt, als irgendjemand sonst in Europa.[49]

Ragnarök, ein Kompositum des Genitivs von „regin" (höhere Mächte, Götter) und dem Plural „rök" (Entwicklungen bis zum Ende),[50] wie sie die *Völuspá* und *Vafthrúdhnismál* zeichnen, üben ein Faszinosum des Schrecklichen aus, das keineswegs geringer ist als das der jüdisch-christlichen Apokalypsen. Die hochpoetische Form der Überlieferung ästhetisiert den furchtbaren Inhalt in noch höherem Maß.

Die Erde geht zugrunde in tödlicher Winterkälte und verbrennendem Feuer. *Völuspá*, das Lied der Seherin, „kennt 'Windzeit und Wolfszeit'; es kommen darin Sommer mit Dunkel und mit Unwetter vor; das Meer trägt das Schiff der Unholde ans Land, die Schlange wälzt sich durch die Wogen, und endlich verschlingt das Meer die verwüstete und vom Feuer zermürbte Erde, – das alles ist mit einer Anschaulichkeit gemalt, über die der verfügt, der mit Meer

49 Für die christliche Apokalyptik im mittelalterlichen Skandinavien siehe Dinzelbacher, Manifestazioni apocalittiche nella cultura scandinava del medioevo.

50 Holtsmark, Anne: Ragnarok, in: KLNM 13, Sp. 649-652.

und Sturm vertraut ist".[51] Die hellen Götter, die Asen, und ihre monströsen Gegenspieler wie der gestirnefressende Wolf Fenris oder der Höllenhund Garm und natürlich die Thursen (Riesen) vernichten einander in einem letzten Kampf. Doch taucht eine neue Erde aus den Fluten, und ein Reich des Friedens hebt an. Wie einige wenige Götter, so hat auch ein Menschenpaar überlebt – ein Motiv aus der Sintflut-Tradition – und wird zu den Stammeltern eines neuen Geschlechts.

Einige Strophen aus der *Völuspá* in der klassischen Übertragung von Karl Simrock mögen die Stimmung dieser Weissagungen evozieren, die sprachliche Struktur zeigt dieselben Merkmale wie prophetische Texte in anderen Sprache (siehe oben S. 24):

44
Viel weiß die Weise, sieht weit voraus
Der Welt Untergang, der Asen Fall.

45
Brüder befehden sich und fällen einander,
Geschwister sieht man die Sippe brechen.
Der Eine schont des Andern nicht mehr.

46
Unerhörtes ereignet sich, großer Ehbruch.
Beilalter, Schwertalter, wo Schilde krachen,
Windzeit, Wolfszeit eh' die Welt zerstürzt.

51
... Steinberge stürzen, Riesinnen straucheln,
Zu Hel fahren Helden, der Himmel klafft.

57
Da seh ich auftauchen zum andernmale
Aus dem Wasser die Erde und wieder grünen.

51 Olrik, Ragnarök, S. 16.

Die Fluten fallen, darüber fliegt der Aar,
Der auf dem Felsen nach Fischen weidet.

58
Die Asen einen sich auf dem Idafelde,
Über den Weltumspanner zu sprechen, den großen ...[52]

Im Original lautet die 57. Strophe nach der Handschrift Hauksbók:

52 [Se]r hon vpp koma
oðru sinni
iorð or ægi
iðia græna
falla for|sar
flygr orn yfir
sa er áa fialli
fiska veiðir.[53]

Mit großer Wahrscheinlichkeit darf man annehmen, daß vorchristliche Elemente zum mindesten sind der Fimbulwinter, der Fenriswolf, der die Sonne verschlingt, der Götterkampf und der Einsturz der Jenseitsbrücke (Bivrost, der Regenbogen) sowie des ganzen Himmels. Eine schwedische Runeninschrift des 11. Jahrhunderts beweist, daß solche Vorstellungen nicht nur auf Island beheimatet waren: „iarth skal rifna uk ubhimin"[54] (die Erde wird bersten und der Himmel). Die Ähnlichkeit der altindischen, persischen, antiken und nordgermanischen Weltuntergangsbilder läßt wahrscheinlich auf ihren indoeuropäischen Ursprung schließen.

Als christlich anzusprechen sind wohl das Gjallarhorn (vgl. die Gerichtsposaune), der Weltbrand, die Gimlehalle (vgl. das Himmlische Jerusalem) und der kommende Mächtige als Verweis auf den siegreichen Monotheismus. Sonst bleibt vieles fraglich: das neue

52 Die Edda, übertragen von Karl Simrock, Berlin 1926, S. 171 f.

53 Nach der kritischen Transskription von Tor Gjerde: http://etext.old.no/Bugge/voluspa/voluspa3.html.

54 Zit. in Hasenfratz, Hans-Peter: Die religiöse Welt der Germanen, Freiburg 2/1994, S. 125.

Menschengeschlecht etwa, der Drache Niddhögr usf.[55] Wenn bei Snorri Sturluson ein von Feuerschein umgebener Surtr die Welt nach dem Tod der Götter vernichtet,[56] dürfte dies wohl ein Reflex der Teufels- und Antichristvorstellung sein. Auch das Ende der von Auseinandersetzungen geprägten Odin-Welt durch die friedliche Balders erinnert an die Entstehung der vollkommenen neuen Welt am Ende der *Johannesapokalypse*. Wie eine Entgegnung auf die Behauptung dieser, die Neuschöpfung bedürfe keiner Sonne mehr (21, 23), wirkt die ausdrückliche Erwähnung der von der Sonne geborenen und ihr ebenbürtigen Tochter, die nun ihre Bahn zieht: „sólin hefir getit dóttur ...“[57]

Der wesentliche Unterschied zur jüdisch-christlichen Apokalyptik besteht natürlich darin, daß die altnordischen Götter das Weltende nicht bewirken, sondern, wie alles dem Schicksal unterworfen, erleiden und darin zugrunde gehen, und daß diese Katastrophe sich zwar durch den Verfall der sozial-ethischen Bindungen ankündigt, aber nicht mit den Verfehlungen der Menschen begründet wird. Der Gott der Juden und Christen dagegen besiegt das Böse und sperrt es auf ewig in die Hölle zusammen mit der Großzahl aller Menschen (nur die Elite der 144.000 Glaubensvirtuosen ausgenommen).

Wie diese Motive in den Norden gekommen sind, ist eine umstrittene Frage, doch gab es so viele Kontaktmöglichkeiten auf den weit ausholenden Wikinger-Fahrten, daß man kaum, wie manche Forscher annehmen, an eine gotische Vermittlung vielleicht sogar direkt von den Persern,[58] denken muß. Ein bemerkenswertes Zeugnis für den frühmittelalterlichen Synkretismus sind angelsächsische Darstellungen skandinavischer Ragnarök-Motive auf christlichen Steinkreuzen der britischen Inseln, z.B. dem Gosforth Cross (erste

55 Vgl. bes. Olrik, Ragnarök, S. 131 f., 423 f.

56 Lorenz, Gottfried (Hrsg.): Snorri Sturluson, Gylfaginning, Darmstadt 1984, S. 610.

57 Völuspá, c. 53, ebd., S. 636.

58 So Hempel, Heinrich: Kleine Schriften, Heidelberg 1966, S. 40 ff.

Hälfte des 10. Jahrhunderts)[59]. Man sieht da etwa den Gott Vidhar, der den Rachen des Fenris-Wolfes auseinanderreißt, der Odin verschluckt hat – oder, in christlicher Lesung: Jesus, der den Höllenrachen überwindet. Es steht nämlich fest, daß viele dieser Motive sowohl für Christen mit den biblischen Geschichten kompatibel waren als auch für Heiden mit jenen ihrer Mythologie. Die Fesselung des Fenris-Wolfes z. B. ließ sich von den Anhängern der neuen Religion ohne weiteres auf die Fesselung Satans beim Descensus Christi beziehen, die Midgard Schlange als Satan, die alte Schlange der *Genesis,* usf. Die Kunst der Wikingerzeit in England zeigt exemplarisch, wie die Elemente verschiedener Herkunft ineinanderfließen konnten, was eben auch bei den altnordischen Texten anzunehmen ist, die Ragnarök schildern, wurden sie doch alle von Christen niedergeschrieben.

59 Olrik, Ragnarök, S. 9 ff.; Pluskowski, Aleks: Apocalyptic Monsters. Animal Inspirations for the Iconography of Medieval Northern Devourers, in: Bildhauer, Bettina / Mills, Robert (Hrsg.): The Monstrous Middle Ages, Cardiff 2003, S. 155-176; Kopár, Lilla: Gods and Settlers. The Iconography of Norse Mythology in Anglo-Scandinavian Sculpture, Turnhout 2012, S. 90 ff.

Christliches Mittelalter

Die christliche Geschichtsperiodisierung brachte es mit sich, daß die Gläubigen seit der Spätantike wähnten, im letzten Weltalter zu leben. Jede Generation[60] hielt es für ohne weiteres möglich, noch zu Lebzeiten Zeugen des Jüngsten Gerichts zu werden. Deshalb sind auch die apokalyptischen Anspielungen in den verschiedenen Quellentypen des Mittelalters Legion, zumal die Naherwartung ja in der Liturgie der katholischen Kirche seit dem Frühmittelalter bis zur Gegenwart in einem Zusatz (Embolismus) zum *Vaterunser* betet: „damit wir voll Zuversicht das Kommen unseres Erlösers Jesus Christus erwarten", eine etwas freie Übersetzung von „exspectantes beatam spem et adventum Salvatoris nostri Iesu Christi".[61] Insofern kann man sagen, die Gesellschaft sei in jener Epoche vielfach „eschatologisch infiziert" gewesen.[62]

„Niemand darf entweder am Kommen des Jüngsten Tages zweifeln noch hoffen, er möge bald eintreffen, denn vor ihm müssen die Gerechten sich fürchten und noch viel mehr alle zu Bestrafenden!" „Nemo ultimae diei adventum aut venire diffidat aut celeriter contingere exoptet, quia timendus est iustis ac multo magis corrigibilibus cunctis."[63] Diese Formulierung des Bischofs Thietmar von Merseburg (gest. 1018) kann als die Communis Opinio angesehen werden. Eschatologische Erwartungen existierten das gesamte Mittelalter über, wenn ihre biblischen Grundlagen auch nur den Gebildeten vertraut gewesen sein dürften.

Akute Beunruhigungen blieben vor dem späten Mittelalter und der Reformationszeit jedoch eher punktuell, bildeten noch keine

60 Genauer: die Gebildeten und Frommen in jeder Generation. Man vergesse nicht, daß in abgelegeneren Regionen auch im Hoch- und Spätmittelalter noch Bauern und Hirten lebten, die vom Christentum überhaupt nichts wußten, wie sich aus verschiedenen Augenzeugenberichten höherer Geistlicher mehrfach belegen läßt: Dinzelbacher, Unglaube, S. 117 ff.

61 http://de.wikipedia.org/wiki/Embolismus.

62 Fried, Aufstieg aus dem Untergang, S. 37.

63 Thietmar 8, 6, MGH SRG NS 9, 500.

durchlaufenden apokalyptischen Strömungen, führten auch kaum zur Bildung von endzeitlich bewegten Gruppen, die sich von der Catholica trennen wollten.

Die ewig beunruhigende Frage war natürlich die nach dem Datum des Weltuntergangs, dem nachzuforschen ja Christus selbst einen Riegel vorgeschoben hatte (Mt 24,36). Die schon in ihrer Zeit berühmte Seherin Birgitta von Schweden wurde von ihm eigens in einer Offenbarung belehrt, warum: Wenn Johannes über eine bestimmte Zeit geschrieben hätte, wären alle Hörer in Schrecken versetzt worden und hätten vor Furcht angesichts dieser Erwartung die Besinnung verloren. „Que si [Iohannes] scripsisset ad certa tempora, auditores omnes horruissent et expectando pre timore dissoluti fuissent ...“[64] Dies ist aus Birgittas Gottesbild verständlich, das, wie das der meisten Menschen ihrer Epoche, primär angstbesetzt war. Läßt sie den Herrn doch verkünden: „Ich erscheine euch [jetzt noch, vor dem Jüngsten Gericht] wie eine tote Schlange im Winter, daher tut ihr, was ihr wollt, und laßt es euch gut gehen. Daher werde ich mich im Sommer erheben, und dann werdet ihr verstummen und werdet meiner Hand nicht entkommen!“ – „ego videor vobis quasi vermis mortuus in hyeme. Ideo facitis, quecumque vultis, et prosperamini. Ideo consurgam ego in estate et tunc vos silebitis et non effugietis manum meam.“[65] Das Werk der schwedischen Visionärin – wesentlich mehr Prophetin als Mystikerin[66] – verrät übrigens keine Spuren der vorchristlichen Glaubenswelt, was wohl auch darauf zurückzuführen ist, daß sie seit 1350 beständig in Rom lebte.

Frühmittelalter

Eine intensivere Bezeugung eschatologischer Naherwartungen läßt sich zwischen 500 und 1200 nur selten nachweisen. Papst Gregor der Große etwa vermerkte in seinen *Moralia in Iob* (24, 11, 32): Die

64 Revelationes 6, 110 (wie Anm. 29).
65 Ebd. 7, 30; vgl. 4, 50.
66 Dinzelbacher, Peter: Die hl. Birgitta und die Mystik ihrer Zeit: Santa Brigida profeta dei tempi nuovi, Roma 1993, S. 267-302.

Angst selbst der Gerechtesten wächst ins Ungemessene, je näher der Gerichtstag heranrückt. Um 800, als die Welt nach der traditionellen Zählung 6000 Jahre alt geworden war, „ließ der König und Kaiser jener Jahre, Karl d. Gr., in atemloser Unruhe die Zeiten berechnen“[67] – ohne daß Konsequenzen für seine Politik erkennbar wären. Ob oder inwieweit die karolingische Bildungsreform mit endzeitlichen Befürchtungen in Zusammenhang steht,[68] ist mangels direkter Aussagen in den Quellen kaum zu eruieren.

Eine auf dem Konzil von Mainz 847 angeklagte und mit öffentlicher Züchtigung bestrafte Prophetin namens Thiota (Theuda) aus Alemannien hatte mit ihrer Verkündigung des Weltuntergangs anscheinend viel Zulauf, doch scheint sich die Sekte mit ihrer Verurteilung aufgelöst zu haben.[69] Der erste Papst, in dem kritische Geistliche den Antichrist erkannten, der sich als Gott ausgebe, war der ob seines Nepotismus berüchtigte Johannes XV. (reg. 985-996).[70]

Permanent lag allerdings die Angst vor dem Endgericht über den Menschen, nicht als für einen bestimmten Termin vorhersagbares Ereignis, aber trotzdem als schreckliche Gewißheit. Den Weltuntergang als Gerichtstag an umhegter Stätte malt das bairische Gedicht des 9. Jahrhunderts, *Muspilli*, in atemberaubenden Tönen aus:

> So denne der mahti-go khuninc daz mahal kipannit
> dara scal queman chunno kilihaz...
> (Wenn dann der mächtige König zum Thing aufbietet, muß
> eine jede Sippe dahin kommen)

Die überlieferten orientalischen Motive vom Kampf des Enoch und Elias mit dem Antichrist, von der Bekleidung der Seelen mit dem Auferstehungsleib, der Bedeutung der Buße zu Lebzeiten... das wird hier in germanischen Stabreimen vorgetragen.

67 Fried, Die Endzeit fest im Griff des Positivismus?, S. 310.
68 So Fried, Aufstieg aus dem Untergang, S. 54 f.
69 Annales Fuldenses a.a. 847.
70 McGinn, Apocalypticism in the Western Tradition V, S. 156.

... so inprinnant die perga. poum ni kistentit
ehnihc in erdu. aha ar-truknet
muor uarsuuilhit sih. suilizot lougiu der himil.
mano uallit. prinnit mit-tilagart...

(... dann beginnen die Berge zu brennen, kein einziger Baum
bleibt auf Erden stehen, die Flüsse vertrocknen, das Moor
verschlingt sich, der Himmel verschwelt in der Lohe, der
Mond fällt, Midgard brennt.)[71]

Es ist ein schon in Handschriften des 9. und 10. Jahrhunderts zu findender Rhythmus über den Jüngsten Tag, der der viel erfolgreicheren und berühmter gewordenen Sequenz *Dies irae* zugrunde liegt (wohl aus der Feder des Thomas von Celano, aufgenommen in die Requiem-Kompositionen von Mozart, Verdi u. a.). Er zeichnet in epochentypischer Weise die zweite Wiederkunft der Herrn ausschließlich als Tag des Schreckens für die Verworfenen, nicht der Freude für die Gerechten. Ja nicht nur für die Verworfenen, sondern auch für sämtliche Gerechten und selbst die sündenreinen Engelschöre!

Diem magnum formidate,
Quando mundum iudicare
Christus, imperator caeli,
Venit...

Dies ille dies irae,
Dies nebulae et caliginis,
Dies tubae et clangoris,
Dies luctus et tremoris,
Quando tenebrarum ignis
Supercadet in iniquis.

Qualis pavor tunc aderit,
Quando rex iratus venit

71 Wipf, K. (Hrsg.): Poetische Sprachschätze aus althochdeutscher Zeit, Bonn 1985, S. 332 f. (Graphie, Interpunktion und Übersetzung leicht geändert).

Et infernus apparebit
Impiosque absorbebit,
Sulphur, flamma atque vermes
Cruciabunt peccatores.
Quid acturi erunt mali,
Quando ipsi trement sancti
Ante tantam maiestatem
Iesu Christi filii Dei?
Et si iustus vix evadit,
Impius ubi parebit?
Ibi Angeli timebunt
Archangeli formidabunt,
Throni atque Potestates,
Principatus et Virtutes,
Cherubim atque Seraphim
Sive Dominationes.[72]

(Den großen Tag fürchtet,
wenn Christus, der Himmelskaiser,
kommt, die Welt zu richten! ...
Jener Tag, Tag der Rache,
Tag des Nebels und der Finsternis,
Tag der Tuba und ihres Schalls,
Tag der Trauer und des Zitterns,
wenn das Finsterfeuer
über die Ungerechten herfällt.
Welcher Schrecken wird dann sein,
wenn der erzürnte König kommt
und die Hölle sich öffnen
und die Ruchlosen verschlingen wird!
Schwefel, Flamme und Würmer
werden die Sünder martern!
Was werden die Bösen tun,
wenn sogar die Heiligen zittern werden

72 MGH Poetae 4/2, 521 ff.

vor der so großen Majestät
des Gottessohnes Jesu Christ?
Und wenn kaum der Gerechte entkommt,
wo wird der Bösewicht bleiben?
Dort werden die Engel sich fürchten,
die Erzengel erschrecken,
die Throne und Mächte,
die Fürsten und Tugenden,
die Cherubim und Seraphim
und auch die Herrschaften.[73])

Es läßt sich nicht sagen, wie häufig die Szenen des Endgerichts den Gläubigen bereits durch das Medium des Bildes vor Augen geführt wurden. Bemerkenswert, daß nur eine einzige karolingerzeitliche (und gar keine ottonische oder frühsalische) Monumentaldarstellung erhalten blieb, jene innen an der Westwand der Klosterkirche in Müstair (Graubünden).[74] Doch ist dieselbe Thematik auch für St. Gallen belegt.[75]

Dagegen scheinen die seit der Romanik so häufigen Weltgerichtstympana an den Außenfassaden noch nicht üblich gewesen zu sein. Buchilluminationen mit diesem Thema sind freilich auch noch nicht besonders verbreitet und treten vor allem in *Apokalypsen*-Handschriften auf (z. B. Bamberger Apokalypse, um 1000), so daß man auf eine Zunahme der Wichtigkeit des Themas erst durch den Investiturstreit schließen muß.[76] Nur im Spanien der beginnenden Reconquista scheint es fast zu einer Flut endzeitlicher Darstellungen gekommen zu sein, der berühmten Familie illuminierter Handschriften mit dem Apokalypsenkommentar des Beatus von Liebana (gest.

73 Dies sind die Namen der Engelschöre.

74 Goll, J. / Exner, M. / Hirsch, S.: Müstair. Die mittelalterlichen Wandbilder in der Klosterkirche, München 2007.

75 Pace / Angheben (Hrsg.), Alfa e omega, S. 27 ff.

76 Dinzelbacher (Hrsg.), Handbuch der Religionsgeschichte im deutschsprachigen Raum I, S. 82 ff.

um 800), die noch auf uns eine archaische Faszination ausüben.[77] Sie sind die eigenständigsten und heute bekanntesten mittelalterlichen Gestaltungen des Themas, welche ihre künstlerische Prägung im Milieu der unter islamischer Herrschaft stehenden Christen erhielten, aber bis Frankreich ausstrahlten. Diese Albträume in mozarabischem Stil sind nicht ohne den lokalen zeitgenössischen Hintergrund zu verstehen, nämlich die Identifikation der muslimischen Gegner als Formen des Antichrists.[78]

Dichter werden Nachrichten über aktuelle Endzeit-Phantasien in der Tat um die Jahrtausendwende, was zu vielfältigen Auseinandersetzungen auch der jüngeren Historikergeneration um die „terreurs de l'an mil" geführt hat, d. h. zu einer durch stete Wiederholungen gleicher Quellen und Argumente ermüdenden Flut von Publikationen, die man anläßlich des Beginns des dritten Jahrtausends aus naheliegenden kommerziellen Motiven wiederbelebt hat, nicht unbedingt weil es sich um eine ungelöste Frage der Mittelalterforschung gehandelt hätte.[79] Weder lässt sich die Existenz der Endzeitangst um 1000 leugnen, noch beweisen, daß sie eine weite, mentalitätsprägen-

77 Arrouye, Jean: Fin du monde – Fin d'un monde sur les enluminures du „Beatus" de Facundus: Fin des temps et temps de la fin dans l'univers médiéval (Senefiance 33), Aix 1993, S. 23-52; Williams, J.: The Illustrated Beatus I-II, London 1994.

78 Mentré, Mireille: Spanische Buchmalerei des Mittelalters, Wiesbaden 2006, S. 9.

79 In Auswahl: Fried, Endzeiterwartung; Ders., Die Endzeit fest im Griff des Positivismus?; Bourin, M. / Rosenwein, B. (Hrsg.): L'an mil en 2000 (Médiévales 37), Saint-Denis 1999; Landes, R.: The Fear of an Apocalyptic Year 1000 – Augustinian Historiography, Medieval and Modern, in: Speculum 75, 2000, S. 97-145; Ders.: Giants With Feet of Clay. On the Historiography of the Year 1000: http://www.mille.org/scholarship/1000/AHR9.html; Semmler, J.: Die Angst vor dem Jahre 1000, in: Haupt (Hrsg.), Endzeitvorstellungen, S. 133-144; Boiadjiev, T.: Der mittelalterliche Apokalyptismus und der Mythos vom Jahre 1000: Miscellanea Mediaevalia 29, 2002, S. 165-178; Klein, Peter: Medieval Apocalypse Cycles and Eschatological Expectations – the So Called „Terrors" of the Year 1000, in: Guglielmetti (Hrsg.), L'apocalisse nel medioevo, S. 267-301. – Vgl. jedoch schon Riché, Pierre: Der Mythos von den Schrecken des Jahres 1000, in: Cavanna, H. (Hrsg.), Die „Schrecken" des Jahres 2000, Stuttgart 1977, S. 10-19.

de Verbreitung gefunden hätte. In der Hagiographie und Geschichtsschreibung gibt es wohl vor allem in Frankreich nicht ganz wenige Verweise auf die knapp bevorstehende Endzeit, so daß in manchen Kreisen die Vorstellung existiert haben muß, die Jahrtausendwende werde den Weltuntergang bringen. Die expliziteste Notiz kommt von dem Benediktiner Abbo von Fleury (gest. 1004), der in seiner Jugend einer Predigt in der Kathedrale von Paris beigewohnt hatte, in der zur Jahrtausendwende das Ende der Welt verkündet wurde – wogegen Abbo sogleich die entsprechenden Bibelstellen zitierte.[80]

Diese Predigt ist uns nicht erhalten, wohl aber eine altenglische von etwa 971, die darüber handelt, daß „thisses middangeardes ende neah is“, das Ende von Mittelerde nah ist. Der Allmächtige wird sein Feuerschwert ziehen und die ganze Welt in Teile hauen, und die Menschen nicht minder. Die Leiber der Auferstehenden werden durchsichtig wie Glas und können ihre Schande nicht mehr verbergen...[81]

In einem anderen altenglischen Text, dem *Christ III* (vs. 960 ff.) aus der ‘Dichterschule’ des Kynewulf, wird das Ende so geschildert:

> þonne bið untweo þæt þær Adames
> cyn, cearena full, cwiþeð gesargad,
> nales fore lytlum, leode geomre,
> ac fore þam mæstan mægenearfeþum,
> ðonne eall þreo on efen nimeð
> won fyres wælm wide tosomne,
> se swearta lig, sæs mid hyra fiscum,
> eorþan mid hire beorgum, ond upheofon
> torhtne mid his tunglum. Teonleg somod
> þryþum bærneð þreo eal on an
> grimme togædre. Grornað gesargad
> eal middangeard on þa mæran tid.[82]

80 Apologeticus: PL 139, Sp. 472A.

81 Blickling Homelies X, hrsg. von Richard J. Kelly, London 2003.

82 http://www.apocalyptic-theories.com/literature/christiii/oechristiii2.html. Vgl. Caie, Graham: The Judgment Day Theme in Old English Poetry, Copenhagen 1976.

(Dann wird es unzweifelhaft sein, daß Adams Geschlecht,
traurige Menschen voller Angst, sorgenvoll weint,
und nicht um ein Kleines, sondern um das Allergrößte.
Dann ergreift alle drei zusammen der Feuerschwall,
die schwarze Lohe: Die Meere mit ihren Fischen,
die Erde mit ihren Bergen und die hohen Himmel,
sternenklar. Zugleich verbrennt das vernichtende Feuer sie
grimmig alle drei zusammen.
Weinen wird die Erde in Kummer in dieser Endzeit.)

Der Himmelskönig, an der Spitze seiner Krieger, auf feuerspeiendem Hochsitz, vernichtet selbst seine Feinde (vs. 1530 ff.):

Swapeð sigemece mid þære swiðran hond
þæt on þæt deope dæl
deofol gefeallað
in sweartne leg, synfulra here
under foldan sceat...

(Das siegmächtige Schwert wird er schwingen mit der rechten Hand,
so daß in den tiefen Schlund die Teufel stürzen,
in die schwarze Flamme die sündenbeladene Horde,
unter die Erdfläche...)

Bei allen diesen Predigten und Gedichten war ihre hauptsächliche Funktion, die Gläubigen zu einer besseren Annahme der kirchlichen Normen zu bewegen, indem sie sie in Schrecken versetzten. In einer nicht geringen Zahl von Texten des späten 10. und frühen 11. Jahrhunderts finden sich entsprechende Anspielungen, nur wenige jedoch sprechen eindeutig die Datierung des Endzeitbeginns auf das Jahr 1000 oder 1033 aus. So liest man z.B. in einer kurzen englischen Weltchronik: „A nativitate domini usque ad adventum anticristi anni DCCCXCIX“, von der Geburt des Herrn bis zur Ankunft des Antichrists 999 Jahre.[83]

83 Fried, Aufstieg aus dem Untergang, S. 64 f.

Doch haben solche millenniaristischen (chiliastischen) Ideen wohl nur die des Computus (der gelehrten Rechenkunst) mächtigen Geistlichen bewegt; daß sie dem Volk gepredigt wurden, scheint eben nur selten belegt zu sein. Zumal unklar war, wann genau man diese tausendjährige Frist als erfüllt anzusehen habe: Mußte von Christi Geburt an gezählt werden oder von seinem Tode oder …? Die maßgebliche Hierarchie wollte jedenfalls von derlei Prophezeiungen nichts wissen, kein päpstliches Dokument, keine Synodalaufzeichnung des 10. Jahrhunderts bezieht sich darauf.[84]

In den Jahren der Sonneneklipsen von 1023 und 1033 gab es in der Tat Pilgerströme, die von Frankreich aus nach dem Heiligen Land zogen, um dort das Endgericht zu erwarten,[85] und mancher wird die in der *Apokalypse* 20,7 f. genannten grausamen Völker Gog und Magog in den einfallenden Ungarn vermutet haben.[86] Doch war der chiliastische Schock dann auch wieder vorüber und beruhigte sich.

Als es 1064/65 zu einem großen Zug vor allem deutscher Adeliger und Geistlicher zum Heiligen Grab kam, wurde dieses Ereignis nur von einer Quelle[87] auf Endzeiterwartungen zurückgeführt: Sie seien vom Volksglauben („vulgari opinione") getäuscht gewesen, der Jüngste Tag stünde bevor („quasi instaret dies iudicii"), nämlich weil damals zwei zentrale liturgische Termine, Ostern und Christi Himmelfahrt, auf einen Tag fielen.[88] Immerhin ein Zeugnis dafür, daß solche Erwartungen doch auch in die Schichten der Ungelehrten Eingang gefunden hatten.

84 Boiadjiev, Der mittelalterliche Apokalyptismus (wie Anm. 79), S. 169.
85 Fried, Die Endzeit fest im Griff des Positivismus?, S. 289 ff.
86 Ebd., S. 314.
87 Möhring, Der Weltkaiser der Endzeit, S. 161 A. 44.
88 Vita Altmanni 3, MGH SS 12, S. 230.

Hoch- und Spätmittelalter

Doch erst im Hochmittelalter, als mehrere Häresien die Herrschaft der Papstkirche ernstlich gefährdeten (Katharer und Waldenser), tritt das Gerichts-Thema wieder überall im Westen dominierend hervor, am unmittelbarsten in der Bauplastik der Kirchen (vor allem Westportale). Der primäre Textgeber für diese Ikonographie war aber nicht das letzte Buch der *Bibel*, sondern die Gerichtsankündigung Jesu in den *Evangelien*.[89] In der Monumentalmalerei finden sich im Hochmittelalter – im Gegensatz zur Buchmalerei – nur wenige Beispiele für die Illustrierung von Passagen der *Apokalypse*, so etwa in der Klosterkirche von Saint Macaire (Gironde, 13. Jahrhundert).[90]

An das Ende der Geschichte durch das Jüngste Gericht[91] wurden die Christen also wenigstens seit dem 12. Jahrhundert regelmäßig und in erschütternder Weise erinnert, denn seitdem sich die Weltgerichtsdarstellungen von Frankreich aus als fast obligatorische Ikonographie für einen der Eingänge in das Gotteshaus verbreitet hatten, fehlte bis in die Frühneuzeit dieses Thema an kaum einer europäischen Kirche mehr. Dazu traten volkssprachliche Schauspiele, Predigten und Lehrschriften, die die Angst schürten. In einem Bruchstück einer Hamburger Handschrift heißt es in einem solchen deutschen Text des 12. Jahrhunderts plastisch: „Das Kind in der Mutter, hätte es Verstand, es würde vor dem Tag [des Gerichts] erschrecken."[92]

89 Christe, Das Jüngste Gericht.

90 Voyer, C.: Une pensée visuelle originale, le décor peint du chevet de l'église de Saint-Macaire (fin du xiiie siècle), in: Cahiers de Civilisation Médiévale 55, 2012, S. 263-278.

91 Bautz, J.: Weltgericht und Weltende, Mainz 1886; Schwab, U.: Zum Thema des Jüngsten Gerichts in der mittelhochdeutschen Literatur, in: Annali dell'Istituto universitario orientale. Sez. Germanica 2, 1960, S. 51-65; 3, 1961, S. 11-73; Kettler, W.: Das Jüngste Gericht. Philologische Studien zu den Eschatologie-Vorstellungen in den alt- und frühmittelhochdeutschen Denkmälern, Berlin 1977; Christe, Y. (Hrsg.): De l'art comme mystagogie. Iconographie du Jugement dernier et des fins dernièrs à l'époque gothique, Poitiers 1996.

92 Wackernagel, Wilhelm, Altdeutsches Lesebuch, Basel 4/1859, S. 154.

Die seit dem Hochmittelalter tpyische Endgerichtsikonographie: Christus auf dem Regenbogen als Richter mit Lilie und Schwert, darunter die Auferstehenden, Maria und Johannes leisten Fürbitte, Holzschnitt in einer Biblia paperum, um 1475 (Paris, Bibliothèque Nationale, ohne Pag.)

Doch sollte die Präsenz dieser Thematik in der bildlichen Glaubensunterweisung nicht dazu führen, den Weltuntergang für ein Motiv zu halten, das alle führenden Denker des Hochmittelalters speziell beschäftigt hätte. Die Theologie jener Epoche war eher mit positiveren Aspekten der Christologie, Trinitätslehre, Exegese... befaßt, als mit den Letzten Dingen. Im Folgenden einige Beispiele aus den immerhin reichlich vorhandenen schriftlichen Quellen: Otloh von St. Emmeram (gest. nach 1070) dichtete *Versus de die iudicii*,[93] in denen der Weltuntergang als in Bälde drohend beschrieben wird. Anselm von Canterbury, heute viel bekannter als 'Vater der Scholastik', meditierte besonders intensiv über dieses Thema: „Dies iudicii venit... O lignum siccum et inutile, aeternis ignibus dignum, quid respondebis in illa die, cum exigetur a te usque ad ictum oculi omne tempus vivendi tibi impensum, qualiter a te expensum? Tunc condemnabitur quidquid fuerit inventum in te operis vel otii, sermonis et silentii, usque ad minimam cogitationem, etiam quod vixisti, si non fuerit ad Dei voluntatem directum. Vae, quot peccata proruent ibi ex improviso quasi ex insidiis, quae modo non vides! Certe plura et fortassis terribiliora his quae nunc vides. Quot quae non esse mala putas, quot quae nunc esse bona credis, nudata facie apparebunt ibi nigerrima peccata!... O angustiae! Hinc erunt accusantia peccata, inde terrens iustitia; subtus patens horridum caos inferni, desuper iratus iudex; intus urens conscientia, foris ardens mundus... Quis eruet de manibus Dei?"[94] (Der Tag des Gerichtes kommt... Oh trockenes und unbrauchbares Holz, wert für die ewigen Feuer, was wirst du an jenem Tage antworten, wenn von dir deine ganze dir zugemessene Lebenszeit Augenblick für Augenblick gefordert wird: wie hast du sie verbracht? Dann wird alles verdammt werden, was immer in dir an Tun oder Ruhn, Reden oder Schweigen zu finden sein wird bis auf den kleinsten Gedanken, auch daß du gelebt hast ohne Ausrichtung nach dem Willen Gottes. Wehe, wie viele Sünden werden dort unerwartet wie aus Schlupfwinkeln hervorbrechen, die

93 PL 146, Sp. 297 ff.

94 Meditatio 20, Obras completas de San Anselmo II, hrsg. von P. Schmidt und J. Alameda, Madrid 1953, S. 414-420.

du jetzt nicht siehst! Gewiß mehr und wohl schrecklichere als die, die du jetzt siehst. Wie viele, von denen du meinst, sie seien keine Übel, wie viele, von denen du jetzt glaubst, sie seien Gutes – dort werden sie entblößten Antlitzes als tiefschwarze Sünden erscheinen! ... Oh Bedrängnis! Hier werden die Sünden sein als Ankläger, dort die Gerechtigkeit voller Schrecken; unten klafft das schauerliche Chaos der Hölle, darüber der erzürnte Richter, innen brennt das Gewissen, außen verglüht die Welt... Wer wird erretten aus den Händen Gottes?)

Wer rettet aus den Händen eines Gottes, der auch die unbewußt vollbrachten Verfehlungen rächt (was in Jenseitsvisionen dann in die Praxis umgesetzt wird)? In der Tat endet dieser kunstvoll rhetorische Text mit der flehentlichen Bitte an Jesus, sein Geschöpf nicht „in das ewige Verderben" hinabzustürzen. Aber: dieser Abschnitt, der Hoffnung birgt, wenn auch unsichere, umfaßt nur ein Sechstel der ganzen Meditation. Das erdrückende Übergewicht gehört dem Schrecken.

Liest man dagegen die Werke des bedeutendsten Kirchenschriftstellers des 12. Jahrhunderts, des Abtes Bernhard von Clairvaux, so wird man in den acht Bänden der Editio critica nur recht selten Anspielungen auf die Endzeit finden.[95] Deutlich ist nur eine undatierte Predigt, in der er fragt: „Wie kommt es denn, daß der Fürst dieser Welt allenthalben mit solcher Wut rast, wenn nicht, weil ‘die Erde in die Hände des Ruchlosen gegeben wurde’? Dies aber ist seine Stunde und die Macht der Finsternis."[96] Folgt die Prophezeiung von seiner Einschließung im Innern der Erde und von der endzeitlichen Erneuerung. Diese Welt aber ist verloren. Auch das Auftreten der dualistischen Katharer scheint dem Zisterzienser ein Zeichen der Epoche des Antichrists.[97] Das sind aber schon die wesentlichen Stellen; der mit Bernhard befreundete Gründer des Prämonstratenser-

95 Gesammelt bei Radcke, F.: Die eschatologischen Anschauungen Bernhards von Clairvaux, Langensalza 1915.

96 Dominica in Kalendis Novembris 2, 1, Opera omnia ed. Jean Leclercq u.a., V, S. 307, 4 ff.

97 Super Cantica 66, 1, 2.

ordens, Norbert von Xanten, war überzeugt, daß seine Generation den Widerchrist noch sehen werde.[98]

Gewiß, 1147, bei seinem Engagement für den heiligen Krieg, den Zweiten Kreuzzug, kann diese Erwartung mitgespielt haben, denn der sächsische Priester Helmolt von Bosau erzählt etwa 20 Jahre später: „Jener Heilige begann, ich weiß nicht, von welchen Weissagungen belehrt, die Fürsten und das gläubige Volk anzueifern, nach Jerusalem aufzubrechen, um die barbarischen Völker des Orients niederzuwerfen ... Er sagte, die Zeiten seien nahe, wo die Vollzahl der Stämme eintreten solle und so ganz Israel heil werde."[99] Die endzeitliche Implikation – die Konvertierung aller Heiden zum Christentum – ist eindeutig. Aber dies ist eben doch nur die vereinzelte Aktualisierung dieses Vorstellungskomplexes bei einem speziellen Anlaß; keinesfalls könnte man Bernhards Denken generell als eschatologisch geprägt oder sein Handeln als endzeitlich bestimmt qualifizieren,[100] und das gilt ebenso für wohl alle seine gebildeten Zeitgenossen.[101] – Trotzdem war damals dieses Stereotyp leicht bei der Hand, wie u. a. die Phantasien des Häretikers Tanchelm (gest. 1115) und die Reaktionen auf ihn zeigen (siehe S. 71).

Beispiele für das punktuelle Auftauchen der Furcht vor dem Weltuntergang finden sich in allen Jahrhunderten: Um 1205 verfaßte ein Anonymus eine Schrift *De semine scripturarum*, in der er das Alphabet auf die Zukunft ausdeutet und so, beim Buchstaben Z, auf das Erscheinen des Widerchristen knapp nach 1415 kommt.[102] Zum Jahre 1210 meldet eine Chronik, ein nicht genannter „Pseudoprophet" habe geweissagt, der Antichrist sei schon erwachsen und der Tag des Endgerichts stehe bevor.[103] Gelegentlich schlug auch ein Papst selbst, hier Alexander IV. (reg. 1254-1261), angesichts des Einfalls der Mongolen apokalyptische Töne an: Diese Heiden

98 Dinzelbacher, Peter: Bernhard von Clairvaux, Darmstadt 2/2012, S. 69.
99 Cronica Slavorum 1, 59: MGH SS rer. Germ. i.u.s. 32, S. 114 f.
100 Dinzelbacher, Bernhard von Clairvaux, S. 296 ff. u. pass.
101 Goetz, H.-W.: Vorstellungsgeschichte, Bochum 2007, S. 450 f.
102 Kerby-Fulton, Reformist Apocalypticism and Piers Plowman, S. 183.
103 MGH SS 6, S. 466.

schienen das Christentum ausrotten zu wollen und das Nahen des Endgerichts zu verkünden.[104] Roger Bacon, der durch sein damals untypisches Interesse für die Naturwissenschaften bekannt war und ist, bemerkt in seinem *Opus maius* angesichts des Kinderkreuzzugs und der Mongolengefahr sogar, daß alle Weisen übereinstimmend von der Nähe der Zeit des Antichrists ausgingen.[105] In der Westminster Abtei ließ man im 13. Jahrhundert eine Inschrift in den Fußboden ein, die den Leser auffordert, anhand bestimmter symbolischer Hinweise über die Lebenszeit des Universums nachzudenken.[106]

Entgegen einer nicht selten anzutreffenden Meinung spielten Endzeit-Phantasien für die Teilnehmer der Kreuzzüge höchstens gelegentlich eine Rolle. Nur ganz ausnahmsweise ist in den so ausführlichen Quellen über die „bewaffneten Pilgerfahrten nach Jerusalem" von diesem Motiv die Rede. Bernhard von Clairvaux und Roger Bacon wurden schon genannt, waren aber keine Teilnehmer an den ‘bewaffneten Pilgerfahrten’. Ausschlaggebend war für diejenigen, die wirklich aufbrachen, vielmehr der Wunsch nach der Eroberung der Heiligen Stätten zum ungehinderten Besuch durch Christen, nach der Chance, sich in einem heiligen Krieg auszuzeichnen und seine Sünde durch die Tötung von „Ungläubigen" oder den eigenen Tod durch deren Hand abzubüßen, nach Landerwerb im Nahen Osten, nach kriegerischen Abenteuern usw.[107] Nicht einmal die exzentrischen Kinderkreuzzüge (1212) oder die Bewegung der Pastorellen (1251 und 1320) werden in den Quellen mit dem nahenden Ende der Zeiten in Verbindung gebracht. Daß die Muslime „la gent Ante-

104 Dickson, Religious Enthusiasm in the Medieval World VIII, S. 250.

105 Justice, St.: Prophecy and the Explanation of Social Disorder, in: Morgan, (Hrsg.), Prophecy, Apocalypse and the Day of Doom, S. 156.

106 Foster, R.: The Perfect Three. A Numerological Context for the Calculation of the Lifespan of the Universe ..., in: Morgan (Hrsg.), Prophecy, Apocalypse and the Day of Doom, S. 97-117.

107 Dinzelbacher, Bernhard von Clairvaux, S. 284 ff.

crist", das Volk des Antichrists, genannt wurden, entsprach gängiger Propaganda.[108]

Anscheinend einzig der Graf Emicho (von Leiningen?, von Flonheim?) stellte sich im Zuge des Ersten Kreuzzugs aufgrund einer (angeblichen?) Vision in die millennaristische Tradition. Er erwartete, von Jesus selbst gekrönt zu werden und alle Feinde der Christenheit zu vernichten – womit er sich als Weltherrscher der Endzeit präsentierte.[109]

Als Beispiel für das geistige Klima diene die Ära der Aufrufe zum Zweiten Kreuzzug. Neben dem Erscheinen des Halleyschen Kometen 1145 sorgten damals Mißernten und der dritte Tod eines Papstes innerhalb von zwei Jahren für Unruhe.[110] Auch daß die zu Pogromen führenden Weltuntergangspredigten des Zisterziensers Radulf in den Städten des Rheinlands auf so viel Gehör stießen, läßt auf ein Zunehmen der Endzeiterwartung in jenen Jahren schließen. Zirkulierende Himmelsbriefe, die als ihren Überbringer den Engel Gabriel nennen, haben diese Stimmung wohl intensiviert.[111] Daß Kreuzzugsprophezeiungen damals „in Frankreich von den bewährtesten und frömmsten Personen geglaubt wurden", bezeugt der wohlinformierte Bischof Otto von Freising,[112] was sich z. B. bei Suger von Saint-Denis und sogar Petrus Abaelardus verifizieren läßt. Um dieselbe Zeit fand in der Bretagne ein anscheinend geistesgestörter Thaumaturg, Eon von Stella, großen Zulauf, der sich für den wiederkehrenden Christus der Apokalypse hielt und mit einem kommunistischen, antiklerikalen Programm die verängstigten und von der Kirche enttäuschten Massen anzog.[113] Aber die meisten Gläubigen wurden, soweit wir sehen, von derlei Spekulationen eben

108 Chanson d'Antioche 1, 86 f., zit. in Schöber, S.: Die altfranzösische Kreuzzugslyrik des 12. Jahrhunderts, Wien 1976, S. 39.

109 Möhring, Der Weltkaiser der Endzeit, S. 165.

110 Bounoure, G.: L'archevêque, l'hérétique et la comète, in: Medievales 14/15, 1988, S. 113-128, 73-84.

111 Alphandéry, Paul: La Chrétienté et l'idée de croisade. Les premières croisades, Paris 1954, S. 171.

112 Gesta Frederici, Prol., hrsg. von F.-J. Schmale, Darmstadt 1965, S. 116.

113 Dinzelbacher, Bernhard von Clairvaux, S. 314 f.

nicht zu Massenaufbrüchen, zu außergewöhnlichen Bußfahrten, zu angsterfüllten Gelübden oder Almosen bewegt, sondern blieben im Rahmen ihrer alltäglichen Frömmigkeitsleistungen.

Erst mit Joachim von Fiore, einem Zisterzienser (gest. 1202), dessen eigene Lehre freilich durch die lebhaft Rezeption mit ihren Über- und Mißinterpretationen (schon seit dem 13. Jahrhundert) verstellt ist, beginnt sich das Bild zu ändern. Dem kalabrischen Abt ging es nicht um den Weltuntergang, er verneinte ausdrücklich, den „spiritus prophetiae“ zu besitzen, sondern begnügte sich mit dem „spiritus intelligentiae“, dem Verständnis der *Bibel.* Ihn interessierte die Dynamik der Weltgeschichte, ihre fast mathematische Entwicklung in Stadien, aber nicht Untergangsszenarien. Allerdings belehrte er gesprächsweise den englischen König Richard Löwenherz, der den berühmten Geistlichen in Messina besuchte, darüber, daß der letzte Antichrist – der Abt ging von sieben aus, darunter Saladin – bereits geboren sei.[114] Es sei ein Römer, der als künftiger Papst eine große Menge Gläubiger verführen wolle. Damit blieb für die ‘Vollendung der Menschheit’ durch das Mönchswesen nur mehr eine Spanne von etwa zwei Generationen vor dem Weltgericht. Die Neuschöpfung der Welt galt Joachim jedoch nicht als Ereignis jenseits des Letzten Tages, sondern als ein schon in seiner Gegenwart, dem Beginn des Geistzeitalters, einsetzender Vorgang.[115] Damit las er die *Apokalypse* des Johannes wieder ganz primär als auf die Zukunft gerichteten Text und rückte von der Augustinischen Interpretation ab, ohne sie direkt zu kritisieren.

Erst nach seinem Tode wurde seine Geschichtstheologie endzeitlich so funktionalisiert, daß sie konkrete Folgen zeitigte: „Mit wahrem Heißhunger stürzten die Franziskaner sich auf das ‘Ewige Evangelium’ und wurden zu seinen glühenden Aposteln.“[116] Denn

114 Potestà, Il tempo dell’apocalisse, S. 241 ff.

115 Riedl, Joachim von Fiore, S. 264.

116 Nigg, Das ewige Reich, S. 145; Lambertini, Roberto: Interpretazioni escatologiche del conflitto tra Secolari e Mendicanti alla metà del XIII secolo, in: Aertesen / Pickavé (Hrsg.), Ende und Vollendung, S. 250-261.

sie identifizierten sich mit den idealen Religiosen, die laut den joachimitischen Schriften das letzte Zeitalter prägen sollten. Auch verbreitete sich die Meinung, er selbst habe 1260 als Jahr des Weltuntergangs prophezeit, nicht nur in Italien, sondern auch in Deutschland.[117] Diese Datierung der Apokalypse geht zurück auf einen dem Abt fälschlich beigelegten Jeremias-Kommentar und den Franziskaner Gerard von Borgo San Donnino (gest. 1276), der diese Interpretation mit lebenslänglichem Gefängnis zu bezahlen hatte, da er trotz ihrer offensichtlichen Unrichtigkeit nicht revozierte. Allerdings verlor er so seine Anhänger auch in seinem Orden.[118]

Der Franziskanergeneral Bonaventura, der doch um die Vermeidung aller extremen Positionen bemüht war und alles andere als ein Apokalyptiker, nannte den Ordensgründer gleich im Prolog seiner umfangreichen Vita und unter ausdrücklichem Zitat aus der *Geheimen Offenbarung* den Engel des sechsten Siegels: Franz von Assisi „sub similitudine Angeli ascendentis ab ortu solis signumque Dei vivi habentis adstruitur non immerito designatus. Sub apertione namque sexti sigilli vidi, ait Ioannes in Apocalypsi, alterum Angelum ascendentem ab ortu solis, habentem signum Dei vivi."[119] (Es wird nicht unrichtig festgestellt: Er wird mit dem Symbol des vom Sonnenaufgang aufsteigenden Engels, der das Zeichen des lebendigen Gottes besitzt, bezeichnet. Denn Johannes sagt in der Apokalypse [6,12; 7,2], ich sah bei der Eröffnung des sechsten Siegels einen anderen Engel vom Sonnenaufgang aufsteigen, der das Zeichen des lebendigen Gottes besaß.) Das Zeichen ist das Tau-Kreuz, das Franz auf seinen Sendschreiben anzubringen pflegte, Beweis der Auserwählung.[120] Bonaventura, welcher alle Handschriften der zeitlich näheren Vita des Thomas von Celano vernichten ließ, um seine

117 Dickson, Gary: Religious Enthusiasm in the Medieval World, Aldershot 2000, VIII, S. 253 f.

118 Coulton, From St. Francis to Dante, S. 161.

119 Vita maior. Prol. 1, hrsg. von E. Menestò und S. Brufani, Fontes Franciscani, Assisi 1995, S. 778.

120 Ruh, Kurt: Geschichte der abendländischen Mystik II, München 1993, S. 396 f.

Apokalyptischer Kampf auf einem monumentalen Wandteppich, 1375 (Angers, Musée de la Tapisserie)

eigene Sicht des Poverello zur exklusiven zu machen, hätte diese endzeitliche Identifizierung, die auf den vorherigen, joachimitisch bewegten Ordensgeneral Johannes von Parma zurückgeht,[121] keineswegs übernehmen müssen, wenn nicht auch ihm dieses apokalyptische Geschichtsbild wie selbstverständlich zu eigen gewesen wäre und wenn nicht auch er, trotz der Distanzierung zu den Spiritualen, mit dem Orden der Minoriten eine neue Ära der Geschichte anbrechen gesehen hätte, das Zeitalter des Friedens und der Kontemplation.

Nicht zufällig kämpft im Apokalypsenzyklus auf dem Teppich von Angers (1373 ff.), dem größten jemals hergestellten Wandbehang (ursprünglich 140 x 6 Meter) ein Franziskaner in vorderster Reihe gegen die Geschöpfe der Höllentiefe. Das Werk wurde auf Wunsch des Herzogs Ludwig I. von Anjou für den Ritterorden vom

121 McGinn, Apocalypticism in the Western Tradition VII, S. 9.

Kreuz hergestellt,[122] dessen prominentestes Mitglied damals Antonius von Padua war, der erst später zu den Minoriten übertrat.

Die Spiritualen sahen sich am Anfang des letzten, des Dritten Reichs der Weltgeschichte, und sahen in Kaiser Friedrich II. den in der *Apokalypse* beschriebenen Antichristen. Demgemäß war die Erschütterung im Orden groß, als der Kaiser bereits 1250, also zehn Jahre vor dem prophezeiten Termin, starb – der franziskanische Geschichtsschreiber Salimbene, selbst Joachimit, hat dies ergreifend autobiographisch festgehalten.[123] Die 1260 von Perugia ausgehende Geißlerbewegung kann als ein verzweifelter Versuch gedeutet werden, Gott zu bewegen, den für dieses Jahr von Joachim, wie man meinte, vorhergesagten Beginn der dritten Weltperiode wahr werden zu lassen. Neben den schriftlichen Quellen bezeugt dies auch ein Weltgerichts-Fresko in San Bevignate zu Perugia, das die Flagellanten unter dem richtenden Christus zeigt.[124]

Kam dem Joachimitismus besonderes Gewicht bei der Ausbildung endzeitlicher Programme mehr in den romanischen Ländern zu,[125] so hat er immerhin auch einen so orthodoxen Priester wie den sel. Berthold von Regensburg OFM in seiner Geschichtskonzeption beeinflußt.[126] Einer der gelehrtesten Vertreter joachimitischer Ideen war der Arzt und Laientheologe Arnald von Villanova (gest. 1311), der im Dienste mehrerer Könige und Päpste stand und an der Universität Montpellier lehrte. Als er den Professoren der Sorbonne seine Schrift *De adventu Antichristi* (1288) vorlegte, in der er den Untergang der Welt für 1366/78 verkündete, wurde er eingekerkert,

122 Manion, Margaret: The Angers Tapestries of the Apocalypse and Valois Patronage, in: Morgan (Hrsg.), (Hrsg.), Prophecy, Apocalypse and the Day of Doom, S. 220-238.

123 Coulton, From St. Francis to Dante, S. 150 ff.

124 Dickson, Religious Enthusiasm in the Medieval World VIII, S. 257.

125 Rodolfi, A.: Regno millenario e fine del mondo nell'Enchiridion super Apocalypsim di Gioacchino da Fiore, in: Medioevo e rinascimento 11, 1997, S. 1-24.

126 Franz, A. (Hrsg.): Drei deutsche Minoritenprediger aus dem XIII. und XIV. Jahrhundert, Freiburg 1907, S. 66 ff.

das Werk verboten. Mehrere gelehrte Gegenschriften entstanden.[127] Wäre der an Gallensteinen leidende Papst Bonifatius VIII. nicht so begeistert von Arnalds Heilkünsten und so desinteressiert am Thema gewesen, daß er ihn in Schutz nahm, hätte dieser wohl den Ketzertod sterben müssen.

Die Ideen Joachims stießen aber auch selbst bei an Privatoffenbarungen interessierten Geistlichen zum Teil auf Ablehnung. So verfaßte Gebeno von Eberbach, ebenfalls Zisterzienser, um 1220 einen Auszug aus den Schauungen der Hildegard von Bingen nicht nur, weil diese im Original etwas schwierig zu verstehen waren, sondern auch ausdrücklich, um 'Pseudo-Propheten' wie den Kalabresen zu widerlegen[128] – Hildegard sah ja die Endzeit in viel weiterer Entfernung als jener.

Doch finden sich Spuren des Joachimitismus bis in die Neuzeit, sogar bis ins 20. Jahrhundert. Schwärmer wie Adelgreiff in Königsberg (siehe unten, S. 93) oder in Paris der neuen Messias Simon Morin (1663 verbrannt) sahen sich ausdrücklich als Begnadete Gottes oder sogar dessen Inkarnationen, die dazu berufen seien, das Reich des heiligen Geistes aufzurichten.[129]

Es fällt auf, wie vergleichsweise selten in der mittelalterlichen Offenbarungsliteratur Endzeitvisionen aufscheinen. In den Hunderten Beschreibungen visionärer Jenseitswanderungen, die in der Regel auf Nahtod-Erfahrungen beruhen,[130] finden sich nur sehr selten Passagen, in denen das Weltgericht angesprochen wird. Die Vision des Benediktiners Wetti von Reichenau von 824 ist eine der seltenen Ausnahmen: Er erfährt im Jenseits von einem Engel – in einem

127 Backman, G.: Arnau de Vilanova and the Body at the End of the World, in: Bynum/Freedman, Last Things, S. 144 f.; LexMA 1, Sp. 994-996; Diz. Inqu. I, 99 f.; Gerwing, Manfred: Vom Ende der Zeit. Der Traktat des Arnald von Villanova über die Ankunft des Antichrists in der akademischen Auseinandersetzung zu Beginn des 14. Jahrhunderts, Münster 1996.

128 Kerby-Fulton, Reformist Apocalypticism and Piers Plowman, S. 30.

129 Arnold, Unpartheyische Kirchen= und Ketzer=Historie III, S. 52 f.

130 Dinzelbacher, Peter: An der Schwelle zum Jenseits. Sterbevisionen im interkulturellen Vergleich, Freiburg 1989.

Satz –, das Weltende werde bald eintreten, eine Pestepidemie sei das Vorzeichen.[131]

Erst in den Schauungen der Mystikerinnen seit dem 12. Jahrhundert spielt aversive Apokalyptik eine gewisse, aber keinesfalls zentrale Rolle. Als Beispiel sei eine Stelle aus dem Visionenbuch der Nonne Elisabeth von Schönau (gest. 1164) zitiert, deren apokalyptische Konnotation unübersehbar ist, wenn auch kein ausdrücklicher Bezug zur Endzeit formuliert wird.

Mit heftiger Erschöpfung und Schmerzen fällt sie in die Ekstase: „Und siehe, der Engel des Herrn kam und hob mich in die Höhe, so daß ich alle Grenzen der Erde erblickte. Und ich sah etwas wie Feuerpfeile mit Haken aus allen Himmelsgegenden in der Dichte eines Schneegestöbers auf die Erde fallen. Da ängstigte ich mich sehr bei mir und fürchtete, dies sei das Feuer, das die ganze Welt verzehren würde. Und es sprach der Engel zu mir: Es ist nicht Feuer, wie du meinst, sondern es ist der Zorn Gottes, der über die Erde kommen wird. Dies aber hörte ich nicht auf zu sehen bis zur sechsten Stunde... Er erhob über mir eine Geißel, die er wie in großem Zorn fünf Mal sehr heftig auf mich niedersausen ließ, und so oft wurde ich am ganzen Körper verletzt... Da er also gegangen war, blieb ich wie halbtot..." Grund für diese Behandlung war es, daß die Seherin aus Angst bisher ihre Offenbarungen noch nicht verkündet hatte.[132] Übrigens wurden ihr Briefe unterschoben, in denen sie den Anbruch des Weltgerichts verkündet haben soll.[133]

Es sei an dieser Stellen angemerkt, daß zugleich mit der Dominanz des Jüngsten Tags in der kirchlichen Monumentalkunst eine andere und progressivere Entwicklung einsetzte: Seit dem 12. Jahrhundert verschob sich das Zentrum der Beschäftigung mit der Eschatologie mehr und mehr vom kollektiven Endgericht zum individuellen

131 Heito und Walahfrid Strabo, Visio Wettini, hrsg. von H. Knittel, Heidelberg 2/2004, S. 58.

132 Elisabeth von Schönau: Werke, übersetzt von Peter Dinzelbacher, Paderborn 2006, S. 48 (Visiones 1, 78).

133 Ebd., S. 83 (Visiones. 3, 19).

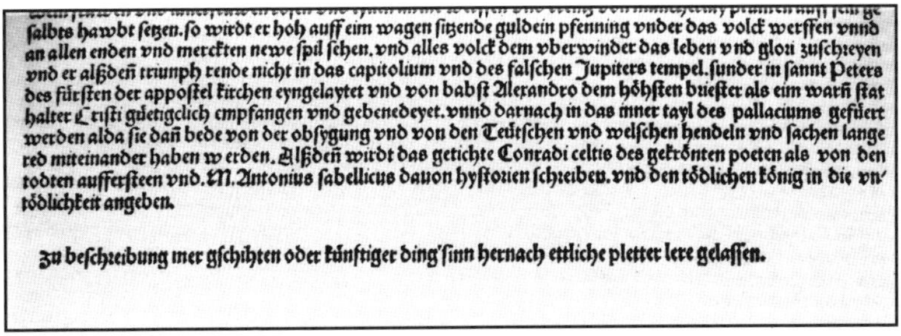

ſalbts hawbt ſetzen. ſo wirdt er hoh auff eim wagen ſitzende guldein pfenning vnder das volck werffen vnnd an allen enden vnd merckten newe ſpil ſehen. vnd alles volck dem vberwinder das leben vnd glori zuſchreyen vnd er alßdeñ triumph rende nicht in das capitolium vnd des falſchen Jupiters tempel. ſunder in ſannt Peters des fürſten der appoſtel kirchen eyngelaytet vnd von babſt Alexandro dem höhſten brieſter als eim warñ ſtathalter Criſti güetigclich empfangen vnd gebenedeyet. vnnd darnach in das inner tayl des pallaciums gefüert werden alda ſie dañ bede von der obſygung vnd von den Teütſchen vnd welſchen hendeln vnd ſachen lange red miteinander haben werden. Alßdeñ wirdt das getichte Conradi celtis des gekrönten poeten als von den todten aufferſteen vnd. M. Antonius ſabellicus dauon hyſtorien ſchreiben. vnd den tödlichen könig in die vntödlichkeit angeben.

zu beſchreibung mer gſchihten oder künftiger ding' ſinn hernach ettliche pletter lere gelaſſen.

Schedelsche Weltchronik, Ende des Sechsten Weltalters (Nürnberg 1493, f. cclviii v)

Tod.[134] Die Epochen, in denen die „meditatio mortis" in Wort und Bild besonders ausgeprägt erschien, waren dann das späte Mittelalter und wieder der Barock.[135] Genauso lebendig wie das Weltgericht war der Glaube an ein Partikulargericht, durch das Gott die Seele sofort nach ihrer Trennung vom toten Leib richte. Obschon eine an sich sinnlose Doppelung zum Letzten Gericht, wurde und wird dies aber dennoch in die Lehre von den letzten Dingen integriert und ist seit 1274 dogmatisiert (dies muß hier nicht weiter thematisiert werden, da an anderer Stelle ausführlich behandelt[136]).

Nach allen geschichtstheologischen Schemata des Mittelalters, ob sie nun auf Weltaltern, Weltreichen, Gesetz und Gnade oder antiken Gliederungen aufbauen, ist die Welt alt geworden.[137] Auch im hohen und späten Mittelalter war daher das baldige Ende der Welt für die meisten Christen Gewißheit. Die *Schedelsche Weltchronik* schreibt am Schluß des sechsten Weltalters: „zu beschreibung mer geschihten oder künftiger ding' sinn hernach ettlich pletter lere gelassen".

134 Dinzelbacher, Von der Welt durch die Hölle zum Paradies, S. 9-66.

135 Tihon, Paul, Fin derniers, in: Dictionnaire de spiritualité ascétique et mystique 5, 1962, Sp. 355-382.

136 Dinzelbacher, Von der Welt durch die Hölle zum Paradies, S. 67 ff.

137 Pot, De periodisering der geschiedenis; Miccoli, G.: Chiesa Gregoriana, Firenze 1966, S. 301 ff.; Dean, J.: The World Grown Old in Later Medieval Literature, Cambridge MA 1997.

Darauf folgen die Abschnitte über Antichrist, Tod und „Von dem iungsten gericht vnnd ende der werlt".[138] Ein paar unbedruckte Blätter sollten also genügen, um noch alles historisch Interessante einzutragen, ehe der Weltuntergang anbrechen würde.

Wie wurden all diese Vorstellungen vom gottgewollten Weltuntergang unter das Volk gebracht? Natürlich nicht im nur der Bildungselite verständlichen Latein, sondern durch das gesprochene oder vorgelesene Wort in der Volkssprache. Als Beispiel religiöser Didaktik dieser Thematik sei das Gedicht *Harmsól* (Sorgensonne) vorgestellt, das man ungenau als monastische Drapa (Preislied) bezeichnet hat. Eine Handschrift nennt einen in der Mitte des 13. Jahrhunderts in Island lebenden Kanoniker namens Gamli als Verfasser. Im Zuge des Christuslebens kommt er auf die „deutera parousia" zu sprechen:

31. Enn mun öðru sinni
öðlingr koma hingat
mána tjalds enn mildi
meðr til dóms at kveðja.
Geisar eldr, ok œsisk
ölna fold. Ór moldu
ferð vaknar þá fyrða
flest við ugg enn mesta ...[139]

(Zum anderen Mal
kommt der gnädige Herr
des Mondzeltes [Himmels],
um die Menschen zum Gericht zu rufen.
Es tobt das Feuer, und heftig
erhebt sich das Land des Fisches [Meer].

138 Nürnberg 1492, Bl. cclviii v, cclxi v.

139 Text nach Jónsson, Finnur (Hrsg.): Carmina Scaldica. Udvalg af norske og islandske skjaldekvad, København 1929: http://www.heimskringla.no/original/skaldekvad/harmsol.php.

Aus den Gräbern werden die Krieger erweckt,
fast alle in größter Furcht...[140])

32. Engr mun alls á þingi
ísheims vesa þvísa
jóskreytandi ítrum
óttalauss fyr dróttni.
Éla vangs þvít englar
jöfurs skjalfa þá sjalfir
– ógn tekr móttug magnask –
mæts við ugg ok hræzlu.

(Bei diesem Gerichtstag
wird kein Befahrer des Eises [Seemann]
ohne Furcht sein,
wenn er den glorreichen Herrn trifft.
Selbst die Engel des Königs
der Wettergefielde
zittern vor Furcht und Schrecken.
Und die Angst wächst.)

36. Dómsorði lýkr dýrðar
dróttar valdr á aldir,
þars greinisk lið ljóna
loks í tvenna flokka.
Spönð lætr öll til ynðis
óttlaust af því móti
sunnu hvéls ok sælu
sín börn konungr fjörnis.[141]

---

140 Den schwierigen und hochpoetischen Text kann ich nur paraphrasieren; eine Nachdichtung bringt Wolfgang Lange, Christliche Skaldendichtung, Göttingen 1958, S. 34; eine Übersetzung Attwood, Katrina: Gamli kanóki, Harmsól – Sun of Sorrow (Gamlkan Has), in: Clunies Ross, Margaret (Hrsg.): Skaldic Poetry of the Scandinavian Middle Ages, Poetry on Christian Subjects I: The Twelfth and Thirteenth Centuries, Turnhout 2007, S. 70-132.

141 Vgl. auch http://www3.hi.is/~eybjorn/ugm/skindex/has.html; http://www.heimskringla.no/original/skaldekvad/harmsol.php.

(Das Gerichtsurteil über die Menschen
verkündet der Herr der ruhmreichen Schar.
Diese werden da endgültig
in zwei Scharen geteilt.
Der König des Sonnenrades
läßt seine Söhne
hinführen in die Seligkeit.)

Als ein Beispiel für die zahlreichen vulgärsprachlichen Traktate über das Ende der Welt sei der spanische *Libro del conocimiento del fin del mundo* zitiert, der um 1420 unter dem Einfluß des Dominikanerpredigers Vincent Ferrer entstanden sein dürfte. Er enthält folgende Kapitel: I. Wie man das Weltende erkennen kann. II. Wie man auf siebenerlei Arten beweist, daß die Welt in Kürze zu Ende geht. III. Wie man vom Weltende durch göttliche Offenbarungen wissen kann. IV. Von der Schwäche und den Krankheiten der Welt. V. Die Zeichen, die man wissen muß, um erkennen zu können, wann das Ende der Welt sein wird. VI. Weitere Schrecknisse um zu erkennen, wann das Ende der Welt sehr gewiß sein wird. VII. Vom endzeitlichen Kommen des Antichrists. VIII. Vom Reich und der großen Herrschaft des falschen Antichrists. IX. Hier wird mit natürlichen und sicheren Gründen erwiesen, wie der Antichrist...[142] Ähnliche Texte finden sich auch in den anderen Volkssprachen.

Noch wirkungsvoller war die Kanzelrede, wie ein Beispiel aus dem Südwesten Europas zeigt: Mit unglaublichem Erfolg bei den Massen durchzog um 1400 der eben genannte Mönch Vincent Ferrer (1350-1419) Spanien, Frankreich und Norditalien.[143] Als zeitweise päpstlicher und königlicher Beichtiger standen ihm alle Türen offen. Auffallend engagiert waren nicht nur seine antijüdischen Angriffe, die zu einigen Pogromen führten, sondern auch seine besonders um 1412/14 vorgetragenen Ankündigungen des Weltuntergangs, wobei er dem Wüten des Antichrists große Wichtigkeit einräumte. Angst

142 Guadalajara Medina, Las profecías del anticristo en la edad media, S. 367.

143 Montagnes, Bernard, Prophétisme et eschatologie dans la prédication méridionale de s. Vincent Ferrier, in: Fin du monde, S. 331-350.

vor irdischer Gewalt und Angst vor dem eschatologischen Gericht führten viele Juden, die Ferrers Predigten beiwohnen mußten, dazu, die mosaische Religion zu verlassen und sich zum Christentum zu bekehren. In Salamanca bezeichnete er sich 1412 in einer Predigt als „ángel que volava por medio del cielo, que evangelizava e demostrava el evangelio senpiterno a todas las gentes e tribus e lynages“[144] (Engel, der mitten durch den Himmel flog, der bekehrte und das ewige Evangelium allen Völkern und Stämmen und Sippen zeigte). Sonst führte er auch noch den selbstgewählten Titel eines „legatus a latere Christi“[145] (eine Steigerung des üblichen Titels päpstlicher Legaten). Den Auftrag zur Ankündigung des Weltendes hatte er schon 14 Jahre zuvor in einer Vision von den Gründerheiligen der beiden großen Bettelorden persönlich erhalten, was ihm als Garantie für diese „exorbitante Anmaßung“[146] galt. Ferrer behauptete sogar, er könne sich in dieser Hinsicht dem Verfasser der *Geheimen Offenbarung* gleichstellen.[147]

Vom nahenden Antichrist zu sprechen, war geradezu seine Obsession, die sich in einem regelmäßig zur Heiserkeit führenden aufgeregten Predigtstil offenbarte.[148] Aus verschiedenen seiner Kanzelreden wurde ein *Opusculum de fine mundi* erstellt, das in Deutschland verbreitet war und auch mehrfach in die Landessprache übertragen wurde.[149] Dabei berief er sich auf die in der hagiographischen Literatur verbreitete Vision eines Gefährten des Poverello, wie er in einem Rechtfertigungsschreiben Papst Benedikt XIII. mitteilte. In der ältesten Fassung dieser mit 1215 datierten Vision hieß es von dem Franziskaner:[150] „Er sah in der Vision den Herrn Jesus Christus in der Luft schweben und drei Lanzen gegen die Welt schwingen ...“

144 Guadalajara Medina, Las profecías del anticristo en la edad media, S. 232 f.

145 Garganta, J. de / Forcade, V.: Biografía y escritos de San Vicente Ferrer, Madrid 1956, S. 37.

146 „una pretensión desorbitada“: Guadalajara Medina, Las profecías del anticristo en la edad media, S. 235.

147 Garganta, Biografía y escritos de San Vicente Ferrer, S. 360, Anm. 67.

148 Guadalajara Medina, Las profecías del anticristo en la edad media, S. 234.

149 VL 2, Sp. 726 f.

150 Das Folgende nach Dinzelbacher, Angst im Mittelalter, S. 152 f.

(„vidit in visione... dominum Ihesum Christum stantem in aere et tres lanceas contra mundum vibrantem“). Die Madonna interzediert, indem sie dem Sohn einen ihrer Getreuen vorstellt, der durch seine Predigt die Menschen wieder zum Herrn bekehren würde, und einen zweiten, der sich demselben Ziel widmen wollte: die beiden Gründer der Bettelorden, die einander so schon auf visionäre Weise sahen, ehe sie dies in der Ewigen Stadt selbst tun sollten.

Diese Geschichte ist eine der ältesten, die ein neues und angstbesetztes Christusbild zeigt: Der Herr bedroht die Welt schon hier und jetzt – es handelt sich nicht ausdrücklich um eine Weltgerichtsszene. Die Vision fand weiteste Verbreitung dadurch, daß sie Jakob von Varazze OP in seine *Legenda Aurea* (1263/88) aufnahm, die zur beliebtesten Sammlung von Heiligenleben des Mittelalters wurde, wie sie auch in manche Exempelsammlung einging. In der 1297 abgeschlossenen Dominikus-Biographie des Dietrich von Apolda wird dieses Gesicht dann dem Ordensgründer selbst zugeschrieben: „Dominikus sah, wie der zur Rechten des Vaters sitzende Sohn aufstand in seinem Zorn, um alle Sünder auf Erden zu töten, und alle, die Unrecht tun, zu verderben. Er stand aber, schrecklich anzusehen, in der Luft und schwang drei Lanzen gegen die böse Welt: eine, mit der er die hochgereckten Nacken der Stolzen durchbohren wollte, eine zweite, mit der er die Eingeweide der Geizigen herausreißen wollte, eine dritte, mit der er die den Lüsten des Fleisches Ergebenen durchstoßen wollte. Als seinem Zorn niemand Widerstand leisten konnte, nahte sich die gnädige Jungfrau und Mutter... (Dominicus sedentem ad Patris dexteram Filium esxurgere ira sua vidit, ut interficeret omnes peccatores terrae, et disperderet omnes operantes iniquitatem. Stabat autem in aethere aspectu terribilis, et contra mundum, in maligno positum, lanceas tres vibrabat; unam, qua superborum cervices erectas transfigeret; alteram, qua cupidorum viscera effunderet; tertiam, qua concupiscentiis carnis deditos perforaret. Cuius ira dum nemo posset resistere, occurrit propitia Virgo Mater...)“

Ferrer allerdings bezog, wie viele andere spätmittelalterliche Theologen, dieses Gesicht eindeutig auf das Jüngste Gericht: „Diese drei weltzerstörenden Lanzen sind die Verfolgung des Antichristen, der Weltbrand und der Vollzug des Gerichts: istae tres lanceae mundi destructivae sunt Antichristi persequutio, mundi conflagratio, judicii executio.“[151] Gleichzeitig korrigierte er eine Reihe von seines Erachtens falschen Vorzeichen (wie z. B., daß es 40 Jahre vor dem Weltende keinen Regenbogen mehr geben sollte[152]), nannte die richtigen wie Mirakel, Erdbeben, Himmelserscheinungen u.a.m. und teilte dem Papst 1412 brieflich mit, er glaube, der Antichrist sei nun neun Jahre alt, wie ihm ein italienischer Visionär versichert hatte.[153] Auch die Aussagen von Dämonen, die er mittels des Exorzismus aus besessenen Kranken vertrieb, bestätigten ihm, daß er mit Sicherheit predigen durfte, der Endchrist sei bereits in der Welt.[154]

Weltgerichtspredigten hörte man allerdings in ganz Europa vor allem in der Adventszeit[155] – ging es doch um die zweite Ankunft des Herrn –, zur Beichte war jeder Katholik seit 1215 mindestens einmal im Jahr unter Exkommunikationsdrohung verpflichtet, sie wurde am liebsten in der vorösterlichen Zeit absolviert; mit den Fresken und Reliefs, die das Endgericht abbildeten, war man bei jedem Kirchenbesuch, bei jedem Vorbeigehen an den entsprechenden Außenwänden und Tympana konfrontiert. Für unser Thema war auch das religiöse Schauspiel mentalitätsprägend, denn volkssprachliche Weltgerichtsspiele wurden im späten Mittelalter in vielen Städten aufgeführt. Sie, die besonders beeindruckend gewesen sein müssen (z. B. *Berner Weltgerichtsspiel*),[156] zählten zur religiösen Didaktik für Laien.[157] Sie waren als Gattung in Deutschland

151 Vidal y Micò, F.: Historia de la portentosa vida... Vicente Ferrer, Valencia 1735, S. 486; Guadalajara Medina, Las profecías del anticristo en la edad media, S. 337.

152 Ein alter Aberglaube, siehe z. B. Coulton, From St. Francis to Dante, S. 56.

153 Vidal, Historia de la portentosa vida, S. 490.

154 Guadalajara Medina, Las profecías del anticristo en la edad media, S. 245 f.

155 O'Mara, Veronica: 'Go, ye curselynges, to euerlasting fier'. Doomsday in Middle English Prose Sermons, in: Morgan (Hrsg.), Prophecy, Apocalypse and the Day of Doom, S. 277-291, 279.

156 LexMA 8, Sp. 2166-2168.

157 Dazu vgl. Burger, Chr.: Die Erwartung des richtenden Christus als Motiv für katechetisches Wirken: Wissensorganisierende und wissensvermittelnde Literatur im Mittelalter, hrsg. von Norbert Wolf, Wiesbaden 1987, S. 103-122.

seit dem 14. Jahrhundert so erfolgreich, weil in ihnen das Krisenbewußtsein des späten Mittelalters religiös überhöht und mit der Endzeiterwartung verbunden wurde[158] (der lateinische sog. *Tegernseer Ludus de antichristo*[159] aus dem 12. Jahrhundert dagegen hatte noch keine Verbreitung gefunden). Diese Tradition sollte auch im protestantischen Bereich weitergeführt werden, Hans Sachs z.B. schrieb 1558 die *Tragedia mit 34 Personen des jüngsten gerichtes, auß der schrifft überall zusammen gezogen.*[160]

Chiliastische Strömungen mit sozialrevolutionären Tendenzen blieben dagegen in Deutschland anscheinend wenig bedeutend, selbst in den Unglücksjahren Mitte des 14. Jahrhunderts,[161] auch wenn man hier endzeitorientierte Papstweissagungen ebenfalls kannte.[162] Besonders unerwartet erscheint uns die vergleichsweise geringe Bereitschaft speziell der Ärzte, die Pandemie des Schwarzen Todes 1348/50 als konkretes Zeichen des bevorstehenden globalen Endes zu deuten. Vielmehr ist den entsprechenden Schriften ein Suchen nach natürlichen Ursachen vorherrschend, wenn diese auch in einen religiösen Rahmen gestellt werden.[163] Allerdings waren Mediziner schon damals jene Berufsgruppe, in der Skepsis an den Lehren der Kirchen besonders verbreitet war,[164] wozu kommt,

158 Classen, A.: Konfrontation des Alltags mit dem Göttlichen. Mentalitätsgeschichtliche Untersuchungen zum Churer Weltgerichtsspiel (1517), in: Daphnis 25, 1996, S. 627-644, 643.

159 Kahl, H.-D.: Der sog. „Ludus de Antichristo“ (De Finibus Saeculorum) als Zeugnis frühstauferzeitlicher Gegenwartskritik, in: Mediaevistik 4, 1991, S. 53-148; Möhring, Der Weltkaiser der Endzeit, S. 177 ff.

160 Dinzelbacher, Handbuch der Religionsgeschichte im deutschsprachigen Raum V, S. 402.

161 Bergdolt, Klaus: Der schwarze Tod, München 2011, S. 108 ff.; vgl. Lerner, R.: The Black Death and Western European Eschatological Mentalities, in: The American Historical Review 86, 1981, S. 533-552.

162 Wilckens, L. v.: Die Prophetien über die Päpste in deutschen Handschriften, in: Wiener Jahrbuch für Kunstgeschichte NF 26, 1975, S. 171-180.

163 Smoller, Laura: Of Earthquakes, Hail, Frogs, and Geography. Plague and the Investigation of the Apocalypse in the Later Middle Ages, in: Bynum / Freedman (Hrsg.), Last Things, S. 156-187, 316-337.

164 Dinzelbacher, Unglaube, S. 78 ff.

daß sie sich selbst als funktions- und machtlos hätten bezeichnen müssen, wenn sie die Pest als eine rein gottgesandte Vernichtung interpretiert hätten. Natürlich gab es einige Zeitgenossen, die aus der großen Zahl der Opfer auf das Ende der Welt schlossen, wie z. B. der Chronist Tura von Siena berichtet: „... e molti huomini credevano, e dicevano: questo è fine Mondo".[165] Ähnliches liest man am Ende des Geschichtswerks des Florentiners Giovanni Villani, der selbst an dieser Krankheit verstarb – jedoch bezogen auf die großen Erdbeben nördlich der Alpen 1347.[166] Petrarca dagegen distanzierte sich von solchen Interpretationen, da er die nur lokale Bedeutung der Katastrophen erkannte.[167]

Prophetische Ankündigungen des sich dann in der Reformation bahnbrechenden Sehnens nach religiöser Neugestaltung der Verhältnisse à la *Reformatio Sigismundi* oder *Buch der hundert Kapitel* waren dagegen im 15. Jahrhundert auch in Deutschland nichts Singuläres.[168]

Unter den Intellektuellen kam es zu zahlreichen Versuchen, den Anbruch der Endzeit durch rationale Berechnungen einem Termin zuzuordnen, teilweise sogar vonseiten berühmter und orthodoxer Persönlichkeiten wie Cusanus, Columbus oder Pico della Mirandola.[169] Hier einige Beispiele: Besonders im Spätmittelalter erlebte die als Wissenschaft geltende Astrologie eine Blüte und entwickelte verschiedene Thesen auch in Bezug auf das Weltende.[170] Der Lollarde Walter Brut(e), ein wie Wycliff in Oxford ausgebildeter Priester aus Wales (gest. nach 1402), meinte in der aktuellen Gestirnkonstellation eine Doublette zu jener der ersten Ankunft Christi zu erkennen,

---

165 Rerum Italicarum Scriptores 18, 1729, S. 123C.

166 http://it.wikisource.org/wiki/Nuova_Cronica/Libro_tredecimo.

167 Borst, Arno: Barbaren, Ketzer und Artisten, München 1988, S. 542.

168 Strauss, G.: Ideas of Reformatio and Renovatio from the Middle Ages to the Reformation, in: Handbook of European History 1400-1600, hrsg. von Thomas A. Brady, Heiko A. Oberman und James D. Tracy, Leiden 1995, II, S. 1-30.

169 HDA 4, Sp. 860 ff.

170 Carey, Astrology and the Last Things in Later Medieval England and France, in: Morgan (Hrsg.), Prophecy, Apocalypse and the Day of Doom, S. 27 ff.

weswegen auch seine zweite Ankunft unmittelbar bevorstehe.[171] Kardinal Pierre d'Ailly, ein Kenner der Schriften Roger Bacons, sagte 1414 mit Hilfe dieser Kunst die Ankunft des Antichrists für 1789 voraus (höchst passend in katholischer Sicht, denn in diesem Jahr begann die religionskritische Französische Revolution). Damit hatte d'Ailly seine ursprüngliche Position entschärft, nach der schon in der Kirchenspaltung seiner Zeit das Heraufkommen des Widerchristen zu erkennen sei.[172] Er sollte u.a. für Columbus und dessen eschatologische Vorstellungen wichtig werden. Auf d'Ailly bezog sich auch der 1444 schreibende Astrologe Johann von Brugge, der jedoch die Saturn-Jupiter-Konjunktion des Jahres 1765 als den relevanten Zeitpunkt berechnete.[173] Auf den beiden Genannten basierte wiederum Pierre Turrel, Prinzipal der städtischen Schulen von Dijon, von dem 1531 „Le Periode, cest a dire, la fin du monde" mit 1801 angegeben wurde.[174] Jedes Mal spielten die supponierten Auswirkungen von Gestirnkonjunktionen die entscheidende Rolle, im letzten Falle die von Jupiter und dem Mond.

Auch unter dem Eindruck anderer esoterischer oder okkulter Wissenschaften konnte man in den Sog apokalyptischer Phantasien geraten. Ein Beispiel bietet Giovanni Mercurio da Correggio (zweite Hälfte des 15. Jahrhunderts), der sich besonders mit der Alchemie und der jüdischen Kabbala befaßte. Auf verschlungenen Pfaden gelangte er zu der Überzeugung, nicht nur der wiedergekehrte Hermes zu sein, sondern sogar der christliche Messias. So hielt er ab 1481 in Rom mehrere apokalyptische Predigten, die versiegelte *Bibel* in Händen. Auf einem Esel als Reittier, die Kleidung mit alchemistischen Symbolen geziert, eine Dornenkrone auf dem Kopf, imitierte er den Einzug Jesu in Jerusalem – und verkündete das Weltgericht.

171 Härtel, Helmar: Lollardische Lehrelemente im 14. und 15. Jahrhundert, Diss. Göttingen 1969, S. 104 f.

172 Smoller, The Alfonsine tables and the end of the world, S. 221 ff.

173 Ebd., S. 224 ff.

174 Ebd., S. 231 ff.; Peach, Trevor: Un astrologue anti-luthérien en 1531. Pierre Turrel, Le période du monde, in: Bulletin de l'Association d'étude sur l'humanisme, la réforme et la renaissance 55, 2002, S. 25-40.

Wie zu erwarten, wurde er gefangen genommen und der Häresie angeklagt, in Florenz auch an den Pranger gestellt. Trotzdem sah er sich von manchen gekrönten Häuptern eingeladen, die von dem skurrilen Propheten und Magier wohl Dienste bei der Herstellung von Gold erhofften. Sein Schicksal und Ende nach 1501 ist unbekannt, ebenso das seiner Familie, die er auf seinen Wanderungen durch Italien mit sich führte.[175]

Es ist zu betonen, daß sich nicht nur unorthodoxe Persönlichkeiten mit diesem Thema beschäftigten. Selbst ein so überragender Theologe und Philosoph wie Nikolaus Cusanus, Bischof und Kardinal, enthielt sich nicht, eine *Coniectura de ultimis diebus* („Mutmaßung über die letzten Tage") abzufassen (1446), in der er unter Rekurs auf die Lebensjahre des Religionsstifters den Zeitraum berechnete, in welchem das Weltende zu erwarten sei, nämlich zwischen 1700 und1734. Natürlich sah er, ein Gelehrter von betonter Rechtgläubigkeit, darin nur einen plausiblen Datierungsvorschlag, keine Prophezeiung.[176]

Der gelehrte Jurist Felix Hemmerlin setzte in seinem *Registrum Querele* das Ende der Welt unter Berufung auf die Weissagungen des Methodius und bischöfliche Aussagen über den schon geborenen Antichrist (aus heutiger Sicht nicht unpassend) auf 1492, weil dann die Zahl von 7000 Jahren seit der Genesis erreicht sei.[177] Es sei auch der unorthodoxe Prediger Johannes Hilten OFM (gest. um 1500) genannt, der für 1600 die Unterwerfung Deutschlands durch die Türken und für 1651 das Ende der Welt vorhersagte.[178]

Die häufigen Versuche, mit Mathematik, Optik, Metrologie oder Astronomie die rätselhaften Angaben der *Apokalypse* zu entschlüsseln, hatten übrigens einen unbeabsichtigten, aber geschichtsmäch-

---

175 Hanegraaff, Dictionary of Gnosis and Western Esotericism, S. 273-275; http://www.treccani.it/enciclopedia/giovanni-da-correggio_(Dizionario-Biografico)/.

176 Aris, Marc-Aeilko: Das Sein der Dauer und die Ordnung der Zeit. Nikolaus von Kues über den Jüngsten Tag und die Tage zuvor, in: Miscellanea Mediaevalia 23, 2008, S. 211-223.

177 Reber, Balthasar: Felix Hemmerlin von Zürich, Zürich 1846, S. 456 f.

178 VL 11, Sp. 673 f.

Gerechtigkeitsbild des Stadtrichters Niclas Strobl, 1478 (Graz, Museum Joanneum)

tigen Nebeneffekt:[179] Sie brachten eine sich immer weiter verstärkende Zuwendung zu den exakten Wissenschaften, die sich in der Neuzeit aus dem Dienst der Theologie emanzipieren und schließlich gegen diese wenden sollten.

Daß die Endzeit auch einfachen Gläubigen nicht aus dem Gedächtnis kam, dafür sorgte die Präsenz der *Apokalypse* nicht nur in den Weltgerichtsspielen, sondern besonders auch in der bildenden Kunst, sie nahm vom hohen zum späten Mittelalter deutlich zu: Nicht nur daß in der Kathedralgotik ein Tympanon mit dem Weltgericht über einem der Eingangstore so gut wie obligatorisch war. Oft dominierte das Thema auch das Kircheninnere an unübersehbarer Stelle: am Triumphbogen (z.B. Damüls, Vorarlberg, um 1490), als Gewölbemalerei (Markgröningen, Baden-Württemberg, um 1320), als Glasfenster (Eichstätt, Mortuarium, um 1500) usf. Auch Luxusgüter wie Handschriften entsprechender Thematik wurden seit dem 13. Jahrhundert im Zuge der allgemeinen Entwicklung der Miniaturkunst häufiger illuminiert. Die Graphik fand ihren unerreichten Höhepunkt in den Holzschnitten Dürers zum letzten Buch der *Bibel*.

Besonders deutlich war der Lebenszusammenhang dort, wo Darstellungen des Jüngsten Gerichts an den Rechtsorten vor oder in

179 Fried, Aufstieg aus dem Untergang, pass.

der Kirche angebracht waren. An der Nordpforte des Magdeburger Domes tagte das erzbischöfliche Gericht, darüber drohte ein Weltgerichtsportal; in der Paradiesesvorhalle des Domes zu Münster trat das bischöfliche Gericht unter der plastischen Darstellung des Weltenrichters zusammen. Der sog. Engelpfeiler und die Skulptur Salomons im bzw. am Straßburger Münster erinnerten Richter und Beteiligte, daß ihnen ein noch viel gewaltigeres Urteil gesprochen werden würde. In der Tat hielten in diesem Raum des Gotteshauses die bischöflichen Richter die Verhandlungen des geistlichen Gerichts ab.

Zahlreiche Rathäuser des Spätmittelalters (z. B. Graz, Innsbruck, Nürnberg, Mecheln) wiesen Gerechtigkeitsbilder vor, auf denen das Endgericht über dem irdischen Gericht dargestellt war, am berühmtesten die für das Kölner Rathaus bestimmte Tafel Stephan Lochners (um 1435). Ungewöhnlich gut erhalten ist das Ensemble der Gerichtslaube mit einer großen Darstellung des Jüngsten Tages im Lüneburger Rathaus.[180]

Endzeit und Häresie

Endzeiterwartungen waren also im Mittelalter stets latent vorhanden, wurden auch durch die Lektüre und Illustration der biblischen *Apokalypse* wachgehalten. Zu bestimmten Terminen wurden sie, oft aufgrund verschärfter Lebensbedingungen, besonders akut – und oftmals verketzert, da sie der zitierten Aussage des Religionsstifters (Mt 24,36) widersprachen, Gott allein könne den Tag des Gerichts und Weltendes wissen. Hierfür einige Beispiele:

Nach einer Phase, in der der Wanderprediger Tanchelm von Antwerpen[181] zunächst noch orthodox Ideale der Gregorianischen

180 Dinzelbacher, Handbuch der Religionsgeschichte im deutschsprachigen Raum II, S. 194.

181 Lambert, Ketzerei im Mittelalter, S. 91 ff.; Teunis, H.: De ketterij van Tanchelm, in: Stuip, R. (Hrsg.), Utrecht tussen kerk en stat, Hilversum 1991, S. 153-168; Werner, Ernst: Religion und Gesellschaft im Mittelalter, Spoleto 1995, S. 366 ff.; van Moolenbroek, Jaap: Conflict en demonisering – De

Reform vertreten zu haben scheint, indem er u. a. gegen sündige Kleriker predigte, begann er, auch den Papst und die Sakramente abzulehnen und sich inspiriert, ja gottgleich zu fühlen. Er habe die Vollkommenheit des Heiligen Geistes empfangen und verlobte sich als 'zweiter Christus' mit einer Marienstatue. In einer Zeit sozialer Konflikte in Flandern (Kampf des Bürgertums um Freiheit vom Stadtherrn) fand der Demagoge anscheinend viele Anhänger, namentlich in Antwerpen und Brugge. Man kann in ihm einen frühen Mystiker und Vorläufer der Freien Geister sehen, der ob seiner antiklerikalen Haltung den Tod fand, ein Geistlicher erschlug ihn nämlich etwa drei Jahre nach seinem Auftreten.

Die geschockte Priesterschaft beschrieb ihn als einen Vorläufer des Antichrists, während er selbst sich mit dem kommenden Christus identifizierte und daher „sich wie ein Messiaskönig Schwert und Fahne vorantragen ließ und ... goldgewirkte Kleider trug“ sowie „glanzvolle Bankette gab“.[182] Tanchelm erinnert darin an den König der Münsteraner Wiedertäufer, Jan van Leyden (siehe unten S. 87 ff.).

Im 13. Jahrhundert erwartete die Sekte der Ortlieber vergebens, daß Kaiser und Papst sich ihnen anschließen und damit das Ende der Welt einleiten würden.[183] Die von den Päpsten verketzerte Bewegung der Apostoliker, deren Ideal ein apostelgleiches Leben in Armut war, berief sich unter ihrem Führer Fra Dolcino aus Novara (gest. 1307) auf die joachimitische Geschichtstheologie, entwickelte sie aber weiter: Dolcino prophezeite die Rückkehr der Kirche zur Reinheit ihrer Gründungsjahre und das baldige Kommen sowohl eines Weltherrschers als auch eines engelgleichen Papstes. Alle Gegner würden liquidiert werden, die Apostelbrüder aber den Heiligen Geist empfangen und in seinem Reich leben, womit ein viertes Zeitalter beginnen würde. Er und seine Anhänger mußten sich 1304

volksprediker Tanchelm in Zeeland en Antwerpen, in: Jaarboek voor Middeleeuwse Geschiedenis 7, 2004, S. 81-141.

182 Finger, Heinz: Häresie und Endzeiterwartung im mittelalterlichen Rheinland, in: Haupt, Endzeitvorstellungen, S. 251-270, 257.

183 Fößl, Amalie: Die Ortlieber. Eine spiritualistische Ketzergruppe im 13. Jahrhundert, Hannover 1993, S. 162.

in die Berge Piemonts zurückziehen, wurden belagert, besiegt und auf päpstlichen Befehl blutig ausgerottet.[184]

Eine besonders profilierte Figur im Panorama der spätmittelalterlichen Chiliasten (und Liebling der neueren Forschung) war der südfranzösische Franziskaner Johannes de Rupescissa.[185] Bekannt als Alchemist und Visionär, angegriffen wegen seiner berechtigten Kirchenkritik und devianten Weissagungen, wurde er viele Jahre hindurch in ordenseigenen und päpstlichen Gefängnissen eingekerkert, doch mit der Möglichkeit, sich schriftlich zu äußern. Daraus entstanden mehrere prophetische Bücher, die nach seinem Tode weit verbreitet wurden, zumal er das Große Papstschisma richtig vorhergesehen hatte (ohne es selbst noch zu erleben). Hatte Johannes schon 1332 eine Vision gehabt, in der er gegen den Antichristen kämpfte, ließ ihn die Erwartung der baldigen Endzeit nicht mehr los: Er etablierte eine genaue Chronologie der letzten Jahre der Welt: 1337: Geburt des Antichristen – 1366/70: Herrschaft des Antichristen – 1370/2370: das Millennium, die Epoche zwischen der Überwindung des Antichristen und der Erhebung von Gog und Magog. Eingeschaltet ist ungewöhnlicherweise ein siebenhundertjähriges Friedensreich von 1415 bis 2115, eine Ägide des Heiligen Geistes. 2115: Vernichtung von Gog und Magog, das Jüngste Gericht. Rupescissa und etwas später die Wiederentdeckung der millennaristischen Schriften des Kirchenvater Lactantius scheinen wenigstens partiell den intellektuellen Hintergrund für das Anwachsen der endzeitlichen Spekulationen im gelehrten Europa des ausgehenden Mittelalters und der Frühneuzeit gebildet zu haben.[186]

Natürlich finden sich auch in der eigentlichen Ketzergeschichte Persönlichkeiten, die den Termin des Weltgerichts und -untergangs vorherzusagen versuchten, wie der thüringische Kryptoflagellant

184 PRE 4, S. 766 ff.; Merlo, Grado: Eretici ed eresie medievali, Bologna 1989, S. 119 ff.; Lambert, Ketzerei im Mittelalter, S. 283 ff.

185 Blumenfeld-Kosinski, Renate: Poets, Saint, and Visionaries of the Great Schism, 1378-1417, University Park 2006, S. 178 ff.

186 Lerner, The Medieval Return to the Thousand-Year Sabbath, S. 68 f.

Conrad Schmid, der 1369 nannte.[187] Der Freie Geist Konrad Kannler erklärte beim Verhör in Eichstätt 1381, er sei von Gott in die ganze Welt geschickt worden und habe die Macht über die ganze Welt zu evangelisieren, Zeichen zu wirken und alle Werke zu tun, die Christus tat, und daß er selbst der Antichrist sei. Der Antichrist müsse jedoch nicht übel aufgefaßt werden, obwohl wir ihn üblicherweise negativ interpretieren: „sit missus a deo in universum mundum et habens potestatem super universum mundum ewangelisandi signa faciendi et omnia opera faciendi, que Christus fecit, et quod ipse sit Antichristus; nec Antichristus sit in malo recipiendus, quamvis nos solemus in malo interpretari ...“[188]

Die häretischen Geißler begründeten ihr Tun ganz logisch: Sie verletzten sich selbst, weil Christus beim Weltgericht seine fünf Wunden zeigen (ein in der katholischen Kunst tausendfach wiederkehrendes Motiv, z. B. auf der Predella des Tiefenbronner Altars von Lukas Moser von 1431) und fragen würde: „‘Siehe, Mensch, für dich habe ich dies erlitten! Was hast du für mich gelitten?’ Und dann zeigen die, die zu ihnen gehören, Christus ihre von den Geißeln empfangenen Wunden und sagen: ‘Herr, für dich haben wir solches erlitten’.“[189]

Während Wycliff selbst zwar mit zunehmendem Alter und zunehmenden Enttäuschungen hinsichtlich seiner kirchenreformerischen Ideen mehr und mehr mit dem baldigen Hereinbrechen des Weltendes rechnete, aber sich nicht zu konkreten Aussagen verführen ließ,[190] glaubten manche seiner Anhänger, die zweite Ankunft Christi stehe direkt bevor. Der genannte Lollarde Walter Brut(e) etwa identifizierte um 1390 den Papst mit der der Erde entstiegenen Bestie der *Apokalypse*, wofür er natürlich als Ketzer verfolgt

187 HDA 4, Sp. 862.

188 Grundmann, Herbert: Ketzerverhöre des Spätmittelalters als quellenkritisches Problem, in: Ders., Ausgewählte Aufsätze I, Stuttgart 1976, S. 406.

189 Dinzelbacher, Körper und Frömmigkeit, S. 35 f.

190 Simonetta, Stefano: Verso l’apocalisse, a piccoli passi. Escatologia e riforma in John Wyclif, in: Guglielmetti (Hrsg.), L’apocalisse nel medioevo, S. 595-616.

wurde.[191] Auch in den Hussitismus, der zwar von den eine Reform fordernden Gläubigen in England angeregt war, aber auch ganz andere Wurzeln hatte, nationalistische vor allem, fanden chiliastische Vorstellungen Eingang. Schon einer der Vorläufer des Jan Hus, Militz von Kromeriz, hatte das Weltende um 1366 erwartet, wie Endzeitvorstellungen später speziell den Taboritischen Zweig dieser Sekte bewegten.[192] Die radikalen Nachfolger des Hus versuchten, in ihrer Heimat das Gottesreich herabzuzwingen. Die böhmischen Höhenzüge, auf denen man Zuflucht nahm, wurden mit biblischen Namen versehen (Tabor, Hermon, Sion ...). Dort sollte nach ihrem Verständnis „der vollkommene Mensch der Utopie ..., allerdings nur verkörpert in der kleinen Schar der Auserwählten nach der gnadenlosen Vernichtung aller Sünder“ bis zum Weltende in kommunistischer Gemeinschaft leben. Die Erwartung der Wiederkunft des Herrn wurde also ersetzt durch die realitätsgerechtere Etablierung einer neuen sozialen und wirtschaftlichen Ordnung, die freilich wie gewohnt bald ‘verbürgerlichte’.[193] Für den Erfolg der Bewegung wichtig war es, „daß nicht nur die Prager Universität, sondern auch Adelige und Vertreter der hohen Geistlichkeit in die Kirchenkritik einstimmten“.[194]

Radikal umgesetzt wurde die Erschaffung eines neuen Paradieses 1420 durch eine hussitische Splittergruppe, die Adamiten, die auf einer Insel in der Luschnitz siedelten. Dort und in der Umgebung gründeten sie Gemeinden, die als Beitrag zur Endzeit die Urzustände der Menschheit wiederherzustellen suchten. Dazu gehörten Güterkommunismus, Freiheit von Herrschaft und völlige soziale Gleichheit (kein Unterschied nach Herkunft oder Geschlecht, Auflösung bestehender Ehen), was ausgedrückt wurde durch die Nacktheit der Männer und Frauen, wobei homo- und heterosexuelle Promiskuität, auch Pädophilie, das Leben der Sekte prägten – immer nach den Angabe ihrer Gegner. Die umliegenden hussitischen bzw. katholischen

191 Trevelyan, George: England in the Age of Wycliffe, London 2/1899, S. 325 f.
192 Case, Second Adventism, S. 285; Seibt, Utopica, S. 149 ff.
193 Seibt, Utopica, S. 152.
194 Müller, Chiliasmus und Sozialgeschichte, S. 391.

Dörfer, in deren Priestern sie Verkörperungen Satans erkannten, überfielen sie, um alle Ärgernis aus dem Königreich Gottes auszutreiben. Das Ende dieser chiliastischen Sekte kam in der Tat rascher, als sie es wohl erwartet hatte: Der hussitische Heerführer Jan Zizka, der schon das Kreuzzugsheer Kaiser Sigismunds geschlagen hatte, vernichtete mit Feuer und Schwert die Adamiten am 21. Oktober 1421.[195]

Der Jüngste Tag, „dies irae, dies illa", der Tag des Zornes und nicht der Hoffnung nach der offiziellen Lehre (und der Liturgie seit dem 13. Jahrhundert), war speziell für sektiererische Gruppen, die sich selbst als auserwählt betrachteten, anscheinend vor allem ein Tag der Hoffnung, nicht der Angst. Darum versuchten im Spätmittelalter chiliastische Bewegungen das Gottesreich auf Erden vorwegzunehmen und selbst mit Gewalt zu installieren. Diese Hoffnungen auf eine kollektive Soforterlösung mit radikalen Änderungen der Lebensform wie Gütergemeinschaft und sexuelle Promiskuität wurden regelmäßig militärisch zerstört. Doch bestätigt das Florieren solcher utopischer Strömungen im Spätmittelalter – anders als in den vorhergegangenen Epochen – wiederum, daß jene Generationen eine Intensivierung der kollektiven Angst erlebt haben müssen.[196] Denn psychologisch vergleichbar sind die Entwicklungen eines ebenfalls gewaltbereiten Messianismus im europäischen Judentum,[197] die sich eben vornehmlich in denjenigen Perioden feststellen lassen, die von Pogromen gegen diese Minderheit geprägt waren.

195 Dinzelbacher, Gruppensex im Untergrund.

196 Dinzelbacher, Angst im Mittelalter.

197 Voß, Rebekka: Messias der Vergeltung. Gewaltvorstellungen im jüdischen Messianismus und ihre christliche Wahrnehmung, in: Burschel / Marx (Hrsg.), Gewalterfahrung und Prophetie, S. 381-413.

Renaissance und Reformationszeit

Der orthodox christliche Humanismus scheint keine wesentlichen innovativen Stellungnahmen zum Thema abgegeben zu haben. Wie zu erwarten, verwarf man die antike Konzeption der ewigen Wiederkehr der Welten, um bei der biblischen der einen Schöpfung und des einen Endes, des Jüngsten Gerichts, zu bleiben. Natürlich wurde die von der Kirche vorgegebene Sicht unter Verwendung antiker Sprachformen und Textvorbilder ausgedrückt. Als Beispiel sei hier eine kurze Passage aus dem allumfassenden Lehrgedicht *De rebus naturalibus et divinis* wiedergegeben, das der Historiker und Astrologiespezialist Lorenzo Bonincontri (gest. 1492) dem Lorenzo de' Medici widmete: Gott schuf die Welt aus dem Chaos und plante ihre zeitliche Begrenzung bewußt ein.

„at non perpetuo firma haec stabilisque uoluntas
ipsa Deo: uentura uidens nam tempora luxus
innocuasque manus superum gentemque superbam;
exitium caelo et terris pelagoque parauit
sublimis, ut flamma globos terrasque cremaret.
sed uentura dies, quae totum subruet orbem,
incerta sub lege manet, nullique potestas
noscere: diuino tantum sub pectore pendet ..."[198]

(Aber nicht war selbst der Wille Gottes hierin auf immer fest oder unveränderlich:
Er sah ja die Zeiten der Üppigkeit kommen,
sowohl die unschuldigen Scharen der Himmlischen als auch das hochmütige Volk;
so bereitete der Erhabene für Firmament, Erde und Meer den Untergang vor:
Daß er in der Flamme wollte Weltkugeln und Erdreiche verbrennen.
Doch bleibt der kommende Tag, der den gesamten Erdkreis einreißen wird,

198 Hrsg. von Stephan Heilen, Stuttgart 1999, S. 362 (I, 247 ff.).

von ungewisser Bestimmung, niemand vermag ihn zu
kennen,
nur in der göttlichen Brust schwebt er...)

Trotzdem gab es in den ersten Jahrzehnten des 16. Jahrhunderts richtiggehend in Wellen auftretende Unheilspropheten, noch ganz unabhängig von der Reformation. In Italien zogen u.a. Franziskaner umher und verkündeten den Zorn Gottes, der sich in Erdbeben und Kriegen entladen würde.[199]

In vielerlei Hinsicht kann man Hieronymus Savonarola, den am meisten Aufsehen erregenden Bruder dieses Ordens, treffend unter die Vorreformatoren rechnen. Das Königreich Gottes, das er für kurze Zeit in Florenz aufzurichten vermochte, basierte auch auf seinen eschatologischen Visionen. Es genüge, etwa an seine Schau im Jahre 1492 zu erinnern, das Gesicht des vom Himmel herab drohenden Schwertes mit der Inschrift „GLADIUS DOMINI SUPER TERRAM CITO ET VELOCITER“ (das Schwert des Herrn [kommt] bald und geschwind über die Erde), begleitet von unheilkündenden Worten der Dreifaltigkeit und dem Erscheinen der Engel, die die Erwählten mit weißen Gewändern und roten Kreuzen versahen...[200]

Savonarola war keine ganz singuläre Erscheinung. Ein weiteres Beispiel aus der Renaissance bietet die Predigt eines Franziskaners zu Ostern 1518 in Venedig: Sogleich wird man den Untergang sehen... Gott hat dafür drei Millionen Teufel von der Kette gelassen und dann nochmals dreitausend...: „... presto si vedrà la ruina... Dio l'ha descatenato tre milioni di diavoli et poi 3000...“ Mit einem Erdbeben werde die Vernichtung beginnen, die aber wie üblich entsprechende Bußleistungen und Gebete noch abwenden könnten.[201]

Es ist auffallend, wie sehr die Endzeiterwartung im 16. Jahrhundert nördlich der Alpen wieder an Intensität gewinnt, und deutlich mehr bei den Neugläubigen als im Katholizismus. Dies hat verschiedene

199 Niccoli, Ottavia: Profeti e popolo nell'Italia del rinascimento, Bari 1987, S. 133 ff.

200 Cordero, Franco: Savonarola IV, Bari 1986, S. 184 ff.

201 Niccoli, Profeti e popolo nell'Italia del rinascimento, S. 139.

Holzschnitt zu Apokalypse 8,8 in der Lutherbibel von 1534

Gründe: Einerseits implizierte der Rekurs auf die „sola scriptura" auch eine verstärkte Beschäftigung mit den Stellen der *Bibel*, die von der Endzeit handeln. Durch den Gebrauch der Volkssprache statt des Lateinischen in der theologischen Diskussion, die Verbreitung der entsprechenden Schriften durch das Druckmedium, die Vervielfachung der Volkspredigt mußten weitere Kreise mehr als bisher von der Bildgewalt der apokalyptischen Bilder ergriffen werden. Dazu kommt, daß allen, die den Reformatoren folgten, bewußt war, daß sie der Majorität der Christen, den 'Papisten', nur als eine Sekte galten, mit denen diese über kurz oder lang genauso fertig zu werden hofften, wie sie mit Katharern, Waldensern und so vielen anderen devianten Strömungen fertig geworden waren: mittels des Schwertes und des Feuers. Das Kaiserreich der Habsburger war faktisch die stärkste weltliche Macht, und diese blieb letztlich katholisch, wie auch Frankreich und Spanien, von Italien ganz zu schweigen. Erst nach dem Westfälischen Frieden war klar, daß das

Experiment der Reformation als Ganzes nicht mehr rückgängig gemacht werden konnte, wie oft auch in Einzelfällen die Gegenreformation Erfolge erzielte. Aber die dauernde Angst vor der Liquidierung durch die Altgläubigen muß endzeitliche Phantasien unter den Neugläubigen gefördert haben, wozu die Anhänger der sich ihrer langen Tradition bewußten Papstkirche kaum Anlaß hatten.[202]

Luther, wie wohl allgemein bekannt, führte zwar den Antichrist oft genug im Munde und in der Feder, meinte damit aber, ohne recht deutlich zu werden, nicht die endzeitliche Einzelperson, nicht, wie vor ihm etwa die Franziskaner-Spiritualen, einen bestimmten römischen Bischof, „sondern eine Art von bösem Prinzip",[203] welches er in der Institution des Papsttums verkörpert sah. Ähnlich hatte schon Wycliff das Insgesamt der Päpste („multitudo paparum") mit den Antichristen identifiziert.[204] Daß diese Macht in Rom im purpurüberladenen Tempel Gottes herrsche und die Stadt die Synagoge des Satans sei, war Luther freilich unbezweifelbar,[205] wenn auch erst einige Jahre nach seiner Pilgerfahrt in die Heilige Stadt. 1520 rief er mit den Worten des frommen Rachepsalms unverhüllt dazu auf, seine Anhänger sollten ihre Hände im Blute des Bischofs von Rom und seiner Kardinäle waschen.[206] Faktisch ließen die reformierten Söldner sieben Jahre später beim Sacco di Roma freilich wieder nur die wehrlose Bevölkerung der Stadt, nicht aber ihre geflohenen Herrscher über die Klinge springen. Der Nürnberger Reformator Andreas Osiander sprach da schon deutlicher: In seinen *Coniecturae De Ultimis Temporibus, Ac De Fine Mundi, Ex Sacris Literis* (Nürnberg 1544) zeigte er unter Rückgriff auf andere Gelehrte und den hebräischen Urtext, daß der Papst der Antichrist sei und das Ende der Zeiten spätestens 1672 zu erwarten.[207]

202 Delumeau, Sin and Fear, S. 524 f.
203 Meissinger, Karl: Der katholische Luther, München 1952, S. 136 f.
204 Simonetta, Verso l'apocalisse, a piccoli passi (wie Anm. 190), S. 605.
205 Weimarer Ausgabe 6, S. 328.
206 Meissinger, Der katholische Luther, S. 234 ff.
207 Delumeau, Sin and Fear, S. 527.

Aber Luther, so oft er auch vom Widerchrist und der Nähe der Endzeit sprach und schrieb, ließ sich vorsichtigerweise kaum auf einen Termin noch auf eine Schilderung der Geschehnisse ein, was seiner augustinischen Prägung entsprach und seine Verurteilung der Täufer und anderer Millennaristen begründete. Immerhin hielt er Mißgeburten und Monster für möglicherweise auf die Endzeit zu deutende Vorzeichen,[208] betonte aber die positiven Aspekte für die Angehörigen seiner Glaubensrichtung, indem er bevorzugt vom „lieben jüngsten Tag" sprach. Seinerseits sahen ihn manche Anhänger durchaus in eschatologischem Lichte, so etwa wenn man von ihm als dritten und letzten Elias predigte.[209] Die protestantische Orthodoxie lehnte generell Naherwartungen des Gottesreiches ab.[210]

Weniger „lieb" erscheint dieser Termin auch bei Calvin, der sich zwar der Metaphorik seines Sprechens bewußt blieb, aber doch erschütternd das als Strafe gegen die Sünder eingesetzte Chaos der Natur vor Augen führte: Nicht nur erscheint die Empörung Gottes über sie „wie das wildeste Feuer", sondern ihm „dienen zur Ausübung seines Gerichts alle Kreaturen so, daß sie Himmel, Erde, Meer, Tiere und alles Seiende als wie mit furchtbarer Empörung gegen sich entflammt und zu ihrer Vernichtung bewaffnet spüren werden: Durch sie wird der Herr so seinen Zorn offenbaren": „ad exercendum iuditium sic serviunt omnes creaturae, ut caelum, terram, mare, animalia et quicquid est, velut dira indignatione adversum se inflammata, et in perniciem suam armata sensuri sint: quibus iram suam ita Dominus palam faciet".[211]

Ein Ordensbruder Luthers dagegen, der Mathematiker Michael Stifel, übrigens der erste protestantische Prediger in Österreich, bietet ein typisches Beispiel für die gelehrten Apokalyptiker, die in jener aufgeregten Zeit mit wissenschaftlichen Methoden – Chronologie, Mathematik, Astrologie – das Ende der Zeiten vorhersagten. Stifel identifizierte Luther mit jenem Engel der *Geheimen Offenba-*

208 Klingner, Erich: Luther und der deutsche Volksaberglaube, Berlin 1912, S. 99.
209 Delumeau, Sin and Fear, S. 527.
210 Barnes, Robin: Millenarianism, in: OER III, S. 61-63.
211 Institutio 3, 25, 12, ed. Genevae 1585, S. 334 f.

rung, der mitten durch den Himmel fliege und ein ewiges Evangelium halte. Später konstatierte er in seiner Schrift *Ein Rechenbuchlin vom EndChrist. Apocalyps in Apocalypsim* (Wittenberg 1532), daß Gott den Kosmos am 19. Oktober 1533 um 8 Uhr morgens untergehen lasse. „Die Bauern verkauften Haus und Feld und verpraßten den Ertrag, um sich vor Untergang der Welt noch einmal gütlich zu thun. St. selbst verschenkte Hausgeräthe und Bücher, weil er sie nicht mehr nöthig haben werde, als wenn die Beschenkten nicht das gleiche Schicksal mit ihm zu erleiden bestimmt gewesen wären! ... Am 19. October selbst hielt Stifel ... von frühester Morgenstunde an Gottesdienst ab, zu welchem er durch das Horn des Kuhhirten – von manchen, die es hörten, für die Posaune des jüngsten Gerichtes gehalten – die allenfalls Schlafenden wecken ließ. In erschütternder Predigt beweist St. den Gläubigen nochmals, daß die letzte Stunde nahe sei. Darob großes Wehklagen insbesondere der anwesenden Frauen... Als aber 9 Uhr vorüber war, kamen statt des jüngsten Gerichtes Abgesandte des Kurfürsten, welche den Propheten“ festnahmen. Obwohl sein Vorgehen höchst wissenschaftlich schien – die Buchstaben der *Bibel* wurden nach ihrem Zahlenwert interpretiert –, war auch diese Apokalypse ausgeblieben, und der Prophet wurde für einen Monat gefänglich eingezogen. Hinfürder ließ er es bei der Publikation weltimmanenter Rechenbücher bewenden.[212] Abgesehen von den Spezialisten der Geschichte der Mathematik ist er heute für die Allgemeinheit nur mehr in der eben auf seiner Fehldeutung basierenden Redewendung „einen Stiefel reden“ präsent.

Auch der Kürschner Melchior Hoffmann, den seine religiösen Anliegen weit von Land zu Land trieben, berechnete die siebenjährige Endzeit auf 1533, erkannte in Kaiser Karl V. den Helfer der antichristlichen Papstkirche und erwartete die Wiederkunft des richtenden Heilands beim Einfall der Heidenvölker Gog und Magog. In dem inspirierten Laienprediger Hoffmann sahen seine Anhänger den wiedererstandenen Propheten Elias, woran wohl auch er sel-

212 Cantor, Mortiz: Stifel: ://de.wikisource.org/wiki/ADB: Stifel, Michael; Walker, R.: Stifel, in: OER IV, S. 112 f.

ber glaubte;[213] zunächst mit Luther befreundet, wandte er sich den Täufern zu und galt als deren „apokalyptischer Herold", überall die Menschen in Unruhe versetzend. Auch die Täufer in Münster beriefen sich auf seine Lehren, obwohl Hoffmann weder Gewalt noch Vielweiberei befürwortete. Visionäre Bestätigung der Naherwartung erhielt er in Frankfurt durch die Seherin Ursula Jost und ihren Mann Leonhard. Straßburg glaubte er das Neue Jerusalem, doch statt seiner Erhöhung erwartete ihn dort eine zehnjährige Gefangenschaft, in der er 1543 auch gestorben ist.

Die religiös ohnehin schon so aufgeregten Menschen wurden noch von der damaligen Naturwissenschaft zusätzlich in Angst versetzt: Für Februar 1524 war von den Astrologen aufgrund einer außerordentlichen Planetenkonstellation eine Fülle von Katastrophen vorhergesagt worden, vor allem eine Neuauflage der Sintflut.[214] Flugschriften und Holzschnitte verbreiteten schon Jahre zuvor Untergangsängste in fast allen europäischen Ländern,[215] obwohl es natürlich auch skeptische Stimmen gab. Nach Regensburger Quellen haben „die angesehensten und wohlhabendsten Bürger und Einwohner" der Stadt damals „vor ihren Häusern Kähne in Bereitschaft gehalten". „Zudem hätte die Stadt die Stadtmauer mit großflächigen, vergitterten Löchern versehen, um gefährliche Strudelbildungen des Wassers zu verhindern." In Lothringen lief das Gerücht um, daß „Regentropfen von der Größe menschlicher Köpfe vom Himmel fallen sollten, die Menschen und Tiere töten und selbst große Häuser zerstören würden".[216] Auch diese globale Katastrophe fand nicht statt: „Als der festgelegte Zeitpunkt endlich gekommen war, verlief der Monat Februar ganz harmlos, und das betreffende Jahr fiel, wie es scheint, nicht einmal durch außerordentliche Nässe auf; anstatt der großen Wasserflut aber brach im folgenden Jahre der Bauernkrieg

213 PRE 8, S. 222-227; Dülmen, Reformation als Revolution, S. 222 ff.

214 Niccoli, Profeti e popolo nell'Italia del rinascimento, S. 185-215.

215 Talkenberger, Sintflut, S. 154 f.

216 Himmelsbach, Iso: Erfahrung – Mentalität – Management. Hochwasser und Hochwasserschutz an den nicht-schiffbaren Flüssen im Ober-Elsass und am Oberrhein (1480-2007), Diss. Freiburg 2012, S. 104 f.

aus, den man allenfalls auf Rechnung jener Schreckenskonjunktion setzen konnte. Immerhin, 25 Jahre hatte die Spannung gedauert; mehr als ein halbes Hundert Autoren hatten sich die Köpfe über das nahende Himmelsereignis zerbrochen...“[217]

Die Astrologie galt damals so sehr als seriöse Wissenschaft – schließlich wurde sie nicht nur an den Universitäten in Bologna, Wien und Krakau, sondern auch an der päpstlichen Universität zu Rom an einem eigenen Lehrstuhl unterrichtet –, daß nicht nur Bänkelsänger und Einblattverkäufer diese Prophezeiungen unter das Volk brachten, sondern auch die Geistlichkeit von der Kanzel darüber predigte. Den Ernstcharakter dieser Bedrohung ersieht man daraus, daß sich zu jenem Termin viele mit Lebensmitteln auf Berge und Hügel zurückzogen oder sich wenigstens die obersten Zimmer in einem sicher gelegenen Gasthof reservieren ließen,[218] während den Flachländern nur das Vermauern der Haustüren übrigblieb. Einige, die die entsprechenden Mittel besaßen, ließen sich sogar Archen nach dem Vorbild des Noah zimmern, worüber man sich später in Rom beim Karneval mit entsprechenden „carri“ lustig machte (wie einst schon Chaucer in der *Miller's Tale* der *Canterbury Tales* über die Furcht vor einer neuen Sintflut gespottet hatte[219]). Fromme Italiener äußerten die Hoffnung, die Flut werde in den flachen Ländern nördlich der Alpen das gesamte lutherische Gesindel ersäufen.[220] Die Situation hat ein heute zu Unrecht kaum mehr gelesener Autor, Werner Bergengruen, in einem historischen Roman bemerkenswert sensibel nachgezeichnet.[221]

---

217 Andreas, Deutschland vor der Reformation, S. 204.

218 Ebd., S. 205.

219 Vaughan, Míchéal: Chaucer's imaginative one-day flood, in: Philological Quarterly 60, 1981, S. 117-123; die niederländische Quelle und deutsche Analogien des 16. Jahrhunderts bei Beidler, Peter: The Miller's Tale, in: Correale, Robert / Hamel, Marry (Hrsg.), Sources and Analogues of the Canterbury Tales II, Cambridge 2005, S. 249-275.

220 Niccoli, Profeti e popolo nell'Italia del rinascimento, S. 194.

221 Am Himmel wie auf Erden, 1940 u.ö.

Dürers Traum von der Sintflut, 1525 (Wien, Kunsthistorisches Museum)

In diesen Zusammenhang dürfte Dürers berühmter Traum von 1525, zwei Wochen nach der Abschlachtung der Bauern in Frankenhausen, gehören.

„Im 1525 Jor nach dem pfinxstag zwischen dem Mitwoch und pfintzdag in der nacht im schlaff hab ich dis gesicht gesehen: wy fill großer wassern vom himmell fillen. Und das erst traff das erthrich ungefehr 4 meill fan mir mit einer solchen grausamkeitt, mit einem ubergroßem raüschn und zersprützn und ertrenckett das gantz lant. In solchem erschrack ich so gar schwerlich das ich doran erwachett e dan dy andern wasser filn.

Und dy wasser, dy do filn, dy warn fast [sehr] gros, und der fill ettliche weit, etliche neher; und sy kamen so hoch herab, das sy im gedancken gleich langsam filn. aber do das erst wasser, das das ertrich traff, schie herbey kam, do fill es mit einer solchen geschwindigkeit – wynt [Wind] und braüsen –, das ich also erschrack. do ich erwacht, das mir all mein leichnam [Leib] zittrete und lang nit recht zu mir selbs kam. Aber do ich am morgen auff stund, molet ich hy oben, wy ichs gesehen het. Got wende alle ding zu besten. Albrecht Dürer."[222]

Während für die Aufständischen des Bauernkriegs 1524/26 apokalyptische und chiliastische Vorstellungen höchstens sehr am Rande von Belang waren – ging es doch um die Abschaffung ganz konkreter Belastungen hier und jetzt –, ist die Geschichte der frühen Wiedertäufer sehr eng mit solchen verknüpft. Nur die Anhänger des Thomas Münzer, der „von apokalyptischem Fieber gepackt ... an der Spitze der Bauernscharen das Kommen des Gottesreiches herbeizwingen" will,[223] standen unter millennaristischem Einfluß. Ein Mitstreiter Münzers, der in erfolgreichen Missionsreisen Österreich und Deutschland durchziehende Buchhändler Hans Hut, ging von Pfingsten 1528 als dem Ende der Welt aus. Da er sich selbst als den Engel der *Offenbarung* (7,3) verstand, „versiegelte" er die kleine Gruppe der Auserwählten, indem er ihnen das Kreuzeszeichen auf die Stirn schrieb.[224] Hut kam im Gefängnis in Augsburg zu Tode.

Die religiöse Erneuerung des 16. Jahrhunderts implizierte also keineswegs das Verschwinden endzeitlicher Träume, zunächst schien sich diese Phantasie fast noch weiter zu verbreiten, und zwar mehr als Hoffnung denn als Befürchtung. Am bekanntesten wurde in dieser Hinsicht eben die Bewegung der Wiedertäufer oder Anabaptisten, eines der aufregendsten Kapitel der Reformationsgeschichte. Pest, Preissteigerung, Türkensteuer und wirtschaftliche Flaute spielten zusammen, um früher katholisch Gläubige sich der radikalen Sekte zuwenden zu lassen[225] und ihr Heil bei den wenigen Auserwählten zu suchen. Völlig bibelgetreu und in sich logisch forderten sie, bei Kindern keine Zwangstaufe vorzunehmen, sondern dieses Sakrament nur an Erwachsenen zu vollziehen nach dem

222 Dinzelbacher, Himmel, Hölle, Heilige, S. 78 f.
223 Wallmann, Kirchengeschichte Deutschlands seit der Reformation, S. 57.
224 OER II, S. 280; http://www.mennlex.de/doku.php?id=art:/hut_hans.
225 Seibt, Utopica, S. 184.

Beispiel Christi selbst. Damit stießen sie auf heftigste Ablehnung der Großkirchen, die erkannten, welcher Machtverlust ihnen bevorstand, sollten ihre Mitglieder bloß aus jenen bestehen, die freiwillig im Alter der Unterscheidung einer Gemeinde beitreten wollten.

Abgesehen von der namengebenden Grundüberzeugung herrschte sonst aber bei den einzelnen Gruppen dieser Sekte, die die meisten Anhänger in der Schweiz, Deutschland und den Niederlanden fand, eine Vielzahl an verschiedenen Lehren und Riten. Ihre Verfolgung, um die sich die katholische Hierarchie ebenso wie die protestantische Geistlichkeit bemühte und die vor allem von Kaiser Karl V. gefördert wurde, gehört zu den blutigsten Kapiteln der Kirchengeschichte. Die meisten dieser Gläubigen hingen dem Ideal der Gewaltlosigkeit an und gingen singend und fröhlich in den Tod, ihres Eintritts ins Himmelreich gewiß.

Doch konnte es nicht ausbleiben, daß einzelne, zahlenmäßig insgesamt deutlich geringere Gruppen, die sich zur Errichtung des irdischen Gottesreichs besonders berufen fühlten, mit Gewalt auf ihre Unterdrückung reagierten und ihrerseits versuchten, mit den Waffen das himmlische Jerusalem auf die Erde zu holen.

Die Geschichte des Täuferreichs in Münster[226] ist oft geschrieben worden, wir können hier nicht die gut dokumentierte und weithin bekannte Entwicklung genauer nachzeichnen, die die katholische Bischofsstadt beim Anlaß einer Auseinandersetzung zwischen dem Stadtherrn und den Gilden zunächst zum Luthertum und 1534 unter die Herrschaft der Täufer brachte. Diese fanden nicht nur wegen der geglaubten endzeitlichen Erwartungen freiwillige Anhänger, sondern erzwangen letztlich durch Terror eine neue Gesellschaftsordnung. Dem Schneider Bockelson, genannt Jan van Leyden, der als Prophet und Führer der Bewegung auftrat, gelang es, kurzzeitig unter dem eschatologischen Druck des nahenden Weltendes und der Angst vor der von ihm bei jeder Gelegenheit verhängten Todesstrafe eine religiös begründete Gewaltherrschaft zu errichten. Er und die

226 Seibt, Utopica, S. 182 ff.; Kirchhoff, Karl-H.: Münster, in: OER III, S. 97 f.; Bernet, M.: Das himmlische Jerusalem im Mittelalter, in: Mediaevistik 20, 2007, S. 9-35, 29 ff.

anderen Fanatiker an der Spitze des revolutionären Stadtregiments wollten ganz konkret ein eigenes Neues Jerusalem für die Erwählten aufrichten, indem sie u. a. die Posaune der Apokalypse blasen ließen, die Tore bzw. Befestigungspunkte auf zwölf erhöhten, aber, da alles Hohe erniedrigt werden müsse, die Türme verkürzten; auch mußten alle Haustore offen stehen (Offb 21,23). Mittels eines Himmelsbriefes bot man Konvertiten die Stadt als neues Jerusalem, als Zuflucht vor dem nahenden Gericht Gottes an.[227] Radikal machte man den völligen Neubeginn durch die Vernichtung aller Bücher außer der *Bibel* und die Zerstörung sämtlicher religiöser Kunstwerke sichtbar oder durch die Neubenennung der Straßen und Stadttore.

Ähnlich wurde die Gesellschaft nach den Vorgaben der *Geheimen Offenbarung* in kommunistischem Sinn eingerichtet, allerdings gleichzeitig in eine Monarchie, das „Königreich Zion", umgewandelt, deren König Jan van Leyden nach alttestamentlichem Vorbild und persönlichem Geschmack die Polygamie einführte. Seine 27 'Apostel' ließen bei ihrer Aussendung zur Gewinnung von weiteren Proselyten 124 Frauen in der Stadt zurück,[228] was einen Eindruck von der Relation der Geschlechter vermittelt.

Von einem anderen Propheten ließ Jan verkünden, er werde den Thron Davids als Weltherrscher einnehmen, bis Gott das Reich wieder von ihm zurücknehmen werde. Dazu kam eine „totale Manipulation des Menschen", spürbar etwa in der Aufhebung des Hausfriedens und der Familienmahlzeit,[229] was zwar mit Bibelstellen begründet wurde, aber natürlich auch als Diszipinierungsmaßnahmen im Sinne der neuen Obrigkeit fungierte. Eben dies war ja auch ein Effekt der Zerschlagung der herkömmlichen Familienstrukturen. Insofern ist es berechtigt, diese Bewegung als chiliastisch begründete Sozialrevolte zu charakterisieren.

Den geplanten Umbau der Stadt, um alle 144.000 Geretteten der *Apokalypse* aufnehmen zu können, vermochte man freilich nicht mehr in Angriff zu nehmen, da die fürstbischöflichen Truppen das

227 Seibt, Utopica, S. 183.
228 Tumbült, Georg: Die Wiedertäufer, Bielefeld 1899, S. 86.
229 Seibt, Utopica, S. 190.

'Tausendjährige Friedensreich' der Täufer nach etwa einjähriger Belagerung hinwegfegten. Ungefähr drei Viertel der Stadtbevölkerung, vielleicht 8000 Menschen, hatte das apokalyptische Experiment das Leben gekostet. Verkündet hatten die Führer der Bewegung dagegen, es werde sich ein „aurum saeculum spiritus“,[230] eine goldene Epoche des Geistes, über ihre Anhänger entfalten ...

Auch hier spielten ganz konkrete Ankündigungen des Weltuntergangs ihre Rolle, wobei die Chronologie – 1500 plus 33 (die Lebensjahre Christi) – nicht ohne Einfluß war. So rannte der künftige Monarch Jan van Leyden einmal nackt durch die Straßen und prophezeite: „Der erhabene König von Zion will unter dem schrecklichen Schall einer Posaune mit vielen tausend Engeln herabsteigen!“[231] Einer der Propheten der Bewegung, Jan Mathys, prophezeite das Jüngste Gericht für den Ostersonntag 1534 und machte, als dieses Datum ereignislos vorbeiging, einen Ausfall gegen die Belagerer, bei dem er im Wahn, als zweiter Samson die viel stärkeren Feinde zu besiegen, den Tod fand. Auch Jan van Leyden hatte in diesem Sinn prophezeit und bekräftigt, man solle ihm den Kopf abschlagen, wenn die Erlösung nicht zu Ostern da wäre. Dem entzog er sich dann mit der üblichen Ausrede, man könne Gott keine Frist setzen, so lange das Volk noch so sündenbeladen sei.[232]

Das Reich der Täufer in Münster ist wohl das bekannteste Beispiel für eine großmaßstäbliche Selbstvernichtung aufgrund chiliastischer Phantasien, die sich nicht erfüllten, da sie sich nicht erfüllen konnten.

Jene Täufer, die sich aus Münster hatten retten können, interpretierten die Eroberung der Stadt als Beginn der Apokalypse und datierten nun die Aufrichtung des neuen Reiches auf 1538.[233] Einige von ihnen setzten noch zu einem zweiten Versuch der Gründung

230 Wollgast, Philosophie in Deutschland 1550-1650, S. 564.

231 Barret, Pierre / Gurgand, Noel: Der König der letzten Tage, Hamburg 1982, S. 97.

232 Cornelius, C. (Hrsg.): Berichte der Augenzeugen über das Münsterische Wiedertäuferreich, Münster 1853, S. 127.

233 Dülmen, Reformation als Revolution, S. 327.

des Zionsreiches an, indem sie sich unter dem Roermonder Schuster Johann Wilhelmsen (Jan Willemsen) im Gebiet von Cleve zu einer Sekte von bis zu 300 Menschen zusammenfanden, die nicht nur die Polygamie fortführte, sondern auch die Gütergemeinschaft. Dies allerdings so, daß sich die Jünger Christi mit Raub und Mord die ihnen 'zustehenden' Güter besorgten. Erst nach etwa acht Jahren dieses Treibens wurde Wilhelmsen gefangen und schließlich 1580 in Cleve auf den Scheiterhaufen gebracht.[234]

Schließlich sei erwähnt, daß es auch unter den Katholiken einzelne Gläubige gab, die sich bewegt sahen, die nahe Endzeit anzukündigen. Eine bizarre Figur war Guillaume Postel (1510-1581), Ex-Jesuit, Sprachforscher, Visionär, Kenner der jüdischen Mystik und der Kabbala. Der gelehrte Franzose (und Bewunderer der französischen Monarchie) war ein äußerst produktiver Verfasser von Werken esoterischen Charakters. Er verehrte in Venedig eine ältere stigmatisierte Mystikerin, Madre Johanna oder Zuana, in der er die neue Eva sah, eine weibliche Messias-Gestalt. In diesem Zusammenhang ventilierten die beiden auch die Tradition vom Kommen des „pastor angelicus" (siehe S. 125 ff.), mit dem sie sich selbst identifizierten. Postel war daher vielen Verfolgungen ausgesetzt, entging aber dem letalen Schicksal des von ihm verteidigten Michel Servet und anderer devianter Theologen, zumal er im Gegensatz zu vielen sonstigen Schwärmern stets die katholische Kirche hochhielt und keine Sekte begründete.[235]

234 Bouterwek, Karl: Zur Literatur und Geschichte der Wiedertäufer, besonders in den Rheinlanden I, Bonn 1864, S. 34 ff.; Rotscheidt, W.: Der Wiedertäufer Johann Wilhelmsen und seine Rotte im Clevischen, in: Monatshefte für rheinische Kirchen-Geschichte 21, 1886, S. 97-114.

235 Dictionnaire de Spiritualité ascétique et mystique XII, 1985, Sp. 2008-2012; Hanegraaff, Dictionary of Gnosis and Western Esotericism, S. 970-974.

Frühneuzeit

Phantasten der Apokalyptik

Indem im reformierten Bereich sowohl die *Augsburger* wie die *Helvetische Konfession* den Millennarismus als judaisierende Häresie gebrandmarkt hatten, wurde nicht nur diese Vorstellung, sondern auch die Beschäftigung mit den Endzeitvisionen der *Apokalypse* ganz allgemein großteils in den protestantischen Untergrund verdrängt.[236] Daß sie dort so enthusiastisch aufgenommen wurde, war nur durch ihre weite Verbreitung innerhalb der volkssprachlichen *Lutherbibel* möglich. Auf katholischer Seite, wo dieser Text nach wie vor in der Regel den Kennern der Sakralsprache vorbehalten blieb, sorgte die gegenreformatorische Antwort, das Tridentinum, für ähnliche Zurückhaltung, indem es alle irgendwie Unruhe verbreitenden Konzeptionen unterband oder marginalisierte.

Unter den Christen, die freiwillig oder gezwungen den Ideen der Reformatoren folgten, sollte zunächst die Generation, die im Dreißigjährigen Krieg litt, sollten danach die Pietisten den Untergrund par excellence für endzeitliche Bewegungen abgeben. Die Unruhe der Zeitläufe, namentlich der Dreißigjährige Krieg, sorgte dafür, daß millennaristische und verwandte Ideen immer wieder auftauchten,[237] obwohl sie sogleich außerhalb der Großkirchen gestellt wurden oder sich selbst aus diesen verabschiedeten.

Die sich seit der zweiten Hälfte des 17. Jahrhunderts entwickelnde pietistische Bewegung ist als Reaktion auf die Dogmenstrenge und Streitlust zu verstehen, mit der die protestantischen Theologen sich ursprünglich vor dem gegenreformatorischen Druck zu sichern gesucht hatten. Dabei war ihre Kirche „auf die Bahn eines unfruchtbaren Intellektualismus, der sich mechanisierend auswirken mußte“, geraten.[238] Im Pietismus standen dagegen Frömmigkeitspraxis und -gefühl an erster Stelle. Wo wären sie mehr an ihrem

236 Case, Second Adventism, S. 285.

237 Beispiele bei Peuckert, Weissager, in: HDA 9, Sp. 358-387.

238 Nigg, Das ewige Reich, S. 231.

Platz gewesen, als im Reich Christi, dessen Anbruch ja in der nun so oft gelesenen *Bibel* verkündet wurde? Was Gustav Freytag von den Pietisten schrieb, läßt sich freilich berechtigterweise für alle christlichen Weltuntergangsspekulationen verallgemeinern: „Wer die heiligen Bücher deutete und die Überzeugung hatte, daß Gott ihn mit direkten Einwirkungen begnadigte, der war in der unglücklichen Lage, jeden zufälligen Einfall, der ihm bei einer Stelle kam, für eine unfehlbare Offenbarung zu halten.“[239] Immerhin kam es im 18. Jahrhundert durch die Zuwendung besonders angesehener Theologen pietistischer Prägung zu chiliastischen Ideen dazu, daß im Protestantismus die von Augustinus ausgehende und von dem ehemaligen Augustinermönch Luther weitertradierte Tabuisierung der Beschäftigung mit dem Reich Gottes auf Erden fallen gelassen wurde. Ein so renommierter und eher nüchterner Lutheraner wie der Alpirsbacher Prälat Johann Bengel (1687-1752), einer der Väter der biblischen Textkritik, scheute sich nicht mehr, den Anbruch des Reiches genau auf 1836 zu berechnen.[240] Vor allem bei den Pietisten in Württemberg sollten in diesem Jahr die Erwartungen groß werden, und die Enttäuschung ebenso.

Wie zu erwarten, generierte besonders das Trauma des großen Religionskrieges eine unzählige Schar von meist nur lokal tätigen Propheten, die das Ende der Zeiten – oder wenigstens die Vernichtung diverser Länder und Städte – verkündeten. Hier einige Beispiele, die zeigen, wie Gläubige ganz unterschiedlicher sozialer Herkunft von dem Untergangsfieber erfaßt wurden, teils durch ‘wissenschaftliche’ Berechnungen, teils durch himmlische Offenbarungen: Auf das unmittelbar bevorstehende Weltende brachten 1620 den Theosophen Paul Felgenhauer seine Analysen der biblischen Chronologie, was ihm manche Verfolgung vonseiten der Orthodoxie eintrug.[241] Der schlesische Bauer Martin Dröscher wurde 1625 von einem Engel

239 Bilder aus der deutschen Vergangenheit V, hrsg. von G. Bogeng, Leipzig s.a. S. 29.

240 Nigg, Das ewige Reich, S. 249.

241 PRE 6, S. 23.

„von dem entbrannten zorn Gottes wider die sünden der welt und von den zukünftigen plagen“[242] unterrichtet. Sieben Engel waren es, die den Priestersohn Johann Albrecht Adelgreiff die Offenbarung überbrachten, er habe auf Erden die Person Gott des Vaters zu repräsentieren, worauf er sich nicht nur als Kaiser, sondern als „der gantzen welt Friede-Fürst, Richter der lebendigen und der todten, Gott und Vater, in welches Herrlichkeit Christus kommen soll zum jüngsten gericht...“ titulierte. 1636 sorgte die Geistlichkeit in Königsberg dafür, daß er festgenommen, gefoltert und hingerichtet wurde.[243] Der durch seine Schriften bekanntere Hans Engelbrecht dagegen (siehe S. 160) konnte, ebenfalls von Engeln geleitet und endzeitlichen Erwartungen hingegeben, einem ähnlichen Schicksal knapp entgehen.

Der reformierte Theologe Johann Alsted (gest. 1638) berechnete den Beginn des tausendjährigen Reiches mit 1694, die Endzeit mit ihrer Verfolgung der Kirche habe schon 1617 begonnen; richtig erkannte er die bevorstehende Auseinandersetzung der protestantischen Könige Skandinaviens mit den katholischen Habsburgern, die er endzeitlich interpretierte.[244] Ähnlich verbreitete der aus Böhmen stammende Arzt und lutherischer Pastor Paul Felgenhauer (gest. um 1677) vielgelesene Schriften mit eschatologischen Berechnungen.[245] Der Görlitzer Gerber Christoph Kotter (gest. 1647) erfuhr auf seinen langen Wanderungen durch die Heidelandschaft von den kommenden Zerstörungen Babels und der Herstellung der wahren Kirche, eine Belehrung durch Gottes Engel.[246] Eine besonders aktive publizistische Tätigkeit entfaltete der Württemberger Friedrich Gifftheil (gest. 1661), ein Anhänger des Spiritualisten Schwenckfeld, der durch das Erscheinen des Kometen 1618 religiös erweckt worden war. Seine explizit kriegsbedingten apokalyptischen Ängste

242 Arnold, Unpartheyische Kirchen= und Ketzer=Historie III, S. 217

243 Arnold, Unpartheyische Kirchen= und Ketzer=Historie III, S. 50 ff.

244 PRE 3, S. 811; Dinzelbacher, Handbuch der Religionsgeschichte im deutschsprachigen Raum IV, S. 351.

245 Arnold, Unpartheyische Kirchen= und Ketzer=Historie II, S. 373.

246 HDA 9 Nachträge, S. 79.

brachte er zu Papier unter Titeln wie: „Erkäntniß, welcher gestalt der Tag deß HErrn wie ein Fewer im Ofen angehen oder herfür brechen wird wieder die Gewalt der Weltlichen Obrigkeit / Als Welche sich dem Unglauben vnd der Ungerechtigkeit mit dem Untergang vnd Verderben deß armen Menschlichen Geschlechts bey der Ertzzäuberey oder der Geistlichen Hurerey ihrer falschen Lehrer ... vnterworffen“ oder „Erkendtnis des Gerichts Gottes über die Verachter und Spötter so an diesem großen Tage der Einladung zufolge zum Abendmahl Christi nicht kommen wollen“ oder „Posaun / Den Tag deß Herrn / Gottes Gericht / vnd das Ende der Welt betreffend : An die Völcker dieser jtzigen vnnd letzten Welt zugelangen / So dieser obschwebenden Entpöhrungen halb / durch welche der Sathan / ... außgelassen / in einem Streit versamblet“. In den dreißiger und vierziger Jahren verschickte er solche Traktate an Kaiser, Könige, Fürsten, leidenschaftliche, aber machtlose Empörungen gegen den großen Krieg, dessen Schrecken er als Feldscher miterlebt hatte. Als seine Ursache erkannte er richtig die Hetze der Geistlichen in allen Konfessionen.[247]

Unter den zahlreichen Theologen, die apokalyptischen Fragen nachhingen, erreichte den Gipfel der Abstrusität wohl der Schweizer Rosenkreuzer Raphael Egli (1559-1622), der als Alchemist vom protestantischen Hochadel geschätzt wurde. Seine Geschichtstheologie beruhte nicht nur auf den obligatorischen Bibeltexten, sondern – in vollem Ernst – auf den Mustern, die auf der Haut von durch Fischer gefangenen Heringen zu sehen waren, welche als „Charaktere“, also hebräische oder griechische Buchstaben, interpretiert wurden. Darüber verfaßte er mehrere Schriften in Latein und Deutsch, u. a. *Newe vnd seltzame Meerwunderische Prophecey* (1598) und ermittelte so die Jahre 1600 und 1636 als entscheidende Daten.[248] Die Grundlage für solche Deutungen lieferte natürlich das mittelalterliche Theologumenon vom ‘Buch der Natur’, dem man – da Gottes Schöpfung –

247 Arnold, Unpartheyische Kirchen= und Ketzer=Historie III, S. 100 ff.; Verzeichnis seiner Schriften: http://192.124.243.55/cgi-bin/gkdb.pl.

248 PRE 5, S. 180-182; Schmidlin, Guido: Apokalypse als Versprechen, in: Nova Acta Paracelsica NF 26, 2012, S. 53-68.

ebenso Offenbarungen entnehmen könne, wie dem Bibelbuch. Die Gelehrten des 16. und 17. Jahrhunderts haben etwa in der Bildung von Steinen oder im Verhalten von Tieren oftmals geheime Botschaften des Himmels vermutet, die es 'wissenschaftlich' zu entschlüsseln galt.[249] Insofern stellten Eglis Spekulationen nur den Gipfel einer vor allem unter Theologen verbreiteten Haltung dar.

Deutschland scheint, bedingt durch Reformation und Religionskrieg, das Zentrum solcher Phantasien gewesen zu sein. Doch auch in anderen Ländern ließen sich manche Gelehrte und Ungelehrte zu diesem Thema vernehmen, es sei als ein Beispiel nur an Joseph Mede (Meade) erinnert, dessen *Clavis Apocalyptica* (1627) noch Newton beeindrucken sollte. Mede errechnete den Beginn der Endzeit mit 1654, spätestens 1716.[250]

Vielleicht kaum geringer als die Zahl allgemeiner Untergangspropheten dürfte während des konfessionellen Krieges die der Verkünder schrecklicher Schicksale für einzelne Orte gewesen sein. Hier genügt ein Beispiel: Joachim Greulich wird seit 1653 von Gesichten heimgesucht, in denen eine Stadt und ein Land nach dem anderen dem Zorn Gottes zum Opfer fällt, Polen, Deutschland, Dänemark; Straßburg, Magdeburg, Frankfurt ... „... den 10 August ... da sahe ich 900000 mann von aufgang der sonnen aufziehen, und sie schryen: Wo sind die Christenhund, wo sind die bluthund! und sie führten 60 bagage-wagen ... daß sie die Christen-köpffe in dem Teutschland darauf führen werden." Es ist der „erb-feind", die Türken, mit denen Gott die Christenheit straft.[251] So verschmelzen apokalyptische Bilder immer wieder mit aktuell auftretenden realen Bedrohungen.

Nach dem Dreißigjährigen Krieg verblassen allerdings solche von der Naherwartung geprägten Weltbilder und Weissagungen, um sich

249 Holenstein Weidmann, Pia: Sprechende Steine und streitende Fische. Göttliche Botschaften als Endzeitwarnungen im 16. Jh., in: Nova Acta Paracelsica NF 26, 2012, S. 69-101.

250 http://en.wikipedia.org/wiki/Joseph_Mede#cite_note-4.

251 Arnold, Unpartheyische Kirchen= und Ketzer=Historie III, S. 257.

im pietistischen Umfeld zu erneuern. Das in diesen Kreisen sehr einflußreiche Ehepaar Pastor Johann (gest. 1727) und Johanna Petersen (gest. 1724) – zu ihrer Charakteristik genügt es fast zu wissen, daß Dr. Spener die Ehe arrangierte und einsegnete – kam durch separate und gemeinsame Lektüre der *Offenbarung Johannis* darauf, 1739/40 sei für den Anbeginn der himmlischen Herrlichkeit bestimmt, die nach Äonen in der „apokatasis ton panton" enden würde[252] (eine von allen Großkirchen verworfene humane Lehre, nach der es keine ewige Hölle gibt, sondern Gott die Errettung aller, also auch der Verdammten, am Ende der Zeiten gestattet). Entsprechende Visionen einer enthusiastischen Brautmystikerin, der Rosamunde Juliane von der Asseburg, unterstützen diese Sicht der Geschichte. Einer von Petersens Anhängern, Ernst Christoph Hochmann von Hochenau, hatte wegen seiner „zum Auszug aus Babel aufrufenden und den Anbruch des Tausendjährigen Reiches verkündigenden Predigt" viel Verfolgung zu erleiden, u. a. dreißigmalige Verhaftung.[253]

In England erreichte Berühmtheit der Primas von Irland, Bischof James Ussher (1581-1656), der den Schöpfungsbeginn auf den 23. Oktober 4004 v.Chr. sowie den Anfang des Millenniums auf denselben Tag im Jahre 1996 berechnete.[254] Dort waren zur Zeit Cromwells und des Bürgerkriegs, auch noch danach, die blutigen Erhebungen der puritanischen Sekte der Fifth Monarchy vom Glauben an die Wiederkunft Christi getragen, wobei 1666 als das Jahr der anbrechenden Endzeit galt.[255] Ihnen stand z. B. der Geistliche John Canne nahe, Verfasser der Schrift *The Time of the End* (1657).[256]

Aufsehen erregten damals auch die Quäker oder richtiger Quäkerinnen, die sich 1656 dem erleuchteten Bauern James Nayler anschlossen, als er, von seinen zahlreichen Anhängerinnen umringt, auf einem Esel in Bristol einritt. Nach biblischem Vorbild wurden

---

252 Freytag, Bilder aus der deutschen Vergangenheit (wie Anm. 239), S. 48.

253 Wallmann, Kirchengeschichte Deutschlands seit der Reformation, S. 143.

254 Grüter, Faszination Apokalypse, S. 196.

255 Capp, Bernard: A Door of Hope Re-opened. The Fifth Monarchy, King Charles and King Jesus, in: Journal of Religious History 32, 2008, S. 16-30.

256 PRE 24, S. 489.

Kleider vor ihm ausgebreitet, das Hosianna gesungen, er selbst als König in Israel und die Sonne der Gerechtigkeit ausgerufen. Nayler, der sich mit Jesus vereinigt fühlte, hatte diese Inszenierung des Beginns des Gottesreichs auf Erden bitter zu bezahlen: Pranger, mehrfache Auspeitschung, Brandmarkung, Durchbrennen der Zunge und zwei Jahre Kerker.[257] Akut war auch der Endzeitglaube eines anderen Quäkers, des Musikers Solomon Eccles, der angesichts der Pest von 1665 das Weltende nahen sah und fast nackt Buße predigte – was er mit Gefängnis und Prügeln bezahlte. In seinen Prophezeiungen soll er den großen Brand von London 1666 vorausgesagt haben.[258] Auch unter den Rantern hatte man ähnliche chiliastische Erscheinungen beobachtet, die die Obrigkeit ebenso hart bestrafte.[259] Ein Angehöriger dieser Sekte, John Robins, hielt sich in der Mitte des 17. Jahrhunderts für eine Inkarnation Gottes, er habe schon früher auf Erden gelebt als Adam, und seine Frau werde Mutter des Messias. Mit einem Heer von 144.000 Mann wollte er ins Heilige Land ziehen, was er jedoch nicht ausführte.[260]

Die wohl berühmteste englische Visionärin der Zeit, die (auch auf Erden gut verehelichte) 'Braut Christi' Jane Leade (gest. 1704), Gründerin der Philadelphischen Gesellschaft der Engelsbrüder zur Beförderung der Frömmigkeit, erwartete zwar in Bälde das Priesterkönigreich Christi, verbreitete, wie es scheint, keine Untergangsphantasien. Vielmehr wandte sie das Endzeitmotiv mystisch um: Christus in uns würde nun die kosmische Evolution vollenden und die Menschheit zum Heil führen.[261]

Viele dieser chiliastischen Gruppen, wie etwa die Shakers, wanderten unter dem Druck der europäischen Großkirchen bzw. der von ihnen beherrschten Regierungen in die Neue Welt aus. Diese brachte freilich selbst eine Fülle ähnlich orientierter frommer Gruppen hervor, unter denen die Mormonen am bekanntesten sind, die für den

257 Nigg, Das ewige Reich, S. 227 ff.

258 Bautz, Biographisch-bibliographisches Kirchenlexikon 20, 2002, S. 424-427.

259 Cohn, The Pursuit of the Millennium, S. 300 f.

260 PRE 24, S. 489.

261 Dinzelbacher, Wörterbuch der Mystik, S. 317 ff.

angeblich 1843 wiederkehrenden Christus die Stadt Zion errichten wollten: Salt Lake City in Utah.[262]

Frankreich, das damals seinen eigenen und nicht minder grausamen Religionskrieg hatte, der in der Ausrottung oder Vertreibung der Hugenotten kulminierte, erlebte die chiliastisch motivierte Aufstandsbewegung der Camisarden.[263] In Reaktion auf die Aufhebung des Ediktes von Nantes 1685 kam es zu Revolten im Cevennen-Gebirge, die Ludwig XIV. mit Polizei- und Militärterror beantwortete. Viele der hugenottischen Gläubigen, auch Kinder, begannen in ekstatischen Zuständen Visionen zu haben und zu prophezeien, wobei sich die religiösen Motive mit politischen (Untergang der französischen Monarchie) vermischten. In diesen, wie sie meinten, unmittelbaren Manifestationen Gottes fanden die Rebellen immer wieder den Ansporn, ihren nach nüchterner Beurteilung nicht zu gewinnenden Kampf gegen den Staat fortzusetzen. Durch Flüchtlinge kam auch England mit solchen konvulsionären Chiliasten in Berührung.[264] Der Traktat des reformierten Theologen Pierre Jurieu *L'Accomplissement des prophéties* von 1686 stand im Hintergrund. Hier hatte der Autor vorhergesagt, das antichristliche Imperium des Papstes würde in Kürze zugrunde gehen und Frankreich zugunsten des Hugenottentums ganz dem Katholizismus abschwören. Zwischen 1710 und 1715 müsse das Reich des Widerchristen enden, alle Kirchen würden sich vereinigen und 1785 die glorreiche Herrschaft des Messias anheben.[265]

Der berühmteste Weltuntergangsprophet des 17. Jahrhunderts war wohl Quirinus Kuhlmann (1651-1689),[266] Verfasser des *Kühlpsalters*, Frauenheld, Dichter und Visionär, fasziniert von Böhmes Mystik. Leidenschaftlich bemüht um eine weltumfassende Öku-

262 Dinzelbacher, La Gerusalemme celeste.

263 Lachenicht, Susanne: Kryptokalvinismus, Propheten und Gewalt in den Cevennen, in: Burschel / Marx (Hrsg.), Gewalterfahrung und Prophetie, S. 313-326.

264 ERE 3, Sp. 175 f.; Walker, D. P.: The Decline of Hell, London 1964, S. 253 ff.

265 Delumeau, Sin and Fear, S. 529 f.

266 Neue Deutsche Biographie 13, 1982, S. 253-255; Dinzelbacher, Wörterbuch der Mystik, S. 315 f.

mene, aber zweifellos größenwahnsinnig, hielt er sich für den „Prinz“ und „Sohn“ Gottes in der „Jesuelitischen“ Monarchie der Endzeit.

Ehe man ihn in Moskau auf vereintes Betreiben der protestantischen, orthodoxen und katholischen Geistlichkeit wochenlang folterte und dann verbrannte, propagierte er die chiliastische „Jesusmonarchie“, die er auch „Kuhlreich“ nannte. Seine Gesichte schwankten zwischen frühlingshafter Erneuerung des Christentums und Verwerfung der Gegenwart – namentlich ihrer Gottesgelehrten: „Wir sind alle zu Antichristen worden, und sind diese die allergefährlichsten ...“[267] „Di Babelspracht ist entprachtet. Der Antichrist eingekerkert. Triumff! Triumff! Triumff! ... Ich rufe unerschrokken zu dises Lammeshochzeit / welche sich schon anfänget.“[268]

Zuschrift.
JESUS CHRISTUS,
der König aller Könige und Herr aller Herren kommet mit seiner versprochenen LILIEN und ROSE zur widerbringung des verlohrnen Adamischen Erdenparadisleben / daß wir mit ihm di verheischen Tausend Jahre regiren als Prister Gottes zum vorschmakk der ewigen Herrlikeit. Hallelujah!

Einleitung zu einer Schrift Kuhlmanns: Der Neubegeistete Böhme (Leiden 1674)

Mit Kuhlmann bekannt war eine andere Chiliastin, Antoinette Bourignon de la Porte (gest. 1680). Sie charakterisiert das offiziöse katholische Kirchenlexikon so: „von ausschweifender Phantasie und exzentrischer Naturanlage, ursprünglich katholisch, hatte angeblich

267 Der Neubegeistete Böhme, Leiden 1674, S. 62.
268 [sic!] Ebd., S. 410.

Offenbarungen ..."[269] Ihre Schriften umfassen in der Erstausgabe immerhin 14 Bände, darunter *L'Antéchrist découvert* mit einer langen Beschreibung seines Unwesens in Gedichtform. Diese quietistische Mystikerin, die sichtlich einen Hang zum Sadismus und zum Betrug hatte, sammelte als neue Eva eine Gruppe von Adepten um sich, die glaubten, sie sei das Sonnenweib der *Geheimen Offenbarung*, ja sogar die zweite Erscheinung des Menschensohnes auf Erden. Vielfältige Verfolgung zwang sie zu einem dauernden Ortswechsel, allerdings blieb ihr das Schicksal Kuhlmanns erspart. Noch heute wird sie ganz verschieden beurteilt, einige Zeitgenossen jedenfalls sahen in ihr eine Heilige, andere eine Hexe.

Ein besonders Aufsehen erregender Fall um 1700 war der der Buttlarschen Rotte.[270] Ihr Haupt war die wohlhabende Hofmeisterin Eva von Buttlar, eine Pietistin mit separatistischen Neigungen, die zunächst in Allendorf eine philadelphische Gemeinschaft gründete. Inwieweit die Anklagen übertrieben sind, „geheiligte Hurerey" (exzessive Promiskuität) sei ein konstituierendes Verhalten dieser Chiliasten gewesen – da Buttlar als „lebendige Bibel" galt, war der Verkehr mit ihr (im Doppelsinn des Wortes) heilbringend und reinigte von der Erbsünde –, bedarf hier keiner Prüfung. Jedenfalls urteilte ein Zeitgenosse treffend aufgrund eines Briefes von Buttlars, hier herrsche „ein Gewirre mystischer Vorstellungen und wahnwitziger Träumereien ... und halbverstandender theosophischer Begriffe ..."[271] Nach der Flucht vor gerichtlicher Verfolgung zogen die radikalen Pietisten zunächst nach Köln, dann in die Umgegend von Pyrmont und konvertierten zum Katholizismus. Nun strengte der Bischof von Paderborn ein Blasphemie-Verfahren gegen die Sekte an, das, selbstverständlich mit Hilfe der Folter von einem weltlichen Gericht durchgeführt, die gewünschten Geständnisse erbrachte, die

269 LThK 2, 1930, Sp. 503. Weiter PRE 3, S. 344-349; TRE 7, Sp. 93-97; Dinzelbacher, Wörterbuch der Mystik, S. 70 f.

270 Dinzelbacher, Peter: Persönliche Heiligkeit zwischen subjektivem Anspruch und kollektiver Suggestion, i. Dr.; Hoffmann, Barbara: Radikalpietismus um 1700, Frankfurt 1996.

271 Ebd., S. 144.

zu einem Todesurteil und sonst zu Ausstäupung und Landesverweis führten. Aber aufs Neue gelang die rechtzeitige Flucht.

Am 2. Januar 1706 feierte die Gruppe den Übergang vom Reich des Vaters auf das Reich des Sohnes, d. h. den Anbruch einer neuen eschatologischen Ära. Am 8. Februar 1706 kam es zu einer feierlichen Vergottung Buttlars und der anderen Gemeindeleiter. Durch königlichem Krönungszeremoniell nachgebildete und in Urkunden schriftlich festgehaltene Konsekration wird Buttlar zur Sophia (eine Hypostase des Heiligen Geistes) erklärt und mit Titeln wie Mutter der Drey-Einheit, Mutter und Gespons des Sohns, Herrscherin der Erden, Mutter aller Kreaturen usw. ausgezeichnet. Obwohl diese Phantasie in den Vorstellungen Buttlars und ihrer Anhänger keinen besonders umfangreichen Raum eingenommen zu haben scheint, bildete das bald zu erwartende Weltende doch eine Komponente des religiösen Hintergrunds, ging es doch darum, das irdische Reich Gottes zu verwirklichen. Dieses wurde zwar von den Bütteln des Bischofs schnellstens aufgelöst, Buttlar aber führte ihre Heiligungsvorstellungen in kleinerem Maßstab mit wenigen Mitgliedern der Sozietät – und nun anscheinend unangefochten – bald in Altona weiter, wo sie behauptete, sie werde den Messias gebären.

Hundert Jahre später spielte ähnlich bei der Sekte der Antonianer[272] im Kanton Bern die freie Liebe eine zentrale Rolle. Ihr Gründer Anton Unternährer (1759-1823), der den Weltuntergang ursprünglich für 1802 erwartete, verstand es, zunächst durch Heiltätigkeit eine Gruppe Verehrer um sich zu scharen, denen er Gütergemeinschaft und Gemeinschaft der Frauen predigte. Das kommende Weltgericht galt ihm als der Garant für die Schaffung einer neuen Sozialordnung, er selbst sah sich als den wiedererschienenen Christus, den abermals menschgewordenen Gottessohn an. In dieser Endzeit galt ihm als das vorrangige, ja einzige Gesetz Gottes die Liebe. Institutionen wie Ehe und Familie, aber auch die Kirche und der Staat, wurden dagegen als Werk Satans erkannt und gänz-

272 Trechsel, Antonianer II, in: PRE 1, S. 601-604; neuere, im Selbstverlag publizierte Literatur (s. http://de.wikipedia.org/wiki/Anton_Unternährer) war mir nicht zugänglich.

lich verworfen. „Er selbst als der verordnete Weltrichter wird bald die schrecklichen Drohungen und Flüche über die Ungläubigen und Kinder des Teufels wahr machen, seinen Gläubigen dagegen ihre Treue und Beständigkeit in der Anfechtung mit himmlischer Freude und Seligkeit belohnen."[273]

Unternährer wurde etwa neun Jahre eingekerkert und starb im Gefängnis; die Sekte wurde immer wieder nicht zuletzt auf kirchliches Betreiben hin verfolgt – zahlreiche Mitglieder ebenfalls eingesperrt –, existierte aber noch im späten 19. Jahrhundert. So wurden auch die Antonianer nicht wegen ihres Glaubens an den nahenden Untergang der Welt verurteilt, sondern wegen ihrer von den Konventionen abweichenden Liebesbeziehungen.

Das heftige obrigkeitliche Vorgehen gegen diese Gruppe, die in der Regel für sich lebte und keine Neigung zu Gewalttaten hatte, ja sogar von Feinden ob ihrer Arbeitsfreude und Wohltätigkeit gerühmt wurde, zeigt überaus deutlich ein in der Geschichte bis heute immer wieder zu beobachtendes Moment von Herrschaftsausübung: Die Obrigkeit (auch in Demokratien) reagiert auf jedes ungewöhnliche sexuelle Verhalten prinzipiell repressiv, auch wenn dieses freiwillig praktiziert wird. Dies nicht, weil es einen mit Vernunft nachzuvollziehenden Grund gäbe, sondern um die Untertanen exemplarisch zu disziplinieren, d. h. an ihrem Beispiel das staatliche Machtmonpol immer wieder augenfällig zu machen. Da das Thema Sexualität in allen christlich geprägten Gesellschaften, auch in den sich für säkular haltenden, prinzipiell negativ besetzt ist, findet diese Politik in der Regel den Beifall der nicht betroffenen Mehrheit.

Der Pietismus im deutschen Südwesten erwies sich auch später noch als besonders anfällig für alle Arten religiösen Wahnsinns, wofür ein seinerzeit viel Aufsehen erregender Vorfall im Kanton Zürich das wohl extremste Beispiel bietet. Er spielte sich in der kleinen Ortschaft Wildesbuch (Wildenspuch)[274] ab, wo eine Familie Peter

---

273 Ebd., S. 603.

274 Die Wildesbucher Ereignisse scheinen in der jüngeren kirchengeschichtlichen Literatur systematisch totgeschwiegen zu werden. Man ist nach wie vor angewiesen auf Johannes Scherr: Größenwahn. Vier Kapitel aus der Geschichte

ein von der Gemeinschaft abgekehrtes sektiererisches Dasein führte. Ihre Leitung kam nicht etwa dem Familienvater zu, sondern seiner jüngsten Tochter, der 1794 geborenen Margarete (Margetli). Sie stand unter dem Eindruck des Erweckungs- und Weltuntergangspredigers Jakob Ganz, von dem es Texte gibt, die wie Handlungsanweisungen für das 'Passionsdrama' wirken, z.B. „Du hast nichts dabei zu tun als Dich von neuem dem Herrn aufzuopfern und hinzugeben, daß er diesen wüsten alte Adam töten und zum Brandopfer schlachten und ihn ganz und gar abtun kann."[275] Marget Peter schaute Visionen und prophezeite die „deutera parousia" – aber mit ihr selbst als Verkörperung des Heilands! Denn in einer ihrer Entrückungen hatte sie Gottvater und den Heiligen Geist geschaut, die Zweite Person aber nicht – diese, so wurde ihr offenbart, lebe nun in ihr selbst. Ihrem kleinen Kreise verkündete sie: „Mit Macht rückt das Ende der Dinge heran... Schon ist der Tag des Gerichts angesetzt, und wie ein Dieb in der Nacht wird er die Sorglosen überfallen. Die Wiederkunft des Herrn steht vor der Türe."[276] Die zentrale Aufgabe des in ihr abermals in Menschengestalt erschienenen Gottes sei es, mit dem Teufel zu kämpfen.[277] Als Antichrist wurde der Sohn Napoleons er-

---

menschlicher Narrheit, Leipzig s.a. [1876], S. 156-363 (nach den Akten und Augenzeugenbefragung); Carl Pestalozzi: Wildenspucher Kreuzigung, in: PRE 21, S. 283-289 verleumdet ihn. Scherr war ein seinerzeit viel gelesener Exponent populärer und engagierter religionskritischer Geschichtsschreibung, wie sie heute von Karlheinz Deschner vertreten wird. Der Unterschied zwischen Quellenwiedergabe und persönlichen Kommentaren ist allerdings stets klar genug, um ihn wissenschaftlich heranziehen zu können.
In der Dissertation von Jolanda Schärli, Seherinnen, Sektierer und Besessene – auffällige Religiosität in der ersten Hälfte des 19. Jahrhunderts in den Kantonen Luzern, Zürich und St. Gallen, Luzern 2011 ist als jüngste Literatur Scherr verzeichnet, sie selbst bringt nichts Neues zur Sache. Der Privatdruck (?) Jan Schneebeli u.a., Margaretha Peter und die „Greuel von Wildensbuch". Das „Dramatic Denouement" einer charismatischen Gemeinschaft?, s.l. 2011 war mir nicht zugänglich. Zur Einordnung der Ereignisse in das Theologumenon von der Nachfolge Christi siehe Dinzelbacher, Körper und Frömmigkeit, S. 51 ff.

275 Scherr, Größenwahn, S. 242 f.

276 Ebd., S. 224 f.

277 Ebd., S. 318 ff.

wartet, eine Variante der damals immer noch grassierenden endzeitlichen Deutung des so viele Menschenleben fordernden Herrschers. Um diesen Satan-Napoleon zu bekämpfen, inszenierte die Schwärmerin Mitte März 1823 in ihrer Familie und mit Unterstützung von anderen „Margetli-Gläubigen" eine apokalyptische Endschlacht: Zuerst wurde das fest verschlossene Haus Opfer von wüsten Hieben mit Werkzeugen, die dem Teufel galten, dann wurden die Anwesenden aufgefordert, einander blutig zu schlagen. Tatsächlich steigerten die Männer und Frauen sich in eine blutige Orgie hinein, die zuerst zum Tod einer älteren Schwester der Erlöserin führte, dann zu ihrem eigenen: Sie verlangte, gekreuzigt zu werden, und widerstrebend schlugen ihre Gläubigen ihr Nägel in die Glieder und die Brust, dann, wieder auf ihren ausdrücklichen Befehl, töteten sie sie durch Schläge aufs Haupt. Das Versprechen, Margetli und die Schwester würden nach drei Tagen wiederauferstehen, erfüllte sich nicht, vielmehr zog die Obrigkeit die meist ihre Phantasien weithin verteidigenden überlebenden Sektierer gerichtlich zur Verantwortung.

Die im Pietismus allgemein verbreitete Endzeitstimmung, angeheizt durch die Napoleonischen Kriege und eine Hungersnot, vereinigten sich mit den persönlichen Phantasien und Ängsten einer starken und stark religiös veranlagten Frau. Wiewohl sie vollkommene Keuschheit als einen Hauptpunkt ihrer Lehre von ihren Adepten verlangte, war es mit einem verheirateten Anhänger zum Ehebruch gekommen, und die 'Heilige' hatte im Geheimen eine Tochter zur Welt gebracht. Man wird kaum fehlgehen, wenn man ihre Selbstopferung zumindest auch als Folge ihres daraus resultierenden bösen Gewissens versteht.

Peter war übrigens mit der viel berühmteren Juliane von Krüdener bekannt, Mitglied der Herrenhuter Brüdergemeinde. Gemeinsam mit dem Genfer Pastor Fréderic Fontaine und der Visionärin Maria Kummer hatte diese im Jahr 1809 versuchte, auf dem Landgut Katharinenplaisir bei Cleebronn eine endzeitliche „christliche Kolonie" zu errichten, wurde jedoch noch im selben Jahr aus Württemberg ausgewiesen.

Vereinzelt wurden ähnliche Endzeit-Erwartungen auch noch im weiteren 19. Jahrhundert lokal gepredigt, als Beispiel seien die preußischen Mucker erwähnt, denen man 1835/41 einen Religionsprozess anhängte. Ihr Haupt, Johann W. Ebel (1784-1861), der von Schleiermacher geschützt wurde, erwartete die Wiederkunft des Herrn für 1823 und bereitete ein Hochzeitsfest vor, das in einem Fiasko endete.[278] Noch skurriler scheinen sich seine englischen Nachfolger in Spaxton verhalten zu haben, die in einer Luxusumgebung bereits recht konkret himmlische Zustände vorwegnahmen, während sie auf die Verdammung der übrigen Welt warteten.[279]

Der württembergische Pietismus, genauer: die schwärmerischen Anhänger dieser mystiknahen Richtung, entwickelte noch zahlreich apokalyptische Erwartungen. Fast allgemein glaubten die Stillen im Lande, 1836 würde Christus wieder erscheinen, so daß in diesem Jahr das Tausendjährige Reich beginnen müsse.[280] Diese Erwartung ging zurück auf den schon genannten schwäbischen Exegeten Johann Albrecht Bengel, der durch die Ausdeutung der heilsgeschichtlichen Weltzeiten auf das genannte Datum gekommen war. 1740 erschien seine *Erklärte Offenbarung Johannis*, in der er den Beginn des Millenniums auf den 18. Juni 1836 berechnete. Die Leute in Württemberg glaubten dermaßen fest daran, so zeitgenössische Quellen, daß sie sich auf die Richtigkeit den Kopf hätten abhauen lassen.[281]

Auch in der Bewegung des deutschen Tempels, einer eigenartigen Mischung aus missionarischem Eifer, kolonialistischem Anspruch und wirtschaftlicher Praxis, spielte die Berechnung des beginnenden tausendjährigen Reiches auf 1869 bzw. 1882 eine Rolle: 1868 etablierte man in Palästina zur Herstellung des Reiches Christi Niederlassungen, die ihren schwäbisch-pietistischen Charakter zunächst weitgehend bewahrten. Erst als Israel Eigenstaatlichkeit

278 Knox, Enthusiasm, S. 568.
279 Knox, Enthusiasm, S. 573 f.
280 Gieseler, Lehrbuch der Kirchengeschichte V, S. 190 ff.
281 Nigg, Das ewige Reich, S. 250.

erlangte, zwang man diese Templer zum Verlassen ihres Heiligen Landes.[282]

Weniger mit missionarischer Intention denn als Nebenmoment von Fluchtbewegungen aus Deutschland fand pietistisch-chiliastisches Gedankengut auch in anderen Ländern Eingang. Die solche Ideen ventilierenden Michelianer oder Hahnischen, die Pregizerianer oder Juchhe-Christen wären hier zu nennen. Etwa 1400 Familien wanderten 1817/19 nach Rußland aus und gründeten in der Gegend von Tiflis mehrere Dörfer.[283] Von dort brachen sie auf Geheiß ihrer Prophetin Bärbel Spohn, die sich, wiewohl verehelicht, als Braut Jesu bezeichnete, nach Jerusalem auf, um dort die Ankunft Christi zu erleben. Dabei stellten sie ihr Gottvertrauen dadurch unter Beweis, daß sie keinerlei Reisevorkehrungen trafen, ja nicht einmal Essen für einen Tag mitnahmen. Eines der anspruchslosen Lieder dieser Separatisten beginnt:

„Der Heeland werd bald komme
Und holt uns, seine Fromme,
Er wird uns führa naus
Zu ihm ins Himmelshaus."[284]

Als die russische Regierung die Prophetin verhaften ließ, brach diese Schwärmerei zusammen.

Ähnliches Vertrauen in ihren Propheten wie die Anhänger Spohns zeigten die Hausknechtianer in der Gegend von Lützelstein, eine kleine Sekte, deren Gründer, Johann Peter Hausknecht (1799-1870) auf der Flucht aus einer Heilanstalt eine Jenseitsvision mit der Verkündigung der nahen Parousie erfahren hatte. Sie verkauften ihre Habe und hörten auf zu arbeiten, da der Weltuntergang für 1836 fest-

282 PRE 19, S. 482-488; http://de.wikipedia.org/wiki/Tempelgesellschaft.

283 Föll, Renate: Sehnsucht nach Jerusalem. Zur Ostwanderung schwäbischer Pietisten, Tübingen 2002; Haigis, Peter / Hummel, Gert: Schwäbische Spuren im Kaukasus – Auswandererschicksale, Metzingen 2002.

284 Kolenati, F. A.: Reisererinnerungen I, Dresden 1858, S. 150.

stehe. Obwohl auch eine Korrektur auf 1860 sich als falsch erwies, lebte die Gemeinschaft bis zum Ende des 19. Jahrhunderts weiter.[285]

In der Neuen Welt scheinen noch mehr Sekten tätig geworden zu sein, die sich auf bestimmte Daten für die Wiederkunft des Herrn versteiften, wie etwa die Adventisten des Baptisten William Miller, die 1843 angaben, sodann 1844 und schließlich für den 22. Oktober 1845.[286]

In der Weltgeschichte gibt es freilich ähnliche Szenarien der Selbstvernichtung aus religiösem Wahn, die noch ein Vielfaches mehr an Opfern forderten, namentlich der Untergang, die Selbstvernichtung des südafrikanischen Volkes der X(h)osas 1856. Elias Canetti[287] hat die Vorfälle auch außerhalb des Kreises der spezialisierten Historiker bekannt gemacht: Es ging um einen Aufstand der Indigenen gegen die Kolonialmacht aufgrund der Prophezeiung, die Toten würden den Kampf gegen die Europäer aufnehmen, wenn die Xosas ihnen ihren gesamten Viehbestand zum Opfer brächten. Die Weissagung hatte eine Struktur, die teilweise der *Johannesoffenbarung* glich: Der Himmel würde einstürzen, um die weißen Kolonisten einschließlich der Mischlinge und der nicht Prophezeiungs-Gläubigen zu vernichten, für die Xosas aber würde eine neue, paradiesische Welt beginnen mit Gesundheit und Schönheit für alle, usf. Etwa 68.000 Angehörige dieses Volkes verhungerten, da auf Befehl des Häuptlings (der selbst viele Jahre überlebte!) sämtliche Viktualien vernichtet worden waren.[288]

All diese Bewegungen christlicher oder christlich beeinflußter Gruppen kombinierten die Endzeiterwartung der *Apokalypse* mit dem ausdrücklichen Befehl des Religionsstifters, nicht für Essen, Trinken und Kleidung des morgigen Tages zu sorgen (Mt 6, 25 ff.), befolgten also das Wort Christi genau, wodurch sie in Gegensatz zu

285 RGG 2, Sp. 1659.
286 Valentin, Das Ende ist nahe, S. 34 ff.
287 Canetti, Masse und Macht, S. 214-222.
288 Weitere Literatur: http://en.wikipedia.org/wiki/Nongqawuse.

den etablierten Kirchen kamen, deren Funktionären stets die Sorge um ihr irdisches Wohlleben vorrangig war.

In dialektischer Spannung zur allgemeinen Entwicklung des mehr und mehr areligiösen Weltbildes kam es auch außerhalb des Pietismus ab und an zu lokal begrenzten Manifestationen des „survival" apokalyptischer Vorstellungen. Zwei Beispiele aus England: 1792 begann die Bauerntochter Joanna Southcott damit, Weissagungen zu verkünden, und beanspruchte, die in der *Johannesoffenbarung* (12, 1) gefeierte „Frau, bekleidet mit der Sonne" zu sein. Ihre Anhänger versiegelte sie gegen entsprechende Zahlungen, um ihnen einen Platz unter den erwählten 144.000 Geretteten zu sichern. Für 1814 prophezeite sie den Weltuntergang. Die Vierundsechzigjährige, deren Sekte über 100.000 Mitglieder umfaßte und bis heute existiert (*Panacea Society* in Bedford), prophezeite von sich auch, den Shiloh genannten Messias zu gebären (ihren in diesem Jahr erfolgenden Tod freilich nicht).[289] Durch eine Reihe ihrer eigenen Publikationen wie auch Schriften von Anhängern und Gegnern ist man über diese betrügerische Weltuntergangsprophetin vergleichsweise gut unterrichtet. Die wie üblich mehrfach verschobene Endkatastrophe (u. a. 2004) soll nun 2014 stattfinden.

In den dreißiger Jahren des 19. Jahrhunderts konnte in Kent, also durchaus in der Nähe der Landeshauptstadt, ein größenwahnsinniger Betrüger namens John Nichols Thom[290] eine Gruppe von Landarbeitern um sich scharen, die in ihm einen neuen Messias zu erkennen glaubten, ohne zu wissen, daß der Mann aus dem Irrenhaus kam. Der phantastisch gekleidete, bärtige Stigmatisierte, der u. a. den Namen Graf Rothschild benützte, versprach seinen Anhängern (die jedoch nicht den Ärmsten angehörten) eine soziale Revolte, erklärte sich und sie als unverwundbar und ermordete den ersten Beamten, der ihn festnehmen wollte. Die daraufhin anrückenden Truppen erschossen nach kurzem Kampf Thom und neun seiner Mitverschworenen. Seine Anhänger verteilten Fetzen des blutigen

289 http://en.wikipedia.org/wiki/Joanna_Southcott.
290 Thurston, Herbert: Surprising Mystics, London 1955, S. 195-203.

Hemdes als Reliquien. Die militärische Auseinandersetzung war von ihm als Zeichen des Weltendes interpretiert worden: „This is the day of judgment, this is the first day of the millennium, and this day I will put the crown on my head".

Im katholischen Bereich scheinen solche endzeitliche Sekten seltener gewesen zu sein, fehlen aber nicht. So erwarteten die von Agnes Wirsinger 1811 in Kärnten gegründeten Michaelsritter (-brüder) zu Lebzeiten das Tausendjährige Reich. Ihr Antichrist war Napoleon, der vom Erzengel zusammen mit allen anderen Bösen vernichtet werden sollte, worauf für die Gläubigen eine paradiesische Endzeit anbrechen sollte.[291] Sie standen in Verbindung mit dem Pfarrer Thomas Pöschl, welcher in Ampfelwang in Oberösterreich als Führer einer chiliastischen Gruppe gemeinsam mit der Visionärin Magdalena Sickinger tätig war – diese Verbindung eines Theologen mit einer Enthusiastin ist eine häufige Konstellation in der Kirchengeschichte seit montanistischen Zeiten bis zu Hans Urs von Balthasar und Adrienne von Speyr. Sickinger sah in dem Geistlichen die Verkörperung des Propheten Elias. Eine Vereinigung der mosaischen und christlichen Religion und ein Neues Jerusalem in Prag wurden angezielt. Aufsehen erregten die Pöschlianer vor allem durch die Tötung einer Frau als Opfer und die daraufhin folgenden Unruhen: Der Palmsonntag 1817 wurde von den Anhängern des exkommunizierten Pöschl als Tag, an dem das Gericht Gottes beginnen werde, ausgerufen. Im Zuge einer Reinigungszeremonie wurde ein Mann erschlagen und seine Tochter schwer verletzt. Danach wurde eine andere Frau, während die Anwesenden beteten, hingeschlachtet und alles in der Stube zertrümmert.[292] Ein ganz ähnlicher Mord aus religiöser Überzeugung ereignete sich, wie berichtet, 1823 bei den Pietisten in Wildisbuch in der Nähe des gut zwinglianischen Zürich (oben S. 102 ff.).

291 LThK 6, 1934, Sp. 849.

292 http://www.salzburg.com/wiki/index.php/Thomas_P%C3%B6schl.

Endzeitgläubige Wissenschaft

Es darf freilich neben der nach wie vor geltenden Prädominanz der religiösen Phantasien eine gleichzeitige Entwicklung nicht übersehen werden: Auch 'wissenschaftliche' Weltuntergangsphantasien kursierten im Zeitalter des Barock und der Aufklärung. Sie verdankten sich dem explosiv zunehmenden Interesse für die exakten Wissenschaften, was schon seit dem 18. Jahrhundert zu neuen Diskussionen über die religiöse Deutung von Naturerscheinungen führte. Verbindungen von Theologie und exakten Wissenschaften, wie sie in der von England ausgehenden Physikotheologie bis ins 19. Jahrhundert hinein versucht wurden, waren nur sehr beschränkt von Erfolg, vielmehr verlor das theologische Weltbild stetig an Plausibilität. Wenn nun vom Weltuntergang die Rede ist, so gilt dieser – wie im alten Hellas – als Ergebnis von natürlichen Prozessen, d.h. der Kosmologie oder – dies ist aber eine sehr junge Entwicklung – der Aktivität des Menschen, der diesen Untergang mittels der von ihm geschaffenen Technik verursache. Gott bleibt mehr und mehr aus dem Spiel.

Beispielsweise sei für jene vergeblichen Versuche, Welt und Überwelt auch beim Thema der letzten Katastrophe zu vereinbaren, Thomas Burnet (gest. 1715) genannt, Geistlicher am Hof Williams III. und antikatholischer Polemiker. In der der Königin gewidmeten und von einem Newton bewunderten *Telluris Theoria Sacra* zog der Theologe mit unglaublicher Ausführlichkeit geologische Einzelheiten wie vor allem Vulkane und Höhlen heran, um die schrecklichsten Szenarien des Weltgerichts auszumalen: „Apoc xv 2.1 tells us of a sea of glass mingled with fire where the saints stood singing the song of Moses and triumphing over their enemies the spiritual Pharaoh and his host that were swallowed up in it. The sea of glass must be a sea of *molten* glass, it must be fluid, not solid, if a sea; neither can a solid substance be said to be *mingled* with fire, as this was. And to this answers the lake of fire and brimstone which the beast and false prophet were thrown into alive (Apoc xix 20). These all refer the end of the world and the last fire and also plainly imply, or express rather, that state of liquefaction which we suppose and assert. Furthermore ...“[293]

Noch 1816 schienen solche Spekulationen so aktuell, daß man eine ausführlichst kommentierte Ausgabe dieses umfangreichen Textes veranstaltete (eine deutsche Übertragung war schon 1698 unter dem Titel *Theoria Sacra Telluris: D.i. Heiliger Entwurff oder Biblische Betrachtung des Erdreichs ...* gedruckt worden).

Geologisch, kosmologisch, meteorologisch ... wurden nunmehr akute Untergangserwartungen begründet. So erregte der teilweise ernstzunehmende Naturwissenschaftler William Whiston viel Aufsehen in London mit seiner Vorhersage, als er für den 16. Oktober 1737 einen Kometeneinschlag prophezeite, an dem die Erde zugrundegehen sollte (er änderte das Datum noch mehrfach). Ein zeitgenössischer Satiriker, wohl Jonathan Swift, beschrieb den Vorfall, die Gelegenheit zu einer ironischen Skizze der sehr kurzzeitigen ‘Ergriffenheit’ der einzelnen Berufsgruppen nutzend. „At length Friday came, and the people covered all the streets; expecting, watching, and praying. But as the day wore away, their fears first began to abate, then lessened every hour, at night they were almost extinct, till the total darkness, that hitherto used to terrify, now comforted every freethinker and atheist ... All the quality and gentry were perfectly ashamed, nay, some utterly disowned that they had manifested any signs of religion. But the next day even the common people, as well as their betters, appeared in their usual state of indifference. They drank, they whored, they swore, they lied, they cheated, they quarrelled, they murdered. In short, the world went on in the old channel.“[294] Der Schluß, daß diese wie so zahlreiche sonstige verfehlte Weltuntergangsprophetien logischerweise Wasser auf den Mühlen der Verfechter des Atheismus waren, kann ebensogut auf andere Epochen angewandt werden.

Auch der berühmte schwedische Gelehrte Emanuel Swedenborg, der sich in ununterbrochenem Kontakt mit der Geisterwelt sah, führ-

---

293 Theory of the Earth ... The Two Last Books, London 1697, S. 54 = The Sacred Theory of the Earth, London 1816, S. 466 f.

294 http://www.fullbooks.com/The-Prose-Works-of-Jonathan-Swift-D-D-6.html.

te u. a. naturwissenschaftliche Gründe für eine nicht litterale Auslegung der *Apokalypse* an. Nach ihm hätte 1757 das Jüngste Gericht schon stattgefunden – doch nur in der geistigen Welt. Es sei zu verstehen als Untergang der traditionellen Theologien. Freilich kann man den sehr ausführlichen Schauungen dieses Mystikers – der ein begabter Ingenieur und Naturwissenschaftler war, der nicht mit Kants spöttischem Verdikt abzutun ist – nicht mit ein paar Zeilen gerecht werden. Doch muß dieser sehr spezielle Fall hier nicht weiter verfolgt werden.

Was zwei Jahre zuvor tatsächlich stattfand, war das große Erdbeben von Lissabon (1.11.1755), das etwa 50.000 Menschenleben forderte.[295] Ein deutscher kaufmännischer Angestellter berichtete von dort: „Der gemeine Mann, auch zum Theil andere von Extraction [gehobener sozialer Stellung], vermuthen nichts anders als daß der jüngste Tag kommen werde, oder schon da sey. Die Mönche laufen mit dem Kreuze herum, und das Volk folgt immer nach. Anstatt, daß sie dem Volke Muth einsprechen sollten, führen sie es aus der Stadt und schreyen immer: das Ende der Welt ist da!“[296] Auch in anderen Städten kam es deswegen zu Endzeitphantasien, so liest man in einem Bericht aus London: „many were afraid to go to bed, and some wandered about in the fields, being persuaded that, if the world did not end, at least London would be swallowed up by an earthquake.“ John Wesley, der berühmte Erweckungsprediger und Gründer der Methodisten, sah sich damals veranlaßt, öffentlich gegen diese Furcht zu argumentieren, und „largely shewed the utter absurdity of the suppostion that the world would be at an end that night!“[297]

In Norddeutschland prophezeite der Pastor Conrad Siegmund Ziehen (1727-1780) aufgrund seiner Beschäftigung mit der *Kabbala,* kombiniert mit kosmologischem Wissen der Zeit, das Hereinbrechen von Erdbeben und Untergang, was den berühmten Göttinger

295 http://de.wikipedia.org/wiki/Erdbeben_von_Lissabon_1755.

296 Zit. in Lauer / Unger (Hrsg.), Das Erdbeben von Lissabon und der Katastrophendiskurs im 18. Jahrhundert, S. 65.

297 Knox, Enthusiasm, S. 546.

Physiker und Essayisten Lichtenberg zu einer Widerlegung veranlaßte. Ein Beispiel für die Traktate Ziehens, veröffentlicht postum, wäre etwa: *Nachricht von den möglichen Ursachen der Revolution der Erde, und der Auflösung der Welt auf eine natürliche Weise, und vom Jüngsten Tage...*[298] Es bedarf nicht weiterer ähnlicher Belege um zu verdeutlichen, wie sehr die traditionellen religiösen Erklärungsmuster auch im 'Zeitalter Voltaires' sehr viele Europäer beherrschten.

298 http://de.wikipedia.org/wiki/Conrad_Siegmund_Ziehen.

Hauptmotive traditioneller Endzeitvorstellungen

Ehe wir uns moderneren Weltuntergangsphantasien zuwenden, seien hier, ergänzend zur vorhergehenden Darstellung, einige immer wieder auftauchende Motive kurz hinsichtlich ihrer diachronen Entwicklung skizziert. Sie finden sich in fast allen mittelalterlichen und frühneuzeitlichen Diskursen über das Ende der Zeiten.

Vorzeichen

Aufgrund einiger Bibelstellen (Mt 24,29 f., Mk 13,24 f., Lk 21,25 ff.) und Erwähnungen in den *Sibyllinischen Orakeln* hatte sich seit dem 10. Jahrhundert ein Kanon von Vorzeichen entwickelt, die auf das Anbrechen des Weltendes hindeuten sollten.[299] Weit über hundert Fassungen sind in den verschiedenen Literaturen aus dem Mittelalter erhalten, deren Mehrzahl aus dem 13. bis 15. Jahrhundert stammt, doch sind noch Beispiele aus dem 18. Jahrhundert bekannt.[300] Wenigstens seit der entsprechenden Schilderung[301] der Reklusin Frau Ava (gest. 1127) waren sie in Deutschland auch volkssprachlich verbreitet, ebenso in den anderen Ländern. Die *Goldene Legende* des Jakob von Varazze (zweite Hälfte 13. Jahrhundert) dürfte der am meisten für die Verbreitung dieser Motive verantwortliche Text gewesen sein. In der Regel werden fünfzehn erschreckende Ereignisse beschrieben, wie etwa das Verbrennen von Wasser und Meer, blutiger Tau auf den Pflanzen, das Auferstehen von Menschengebeinen und dergeleichen mehr, wie es z. B. in der Weltchronik Hartmann Schedels von 1493 Michael Wolgemut illustrierte.[302]

Regelmäßig haben jene, die solche Vorzeichen in ihrer Gegenwart konstatierten, darin eine Warnung Gottes gesehen und diese Schil-

299 VL 2, Sp. 1013-1020; Eligh, Leven in de eindtijd, S. 240 ff.

300 Egges, Hans: Fünfzehn Vorzeichen des Jüngsten Gerichts: VL 2, Sp. 1013-1020; Dictionnaire des lettres français – Le Moyen Age, Paris 1992, Sp. 1217 f.

301 In ihrer Dichtung: Das jüngste Gericht 9 ff.

302 Schedelsche Weltchronik cclxi r.

derungen eingesetzt, um noch durch eine Buß-Umkehr das drohende Gericht zu verzögern.

Als Textbeispiel sei aus dem mittelenglischen *Prick of Conscience*, einem verbreiteten Lehrbuch des 14. Jahrhunderts zur Vermittlung der grundlegenden religiösen Kenntnisse, zitiert: Enorme Brände verweisen auf das nahende Ende, denn „der fünfzehnte Tag, das soll bedeuten, daß die ganze Welt allenthalben brennt und die Erde, auf der wir jetzt leben, bis ganz zum Grund der Hölle“.

Þe fiftend, þos sal betyde,
Alle þe world sal bryn on ilk syde,
And þe erthe whar we now duelle,
Until þe utter end of alle helle.[303]

Wie man in diese Ankündigungen Bezüge auf die jeweilige Gegenwart einarbeiten konnte, sei an einer deutschen Fassung der Sibyllenweissagungen aus dem 14. Jahrhundert illustriert: Da suchen nicht nur Stürme und Überschwemmungen die Menschen heim, sondern das nahende Ende läßt sich auch daraus ablesen, daß spitze Hüte und Schnabelschuhe modisch werden, die Frauen Kleider mit tausend Falten tragen und Leute vom Johannistanz (der Tanzwut) befallen werden.[304]

Ergänzungen dieses Kanons der fünfzehn Omina boten nachmittelalterliche Autoren an: Michel Servet beispielsweise, jener Laientheologe, den Calvin 1553 in Genf verbrennen ließ, erweiterte die Zahl auf sechzig, die er aus Daniel, Paulus und der *Apokalypse* extrahierte.[305] Pierre Bayle, der zentrale Denker der Frühaufklärung, fand es nötig, eine Publikation gegen einen seit der Antike grassierenden Aberglauben herauszubringen, Kometen und sonstige Himmelserscheinungen könnten den Weltuntergang oder anderes Unheil andeuten: *Lettre ... où il est proué par plusieurs raisons tirées de la philosophie et de la théologie que les comètes ne sont le présage*

303 vs. 4812 ff., hrsg. von Richard Morris, Berlin 1863, S. 131.
304 VL 8, Sp. 1144.
305 Schaff, History of the Christian church VIII, S. 755, 787.

Glasfenster mit den fünfzehn Vorzeichen vor dem Endgericht, um 1390, (Nürnberg, Spitalkirche)

d'aucun malheur[306] (die darin enthaltenen atheistischen Positionen zeitigten wütende Reaktionen). Der Verfasser erwähnt hier auch die entsprechenden Interpretationen der Sonnenfinsternisse und erzählt den Fall eines Pfarrers, der bei der Eklipse von 1654 die Menge der beichtwilligen Gläubigen nicht mehr bewältigen konnte und daher vorgab, die Himmelserscheinung sei um 14 Tage verschoben worden.[307] Freilich blieb der Aberglaube unausrottbar, auch im 20. Jahrhundert gab es Weltuntergangsängste, wenn ein Komet zu beobachten war, so z. B. 1911.[308] Ähnliches gilt für andere Himmelserscheinungen, wie die drei blutroten Sonnen und Monde, welche 1514 in Frankreich und Rom zu sehen gewesen sein sollen.[309] Nüchternere Zeitgenossen fanden und finden darin willkommenen Anlaß für ironischen Spott.

Noch im 19. und frühen 20. Jahrhundert wurde unter den einfachen Gläubigen von oft lokal gebundenen Vorzeichen erzählt: In der Steiermark dachte man, die Erde stehe auf drei Walfischen, regt sich einer, gibt es ein Erdbeben, regen sich alle drei, dann geht die Welt unter.[310] In Böhmen hieß es, das Ende der Welt sei da, wenn die Steinplatte der Wallfahrtskirche Maria Schnee so weit auseinanderklafft, daß ein beladener Wagen durchfahren kann, in Oberösterreich, wenn ein bestimmter Kruzifix in Braunau sein sinkendes Haupt auf die Brust neigt, in der Schweiz, wenn Tannhäusers Bart um den Tisch gewachsen ist, in Schlesien, wenn der Berg Zobten Feuer speit usf.[311]

In der Volksüberlieferung werden solche Vorzeichen freilich gern so formuliert, daß ihre Realisierung nicht zu erwarten ist: Das Weltende bricht an, wenn aller Flachs gesponnen ist, wenn Ostern auf Markus fällt, wenn der Mond die Sonne überwältigt...,[312] wenn

306 Köln 1682.
307 Ebd., S. 128 f.
308 HDA 4, Sp. 863.
309 Riising, Anne: Danmarks middelalderlige Praediken, København 1969, S. 62.
310 HDA 4, Sp. 866.
311 HDA 4, Sp. 878 f.
312 HDA 2, Sp. 997.

die Baumwurzeln sich zum Himmel drehen, die Uhren 13 schlagen, die Menschen vier Arme bekommen, ein Kind mit einem Goldzahn geboren wird...[313] Dies sind in Wirklichkeit Adynata, geboren aus der Hoffnung, daß solches eben doch nie eintreten möge.

Antichrist

Der neutestamentlich mehrfach als Gegner oder Imitator des Messias genannte Widerchrist wird am detailliertesten in der *Johannesoffenbarung* geschildert, wo er vor allem das erste Tier (13,1 ff.) meint. Wichtig wurde auch der *II. Thessalonicherbrief* des Paulus (2,3 ff.). Über die patristische Exegese entwickelte sich der Antichrist bzw. die Antichristen zu einem der rekurrenten Motive in fast allen endzeitlichen Entwürfen. Namentlich seit dem Traktat des Adso von Montier-en-Der *De ortu et tempore antichristi* (Mitte des 10. Jahrhunderts) ist eine eigenständige Legende im Umlauf.

Die Traditionen um „Gotes vient, der boese man, der Endecrist" hat beispielsweise der dichtende Arzt Heinrich von Neustadt um 1300 so zusammengefaßt:[314] Der Widerchrist entstammt einer inzestuösen Verbindung und steht schon im Mutterleib unter dem Einfluß seines bösen Geistes. Durch Zauberkünste vermag er sich den Juden als der ersehnte Messias zu präsentieren und gewinnt auch zahlreiche Christen durch Wundertaten dafür, ihn als den wieder auf die Erde gekommenen Gott anzubeten. Seine Gegner werden mit fürchterlichen Martern verfolgt, da treten zwei Zeugen gegen ihn auf, Enoch und Elias, die Gott ja als einzige Menschen lebend ins Paradies versetzt hatte. Nun predigen sie wider den Widerchrist, dem sie den wahren Erlöser entgegenstellen. Der Endchrist imitiert „mit zauberie Und mit nigromancie" (*Von Gottes Zukunft* vs. 5758) den Gottessohn so weit, daß er sich drei Tage lang totstellt, um dann wieder aufzuerstehen. Auch läßt er eine Reihe mythischer Völker zu

313 HDA 4, Sp. 871.

314 Dinzelbacher, Peter: Eschatologie bei Heinrich von Neustadt, in: Wirtschaft – Gesellschaft – Mentalitäten im Mittelalter, hrsg. von H.-P. Baum u.a., Stuttgart 2006, S. 643-658.

Die Herrschaft des Antichrist, Flämische Apokalypsenhandschrift um 1400 (Paris, Bibliothèque Nationale, ms. néelandais 3., p. 12)

seinem Beistand antreten, Gog und Magog, die roten Juden und die Amazonen (5806). So kommt es bei Jerusalem im Tal Josaphat (vgl. Joel 3, 2) zu einer Endschlacht zwischen den christlichen und den abgefallenen Mächten:

> Beide erstochen und erslagen
> Wirt alda vil manig man,
> Der zal nieman vinden kan... (5851)

Als Sieger geht zunächst der Antichrist hervor, denn auch Elias und Enoch fallen. Als aber der Nachäffer des Erlösers vom Ölberg in den Himmel auffahren will, kommen Teufel in der Gestalt von Engeln und heben ihn in die Luft. Dort trifft er auf den Erzengel Michael, der den Bösen mit einem Hieb erschlägt, worauf er direkt in die Hölle hinabstürzt (5946). Was noch an Juden und Heiden lebt, bekehrt sich nun zum Christentum.

Kaum ein Kirchenschriftsteller dürfte auf eine Erwähnung des Antichrists verzichtet haben, man findet ihn aber auch auf Weltgerichtsbildern in der Hölle im Schoße Satans als dessen 'Liebling' sitzen (z. B. Laurentiuskirche im böhmischen Brandýs, um 1300).[315] Seit dem 15. Jahrhundert zirkulierten auch Holzschnittfolgen, die sein Leben und Trachten den Illitteraten vorführten.

Immer wieder glaubte man, der Antichrist[316] sei bereits auf Erden, glaubte es wirklich, wenn auch diese Vorstellung besonders seit

315 LcI 1, Sp. 119 f.

316 TRE 3, Sp. 20-50; Preuss, H.: Die Vorstellungen vom Antichrist im späten Mittelalter, bei Luther und in der konfessionellen Polemik, Leipzig 1906; Aichele, K.: Das Antichristdrama des Mittelalters, der Reformation und Gegenreformation, Den Haag 1974; Kursawa, H.-P.: Antichristsage, Weltende und jüngstes Gericht in mittelalterlicher deutscher Dichtung, Köln 1976; Rauh, H. D.: Das Bild des Antichrist im Mittelalter, Münster 2/1979; Emmerson, R.K.: Antichrist in the Middle Ages, Washington 1981; Emmerson, R.K. / Herzman, R.B. (Hrsg.): The Apocalyptic Imagination in Mediaeval Literature, Philadelphia 1992; Schaller, H.-M.: Endzeit-Erwartungen und Antichrist-Vorstellungen in der Politik des 13. Jhs., in: Ders., Stauferzeit. Ausgewählte Aufsätze, Hannover 1993, S. 25-52; McGinn, Bernard: Antichrist, San Francisco 1994; Hillebrand, H.: Von Polemik zur Verflachung. Zur Problematik des Antichrist-Mythos in Reformation und Gegenreformation, in:

dem Investiturstreit im politischen Kampf andauernd funktionalisiert wurde, um einen Widersacher verteufeln zu können. Doch ist festzuhalten, daß Papst Gregor VII. selbst in seiner ganzen umfangreichen Korrespondenz ein einziges Mal ausnahmsweise einen Gegner mit dem Widerchristen identifiziert, da er stets mit der Möglichkeit einer Umkehr und Versöhnung rechnete[317] – anders die späteren Heiligen Väter.

Eine Visionärin wie Hildegard von Bingen beschreibt ihn ausführlich, wie er aus der Vagina seiner Mutter, der Kirche, geboren werden wird, vielfarbig, blutig, mit Kot auf dem Haupt...[318] Da sie ihre eigene Zeit als schlimmer einschätzte,[319] als jene seiner Herrschaft, wird hier die Funktion dieser Gestalt für die Reformabsichten der Autorin deutlich.

Viele dagegen fragten sich wie etwa Jacob van Maerland (gest. um 1300), ob der Antichrist nicht schon geboren, ob seine Jünger schon unterwegs seien, und antworteten mit Ja:

„Ocht Antkerst nu es gheboren,
Ende sine jongheren lopen voren?
Dorstict segghen, ic wane jaet.“[320]

(Ob der Antichrist nun geboren ist
und seine Jünger ihm voranlaufen?
Dürfte ich es sagen, ich meine: Ja.)

Mehr als alle sonstigen endzeitlichen Figuren wurde diese Gestalt in der politischen Propaganda aller Seiten eingesetzt. Zwischen Kaiser Friedrich II. und den Päpsten seiner Zeit wurde der Antichrist-Vorwurf wechselseitig hin und her geschoben. Aber auch ein Cusanus

Zeitschrift für Religions- und Geistesgeschichte 47, 1995, S. 114-125; Guadalajara Medina, Las profecías del anticristo en la edad media; Eligh, Leven in de eindtijd.

317 Cowdrey, H.: Pope Gregory VII, Oxford 1998, S. 533.

318 Scivias 3, 11.

319 Vita S. Disibodi, Prooemium.

320 Der Kerken claghe 2, 4 ff.: Valk, J. van der: Onze Letterkunde I, Rotterdam 1907, S. 219.

bezeichnete seinen politischen Gegner Herzog Sigismund von Tirol als Antichrist[321] usf. Selbstverständlich erkannten die streitenden Parteien im Zeitalter der Glaubensspaltung im jeweiligen Gegner den Endchristen und beide sahen ihn im gemeinsamen Feind, den in Europa einfallenden Türken.[322] Luthers vorsichtigere Position wurde schon erwähnt (s. S. 80). Nur im November 1540 wagte er sich weit heraus: Er „... stehe gewiß darauff, das die Engell itzt schon in der rustung sein vnd ziehen das harnisch an vnd gurten die wehr vmb sich, den der jungeste tag bricht schon herein, vnd die Engel rusten sich zum streit vnd wollen den Turcken sturtzen mit sampt dem bapst vnd in grundt der hellen schlagen."[323] Das war fast eine Prophezeiung der endzeitlichen Kämpfe.

Im frühneuzeitlichen England und Irland machten die verschiedenen Religionsparteien ausgiebig Gebrauch vom wechselseitigen Antichrist-Vorwurf.[324] War noch um 1800 vielen frommen Christen Napoleon diese Schreckgestalt der Endzeit, so ist diese Figur danach sowohl aus der Theologie wie dem allgemeinen Glaubenswissen fast restlos geschwunden. Nur exzeptionellerweise existiert diese Identifikation bis in die Gegenwart: 1988 unterbrach der nordirische Protestantenführer Ian Paisley eine Rede Johannes Pauls II. vor dem Europäischen Parlament, indem er ihn lautstark als Antichrist beschimpfte[325] (was seiner späteren Ernennung zum Mitglied des Britischen Kronrats und Ersten Minister Nordirlands keineswegs hinderlich war).

321 Baum, W.: Nikolaus Cusanus in Tirol, Bozen 1983, S. 126.

322 Hillerbrand, Hans: Antichrist, in: OER I, Sp. 45 f.

323 Zit. in Peuckert, Will-E.: Die große Wende. Das apokalyptische Saeculum und Luther, Hamburg 1948, S. 170, ähnlich S. 675.

324 Delumeau, Sin and Fear, S. 534.

325 Grüter, Faszination Apokalypse, S. 120.

Endschlacht

Die *Apokalypse* (16,16) enthält bekanntlich das Thema der Entscheidungsschlacht zwischen Gut und Böse zu Harmagedon, einem unterschiedlich lokalisierten Platz im Nahen Osten. Diese Erwartung wurde in der volksläufigen Phantasie, die ja auch jede Menge in Europa angesiedelte Sagen über Jesus und seine Jünger kennt, in bekannte Gegenden übertragen. Wenigstens seit dem späten Mittelalter hörte man solche Geschichten: Bei Köln[326], bei Straßburg, bei Salzburg werde der Kampf stattfinden... eine Vorstellung, in welcher sich vielleicht der Ragnarök-Mythus und die Gog und Magog-Mythe der *Bibel* verbanden.[327] Vornehmlich der Einbruch nichtchristlicher Völker wie 1241 der Tartaren und im 15. Jahrhundert der Türken gab Anlaß zu entsprechenden Spekulationen.[328]

Durch die Predigt wurde das Motiv volksläufig, zumal jeder sich leicht vorstellen konnte, in diese Auseinandersetzung persönlich einbezogen zu werden. Hier ein Beispiel aus dem Sagengut des 19. und 20. Jahrhunderts: Auf dem Walserfeld im salzburgischen Flachgau ist es der berühmte Birnbaum, an den sich die Überlieferung vom Endkampf zwischen Gut und Böse band: „... alsdan so würd alles Volckh aneinander erschlagen und erwürgen ... das Feldt weith und breith mit erschlagenen, erschossen, zertrettenen Menschen und Vich liegen würde und auch mit Bluet yberrunnen bis an die Enckel der Füss ...“ Aus dem nahen Untersberg würden die Riesen und Kaiser Friedrich dazukommen, das ganze Land stünde öde ...[329] Die endzeitliche Konnotation ist deutlich, auch wenn sie solche Weissagungen nicht ausdrücklich aussprechen. Da auf dem Walserfeld im Winter 1800 Napoleon in einer blutigen Schlacht die Österreicher besiegte, ist die lokale Assoziation leicht verständlich.

Es wäre jedoch ein Irrtum zu denken, daß derartige Vorstellungen der geistlichen Elite des Katholizismus fremd gewesen wären.

326 Johan Lichtenberger: Practica (1485/87), in: HDA 5, Sp. 1259.

327 Eligh, Leven in de eindtijd, S. 191 ff.

328 HDA 2, 815 ff.; Peuckert, Die große Wende, S. 164 ff.

329 Ebd., S. 160.

Kampf der Gottesstreiter gegen das Untier, Flämische Apokalypsenhandschrift um 1400 (Paris, Bibliothèque Nationale, ms. néelandais 3., p. 22)

Der hl. Priester Don Bosco ließ 1873 sowohl Kaiser Franz Joseph als auch Papst Pius IX. u. a. seine höchst aggressiven Traumvisionen von der Endschlacht überreichen: „Es war eine dunkle Nacht ... sieh doch, ein wildes Unwetter ... Es schien sich eine Schlacht zwischen dem Licht und der Finsternis zu entspinnen ... Und alle versammelten sich um den Papst, um seine Person zu schützen und ihm in seinen Bedürfnissen zu helfen. In diesem Moment waren zwei eine Standarte tragende Engel zu sehen. Sie schritten zum Papst, um sie ihm zu präsentieren, wobei sie sagten: Empfange die Fahne Dessen, der die stärksten Heere der Erde bekämpft und zerstreut. Deine Feinde sind verschwunden ...“: „Era una notte oscura ... Ma ecco un furioso temporale ... sembrava ingaggiarsi battaglia tra la luce e le tenebre ... ed ognuno si raccolse intorno al Pontefice per tutelarne la persona ed assisterlo nei suoi bisogni. In quel momento furono veduti due angioli che portando uno stendardo, l'andarono a presentare al Pontefice dicendo: – Ricevi il vessillo di Colei che combatte e disperde i più forti eserciti della terra. I tuoi nemici sono scomparsi …“[330] usw. In einem anderen seiner Texte nimmt diese Auseinandersetzung noch viel lebhafter die Form einer Seeschlacht an, ganz modern mit Kanonen und Sprengkörpern, wo gerammt, geschossen, versenkt wird usf.

Friedenskaiser und Pastor angelicus

Sollten bei Anbruch des Weltendes nicht auch die beiden obersten Machtpositionen der Christenheit, Kaisertum und Papsttum, endlich einmal durch völlig würdige Inhaber geleitet werden? In Alteuropa war diese utopische Phantasie von einer Führerpersönlichkeit die Hoffnung auf eine ausgesprochen religiöse Persönlichkeit, welche alle Gläubigen aller irdischen Übel schon vor dem Anbruch der Apokalypse entheben und gleichzeitig alle Gegner vernichten würde.

Die Vorstellung, daß ein letzter römischer Kaiser alle Feinde des Christentums bekehren oder ausradieren würde, läßt sich bis in das 4. Jahrhundert zurückverfolgen, sie wurde in schriftlichen Weissagungen nicht nur in der lateinischen und griechischen Christenheit verbreitet, sondern sogar im Orient. Dieser Herrscher würde ein Weltreich des Friedens lenken, um schließlich seine Macht an Gott zurückzugeben, indem er in Jerusalem alle Zeichen seiner Würde ablegte.[331] Er führt, so dachten manche, sogar die seit 1054 in West- und Ostkirche getrennte Christenheit wieder zusammen. Hieß ein Herrscher Friedrich, der Friedensreiche, so genügte dies oft schon.

Wenn Friedrich Barbarossa zu Ostern 1188 eine „curia Christi“ in Mainz abhielt, einen Reichstag, auf dem er seinen Thron leer ließ, damit der Herr selbst, wenn auch unsichtbar, darauf Platz nehmen könne, und wenn er zusammen mit einer großen Zahl von anderen

330 http://www.donboscoland.it/articoli/articolo.php?id=3428&stampa; Eugenio Pilla: I sogni di Don Bosco, Siena 2004, S. 281-283.

331 LexMA 4, Sp. 921-923; Eligh, Leven in de eindtijd, S. 172 ff.; Möhring, Der Weltkaiser der Endzeit.

deutschen Adeligen das Kreuz nahm, so wird man dieses ungewöhnliche Procedere kaum anders als eschatologisch interpretieren können.[332] Der Kaiser, dessen Namen ja den Frieden verhieß, scheint dennoch viel weniger als seine gleichnamigen Nachfolger entsprechende chiliastische Erwartungen auf sich gezogen zu haben. König Friedrich von Sizilien (reg. 1296-1337) sollte nach den Weissagungen des Fra Dolcino (siehe S. 72) die militärische Herstellung einer endzeitlichen Ordnung übernehmen, die Vernichtung von Papst und Kurie miteingeschlossen. Als Sohn einer Stauferprinzessin und Feind des Papstes Bonifatius VIII. konnte er wohl dazu prädestiniert erscheinen, als letzter Kaiser bis zum Auftreten des Antichrists zu herrschen.

Deutlichere Bewegung brachte die große Pest in der Mitte des 14. Jahrhunderts: Man erhoffte die Rückkehr Kaiser Friedrichs und eine Umkehrung der sozialen Welt, arm sollte reich, reich arm werden. Im Spätmittelalter spielten derartige Hoffnungen auf einen endzeitlichen frommen Fürsten eine gewisse Rolle im utopischen Denken; der vor allem seit dem Tod Friedrichs II. lebendige Mythos vom Friedenskaiser der letzten Tage kursierte verstärkt, analog dazu erwartete man auch einen engelgleichen Papst. Ein Beispiel bietet der Thüringer Flagellant Conrad Schmid, der sich als der Prophet Enoch verehren ließ, aber auch als aus dem Kyffhäuser wiedergekommener Herrscher der letzten Tage, Friedrich. Sein Reich sollte 1369 beginnen, doch die Inquisition war schneller.[333]

Nicht nur auf die beiden Staufer, sondern auch auf den habsburgischen Namensvetter Friedrich III. bezog man entsprechende Weissagungen. Gegen solche Erwartungen waren bei ihm freilich schon früh Stimmen laut geworden, ob denn ein so langsamer Monarch wirklich der prophezeite Weltherrscher der Endzeit sein könne; schließlich habe er nicht einmal seine Untertanen vor den türkischen

332 Wentzlaff-Eggebert, Friedrich-Wilhelm: Der Hoftag Jesu Christi 1188 in Mainz, Stuttgart 1962.

333 Cohn, The Pursuit of the Millennium, S. 143 ff.; Würth, Ingrid: Geißler in Thüringen. Die Entstehung einer spätmittelalterlichen Häresie, Berlin 2012, S. 157-314.

Einfällen zu schützen vermocht.[334] Was seinen Sohn betraf, so deutete der burgundische Hofdichter Jean Molinet die Heirat Maximilians und Marias (1477) sowie den darauf folgenden Kampf mit Frankreich als Episoden der Verwirklichung der Heilsgeschichte: Ludwig XI. wurde ihm zum Antichrist, Maximilian zum Friedenskaiser, der die bösen Geister beschwor (weiße Magie), die heidnischen Idole zerstörte (als ob es in der seit der Spätantike christianisierten Region noch welche gegeben hätte), die Blinden heilte (Krankenheilungen waren sonst ein Vorrecht der „reges christianissimi" Frankreichs), die Toten zum Leben erweckte (der Habsburger – der ja die Papstkrone zu seiner Kaiserkrone fügen wollte[335] – als Heiliger)[336]! Auch der in Fachkreisen unter dem Namen Oberrheinischer Revolutionär bekannte Jurist, der seine Denkschrift dem Kaiser widmete, begrüßte diesen als „mille maximus", neuer Jahrtausendherrscher, und sagte für 1509 aufgrund der Sternenkonstellation eine Umwälzung der gesamten Gesellschaft voraus.[337] Er spekulierte auch, ein neuer endzeitlicher Orden würde gegründet werden, eine militante, antiklerikale Bruderschaft vom Gelben Kreuz.[338] Auch ein wirklich bestehender Ritterorden wie die Deutschherren konnte sich selbst als Kämpfer gegen Gog und Magog sehen.[339]

Luther fühlte sich bemüßigt, diese Gestalt auf 'seinen' Friedrich zu beziehen, also den Kurfürsten von Sachsen. Dieser habe zwar nicht das Heilige Grab erlöst, aber die *Heilige Schrift*, somit sei er Erfüller der Prophezeiung.[340]

334 Möhring, Der Weltkaiser der Endzeit, S. 252 f.

335 Dinzelbacher, Handbuch der Religionsgeschichte im deutschsprachigen Raum II, S. 345.

336 Schmid, Barbara: Schreiben für Status und Herrschaft. Deutsche Autobiographik in Spätmittelalter und früher Neuzeit, Zürich 2006, S. 160 f.

337 VL 7, 10.

338 Cohn, The Pursuit of the Millennium, S. 120 f.

339 Elm, Kaspar: Die Spiritualität der geistlichen Ritterorden des Mittelalters: „Militia Christi" e Crociata nei secoli XI-XIII, Milano 1992, S. 477-518, 495.

340 Müller, Chiliasmus und Sozialgeschichte, S. 395.

Was den engelgleichen Papst betrifft, so scheint dieser erst in joachimitischen Schriften des 13. Jahrhunderts aufzutauchen, auch bei dem Franziskaner Roger Bacon.[341] Manche Päpste dürften sich selbst für diese endzeitliche Gestalt gehalten zu haben, so anscheinend schon Innozenz III. auf joachimitischer Basis.[342] Fra Dolcino rechnete mit einem solchen Kirchenführer nach der Liquidation der faktisch herrschenden geistlichen Hierarchie (siehe S. 72).

Von dem erfolgreichen Prediger Tommasuccio da Foligno (1319-1377), auch er ein Angehöriger des franziskanischen Ordens, sind folgende tröstliche Verse erhalten, die in Ekstase gedichtet worden sein sollen:

Verrà poi nello strimo
Dalla benigna stella
Uno che renovella
El mando in altra forma.
Darà la bella norma
Ad nostra vita activa,
Et farà la terra priva
De vitii fallace.
Per lu universo pace
Sera da cielo in terra
Et follia e guerra
Sera nello inferno remessa.[343]

(Es wird schließlich
von einem wohlwollenden Stern
einer kommen, der der Welt Erneuerung bringt
und eine andere Gestalt.
Er wird das schöne Gesetz
unserem praktischen Leben geben
und die Erde
von den trügerischen Lastern befreien.

341 LexMa 6, Sp. 1773; LThK 7, 1998, Sp. 1323.
342 Riedl, Joachim von Fiore, S. 168.
343 Bibliotheca Sanctorum XII, Vaticano 1969, Sp. 615.

Durch ihn wird allgemein Friede
herrschen im Himmel und auf Erden,
und Wahn und Krieg
werden in die Hölle verbannt.)

Es erscheint hell, daß der Engelpapst vor allem eine Phantasie der Franziskaner war, deren pauperistische Gruppen allen Grund hatten, auf eine solche Gestalt zu hoffen, wurden sie doch von den realen Päpsten immer wieder verfolgt, da sie den Reichtum der Hierarchie kritisierten. Doch noch in der Neuzeit kursierten unter dem Namen des hl. Malachias Weissagungen, die einen „papa angelicus" ankündigten.[344]

Chiliasmus oder Millenniarismus

Die Vorstellung eines Millennium, eines tausendjährigen Friedensreiches unter Christi Regierung, geht auf eine ähnliche Konzeption im Parsismus zurück. An die Christen verkündet wurde diese Ära in der *Geheimen Offenbarung* 20,1 ff.: Für tausend Jahre soll der teuflische Drache gebändigt werden und die Messiasherrschaft gelten, in der *Vulgata* „milliarium" genannt. Zunächst in der Alten Kirche fester Bestandteil der Lehre, wurde diese Offenbarung an Johannes von den Bekämpfern des Montanismus, dann vor allem durch Augustinus häretisiert, um die Kirche als schon verwirklichtes Ideal zu feiern (siehe S. 26 f.). Deutlichst ist hier zu sehen, wie eine völlig eindeutig formulierte und – da letztlich in den Kanon der *Bibel* aufgenommen – dogmatisch unanfechtbare göttliche Offenbarung der kirchenpolitischen Machterhaltung wegen auf Biegen und Brechen uminterpretiert wurde. Immerhin erging ja alles, was in der *Apokalypse* steht, nach damaligem Glauben direkt von Gott an einen Apostel, identifizierte man doch bis ins 20. Jahrhundert den Visionär Johannes mit dem Lieblingsjünger Jesu und Verfasser des 4. *Evangeliums*.

344 LThK 6, 1934, Sp. 821 f.

Für die trotzdem am Wort der *Bibel* festhaltenden Propheten des späten Mittelalters und der Frühneuzeit ist typisch, daß sie fast regelmäßig ihre Adepten dazu aufforderten, aktiv und konkret an der Errichtung des in der *Apokalypse* verheißenen tausendjährigen Friedensreiches mitzuwirken. Damit wandelte sich die eschatologische Vorstellung in ein utopische, womit der Millenniarismus zu den wenigen Utopien zählt, die im Mittelalter entwickelt wurden (wie das Schlaraffenland, der androgyne Mensch oder das wiedergefundene Paradies[345]).

Theologisch gesehen also eine Parteinahme für Autoren jener Richtung, die das Leben des Menschen nicht ausschließlich fatalistisch betrachten, d. h. nach Gottes ohnehin unabänderbarer Prädestination, wobei Positives nur als Ausfluß der himmlischen Gnade zu verstehen sei, sondern die eine gewisse Möglichkeit der Mitwirkung des Gläubigen nach seinem eigenen freien Willen annehmen. Bernhard von Clairvaux z. B. hat dieses Zusammenspiel in einem Traktat im Sinne des Mainstreams der katholischen Theologie beschrieben.[346] Luther, vor allem Zwingli und Calvin, aber auch – so sehr er antireformatorisch eingestellt war – Bischof Jansen von Ypern haben dies wesentlich anders gesehen. Insofern gehören die Antworten auf die Frage, wer zu den 144.000 Geretteten zählen wird, in den Bereich der Gnadendogmatik, die je nach Standpunkt unterschiedlich gefaßt wird: Entweder der Mensch kann durch religiöse Leistungen oder Werke wie Askese, Gebet, Almosen usw. Gott beeinflussen, ihn mitzuberücksichtigen (die katholische Lehre), oder Gott wählt ihn ausschließlich nach der Willkür seiner unbegreiflichen Weisheit aus (die calvinistische).

„Gerade Apokalyptik ist im 16. Jahrhundert häufig Banner der Opposition."[347] Auf die Errichtung des Tausendjährigen Reichs angewandt, hat wohl Thomas Münzer die extremste Position vertreten, der „Mystiker mit dem Hammer" oder der „Mystiker als

345 Franco, As utopias medievais.
346 Dinzelbacher, Bernhard von Clairvaux, S. 109 ff.
347 Wollgast, Philosophie in Deutschland 1550-1650, S. 600.

Terrorist“,[348] der von den apokalyptischen Vorhersagen der radikalen Zwickauer Propheten[349] nicht unbeeinflußt war. Münzer freilich führte seine auserwählten Jünger in den blutigen Schlachtentod statt in die klassenlose Gesellschaft. Er selbst, der die tausendjährige Christusmonarchie an der Spitze eines Bauernheeres herbeizwingen will, wird 1525 gefangen, gefoltert, hingerichtet.

Seit der Reformation sollten millenniaristische Phantasien in zahlreichen sektiererischen Bewegungen wieder hervortreten, die von einer radikalen Wiedergeburt der verdorbenen Welt träumten, wie in vielen Beispielen gezeigt.

Neues Jerusalem

Nach der *Johannesapokalypse* 21,9 ff. kommt die „Nova Ierusalem“, die neue Stadt Jerusalem, leuchtend vom Himmel herabgeschwebt. Sie ist das Domizil der Geretteten, die beim Weltgericht als gerecht befunden werden. In besonderen Situationen, namentlich der Bedrückung und Verfolgung, meinten immer wieder Gläubige, diese Stadt selbst errichten zu können und so den eschatologischen Prozeß vorwegzunehmen.

Am bekanntesten die Wiedertäufer, die in Münster in Westfalen 1534/35 nach Vertreibung der Katholiken ganz konkret ihr eigenes Neues Jerusalem aufrichteten, indem sie u. a. die Posaune der Apokalypse blasen ließen, die Tore auf zwölf erhöhten, die Türme erniedrigten usw. Die Stadt sollte so umgebaut werden, daß alle 144.000 Geretteten der Apokalypse Platz finden würden (siehe S. 87 ff.).

Oder die protestantische Sekte der Ronsdorfer Zioniten (1745-1768), die mit ihrem Zion nicht nur die heilige Stadt im Nahen Osten meinten, sondern vielmehr die Himmelsstadt schon auf Erden verwirklichen wollten. Am bekanntesten sind freilich die mormonischen Gründungen wie das Zentrum Salt Lake City in Utah (1847). Bei ihnen ist unabweisbar, daß sich diese Siedlung nach dem „Plat

348 Bubenheimer, Ulrich: Müntzer, Thomas, in: OER III, Sp. 99-102; Cattepoel, Jan: Thomas Müntzer. Ein Mystiker als Terrorist, Frankfurt 2007.

349 OER IV, Sp. 319.

of the City of Zion“ (1833) ihres Anführers Joseph Smith richten und in ihrer Regelhaftigkeit, der Benennung der Gebäude und der Prominenz der religiösen Einrichtungen an die Himmelsstadt gemahnen wollen.[350]

350 Dinzelbacher, La Gerusalemme celeste.

Jüngere Neuzeit und Gegenwart

Formidabel und wie eine Chiffre für das Denken der zu Ende gehenden alteuropäischen Ära hat der Hamburger Pastor Christian Ahlers 1762 den *Tag des Gerichts* als Streit zwischen den Stimmen der Vernunft und des Unglaubens gestaltet,[351] bis heute durch die Vertonung Telemanns allgemein bekannt:

Recitativo

Der Unglaube

Ruft immerhin: „Einst wird die Welt ihr Ende sehn,
Der Elemente Werk vergeh'n
Und das Gericht sich offenbaren!"
Gericht? Ich lache der Gefahren,
Die schon seit Millionen Jahren
Des Aberglaubens Schrecken waren.
Seht, Welt und Elemente stehn,
Euch, feige Sklaven, zu beschämen.

...

Aria

Die Vernunft

Des Sturmes Donnerstimmen schallen,
Seht, Gebirge wanken, fallen
Und fallen zur untersten Tiefe hinab;
Nun wühlt er im Schoße der Erde – sie kracht,
Und vieler Säklen stolze Pracht
Steht? nein, versinket ins traurige Grab.

Zusammenfassend betrachtet, kann man sagen: Anders als bei den oben geschilderten sektiererischen Bewegungen erscheint charakteristisch für die Entwicklung der Großkirchen seit dem ausgehenden

351 http://livretsbaroques.fr/Telemann/tag_gerichts.htm.

17. Jahrhundert einerseits das weitgehende Verschwinden der Endzeit-Thematik und überhaupt der Eschatologie[352] aus der Paränese und damit aus bildender Kunst und Literatur – also aus der religiösen Mentalität allgemein. Dies erhellt eindeutig nicht nur aus den schriftlichen Quellen, sondern auch aus dem Rückgang der Thematik des Endgerichts im Kirchenschmuck, aus dem Abbruch der mittelalterlichen Tradition geistlicher Spiele vom Weltgericht (sie sind auch auf der Jesuitenbühne kaum zu finden) und dem Abbruch der Traditionen religiöser Lyrik zu diesem Dogma.

Obwohl in der Catholica eschatologische Themen eher präsent blieben, ging die Entwicklung der Bild-Katechetik den gleichen Weg: Nach dem monumentalen Weltgericht Michelangelos in der Sixtinischen Kapelle gibt es noch einige davon angeregte Darstellungen, etwa von Rubens, aber die Beispiele sind wenige und wenig bedeutende; das monumentale Wandgemälde in der Münchener St. Ludwigs-Kirche von Cornelius (1836/39) verdankt sich der romantischen Begeisterung für das Mittelalter, ohne dessen Authentizität auch nur entfernt zu erreichen.

Brueghels Triumph des Todes von 1562 verschmolz das seit dem späten Mittelalter so dominierende Makaber-Thema der die Lebenden anfallenden Skelette mit einer apokalyptischen Landschaft: Verbrannte Erde, rauchende Städte, sinkende Schiffe, Leichen und Menschen in einem unweigerlich hoffnungslosen Kampf gegen das Ende. Das heißt aber: Die Motive des Weltuntergangs werden dem Triumph des Todes – also der individuellen Katastrophe – ein- und untergeordnet. Ob dies nicht bezeichnend für den Individualismus der Neuzeit ist? Als der demonstrativ katholische Herr Hugo von Hoffmansthal (er ließ sich in der Kutte des Franziskanerordens bestatten) um 1903 nach einem religiös-moralischen Stoff suchte, wählte er weder das Weltgericht noch die Sintflut, sondern ließ Jedermann entbieten, „zu deinem Erlöser, Vor ein höchst Gericht zu kommen!“ – es geht also um das Partikulargericht. Doch ist dieser Verweis auf den himmlischen Richter mehr Akzidenz – das Faszino-

352 Walker, The Decline of Hell.

sum liegt im Sterben des Individuums, Gott tritt nur kurz am Beginn des Stückes auf, nicht aber am Ende als Richter.

Das große religionsgeschichtliche Leitthema des 19. und 20. Jahrhundert ist der Sieg des Unglaubens über den Glauben, also die rapide fortschreitende Säkularisierung des westlichen Weltbildes. Was Feuerbach, Darwin, Freud... an Erklärungsmodellen erarbeiteten, begann die Mentalität grundlegend umzuwandeln aus dem einfachen Grund, daß diese Modelle sowohl mit der täglichen Erfahrung (namentlich Erfahrung von Unheil) als auch den epochalen historischen Ereignissen wesentlich besser kompatibel waren und sind, als jede religiöse Erklärung.

Ähnlich wirkten die philosophischen Innovationen, zu denen die Aufklärung geführt hatte. Die Umwandlung der Geschichtstheologie in Geschichtsphilosophie[353] – d.h. ihre Säkularisierung – läßt sich deutlich bei Hegel beobachten. Im Sinne von Schillers: „Die Weltgeschichte ist das Weltgericht“[354] holte Hegel in seiner *Encyclopädie* (§ 548) Gott quasi in die Geschichte: Die evolutionäre Weltgeschichte erscheint als andauerndes Weltgericht, d.h. es geht nicht mehr um den Einbruch der Transzendenz am Ende der Zeiten, sondern um deren Auflösung im Innerweltlichen. Die moralische Beurteilung des menschlichen Handelns erfolgt nicht punktuell am Ende der Zeiten, sondern an jedem einzelnen Tag der Geschichte. In dieser Sicht[355] ist dieses ‘Weltgericht’ aber keines des Schreckens, sondern eine Leibniz noch überbieten wollende Theodizee, freilich erfolglos wie alle Theodizeen notwendigerweise.

Daß im Gefolge der Aufklärung die gesamten theologischen Auslassungen über die Endzeit mit ihren Bibliotheken füllenden Spekulationen über die letzten Minuzien schließlich verdientem

353 Löwith, Karl: Weltgeschichte und Heilsgeschehen, Stuttgart 2/1953

354 Schiller, Resignation (1786). Der Dichter hatte dies allerdings anders gemeint, als es bereits der nur 11 Jahre jüngere Philosoph und die Nachwelt verstanden, nämlich im Sinne von: Die Summe des Erfahrenen birgt Lohn und Strafe schon in sich: Beutin, Wolfgang: Das Weiterleben alter Wortbedeutungen in der neueren deutschen Literatur bis gegen 1800, Frankfurt 2/2013, S. 60 f.

355 Vgl. http://www.schmidt-soltau.de/PDF/German/1992_Hegel_System_Geschichte.pdf.

Frage:
wie wird der
Antichrist
aussehen: —
blau, oder grün?
aus
Sittenverbesserungseifer
philosophisch untersucht,
nebst
einem Anhange, worinn sich der Verfasser seiner besondern Aufrichtigkeit wegen vor vielen Schriftstellern Wiens recht liebenswürdig zu machen sucht.

Biblioth. oberaltac.

1782

Wie wird der Antichrist aussehen: – blau oder grün?

Spott anheimfielen, war zu erwarten. Als Beispiel sei zitiert die anonyme philosophische 'Untersuchung' von 1782 *Wie wird der Antichrist aussehen: – blau, oder grün?*

Diese Säkularisierung spielte sich aber zunächst fast nur in der Sphäre der urbanen Intelligenzija ab. Wie präsent im Volk immer noch die *Apokalypse* als reale Erwartung war, mag eine Episode aus dem Hungerjahr 1816 illustrieren: In Gent durchquerte ein Kavallerieregiment während eines Unwetters die Stadt, wobei die Trompeter ihre Instrumente erschallen ließen. Angeblich drei Viertel der Einwohner reagierten panisch: Sie kamen aus den Häusern, warfen sich auf die Knie und waren überzeugt, die siebte Posaune des Jüngsten Gerichts zu vernehmen.[356]

Auf dem Land blieb man dem traditionellen Glauben noch viel zäher verhaftet, wie volksläufige mündliche Überlieferungen bezeugen: Im Inntal erzählte man von einem Drachen, der das Tal und die ganze Welt vernichten sollte,[357] in Schlesien glaubte man, einmal würde der See aus dem Glatzer Schneeberg ausbrechen und die Welt überschwemmen.[358] In Dänemark trifft man mehrfach auf das Motiv, daß die Welt durch Feuer vergehen wird, bestimmte Orte aber durch Wasser. „Dann wird als Zeichen des Endes ein Ochse durch eines der Schallöcher am Turm dieser oder jener Kirche hereinschwimmen ...“[359] Nach luxemburgischer Volkstradition wohnt ein Riese im Norden, einer im Süden inmitten der Erde. Wenn sie einander treffen

356 http://en.wikipedia.org/wiki/Darkness_(poem)
357 Olrik, Ragnarök, S. 100; HDA 2, Sp. 991.
358 HDA 2, Sp. 993.
359 Olrik, Ragnarök, S. 24 f.

und zu kämpfen beginnen, wird die Erde durch die Beben zugrundegehen[360] – usf. Mögen vielleicht auch Reste vorchristlicher Vorstellungen hier aufbewahrt sein, die christliche Doktrin vom Weltende erscheint doch jedesmal in simplifizierter und lokal angewandter Form.

Das beeindruckendste Zeugnis vom Weiterleben früher Weltuntergangsvorstellungen in der Landbevölkerung stammt aber aus dem protestantischen (!) Norwegen. In der Landschaft Telemark wurde im 19. Jahrhundert – in vielen Versionen – eine eschatologische Ballade aufgezeichnet, die als *Draumkvaedet* (Traumlied) bekannt ist.[361] Aus thematischen und sprachlichen Gründen ist davon auszugehen, daß dieses Lied wenigstens ins späte Mittelalter zurückgeht und vermutlich die poetische Umsetzung einer prosaischen Visions-Aufzeichnung darstellt. Dazu gibt es eine Reihe von Parallelen,[362] außerdem weiß man von der Existenz einer Handschrift, in der *Draumkvaedet* in gotischer Frakturschrift enthalten war.[363]

Ein Teil dieser erlebten Jenseitsbeschreibung besteht in einer Vision des Jüngsten Gerichts; das Treffen der Mächte des Guten und des Bösen erinnert unausweichlich an die apokalyptischen Reiter, den Engelssturz und den Kampf, den Enoch und Elias mit dem Antichrist ausfechten.

360 Olrik, Ragnarök, S. 429.

361 Folgende Editionen wurden konsultiert: Liestøl, Knut: Draumkvaede. A Norwegian Visionary Poem from the Middle Ages, Oslo 1946; Barnes, Michael (Hrsg.): Draumkvaede, Oslo 1974; Blom, Ådel (Hrsg.): Norske mellomalderballadar I, Oslo 1982. Verschiedene Varianten finden sich auf: http://www.dokpro.uio.no/ballader/tekster_html/b/b031_024_fnote.html. http://musicaviva.com/midi/music.tpl?filnavn=lindeman-draumkvedet01-1.

362 Vgl. Dinzelbacher, Peter: Revelationes (Typologie des sources du moyen âge occidental 57), Turnhout 1991; Dinzelbacher, Peter: Visioni e profezie, in: Lo spazio letterario del medioevo II, Roma 1994, S. 649-687.

363 Dinzelbacher, Peter: Zur Entstehung von Draumkvaede, in: skandinavistik 10, 1980, S. 89-96; Ders., Manifestazioni; zustimmend am ausführlichsten Jonsson, Bernt: Om Draumkvaedet och dess datering, in: Sumlen Årsbok 1994/95, S. 9-153.

21 I brokksvalin
der skò domen stande

Im Saal zwischen den Wolken,
da wird das Gericht abgehalten werden.

31 Der kom færi noranti,
de totte eg vera vesst;
fyri rei Grutte gråskjeggji,
han rei på svartan hest.

Sie kamen von Norden auf ihrer Fahrt –
diese schienen mir die Bösesten zu sein;
vorne ritt Grutte Graubart,
er ritt auf einem schwarzen Pferd.

32 Der kom færi sunnanti,
de tottest meg vera best;
fyri rei sankte såle-Mikkjel.
han rei på kvitan hest.

Sie kamen von Süden auf ihrer Fahrt,
diese schienen mir die Besten zu sein;
vorne ritt der heilige Seelen-Michael,
er ritt auf einem weißen Pferd.

33 De kom færi sunnanti,
å den rei no so tvist;
fyri rei sankte såle-Mikkjel
næste Jesum Krist.

Sie kamen von Süden auf ihrer Fahrt
und ritten so schweigend;
vorne ritt der heilige Seelen-Michael,
dem Jesus Christ zunächst.

34 Der kom færi sunnanti,
ho tottest meg vera trå,

fyri rei sankte såle-Mikkjel,
å luren undi armen låg.

Sie kamen von Süden auf ihrer Fahrt
und schienen mir ruhig zu sein.
Vorne ritt der heilige Seelen-Michael
mit dem Horn unter dem Arm.

35 De va sankte såle-Mikkjel,
han blæs i luren lange:
„Å no skò adde såline
fram fy domen gange!“

Das war der heilige Seelen-Michael,
er blies lange das Horn:
„Und jetzt sollen alle Seelen
nach vorn zum Gericht gehen!“

36 Men da skolv alle synde-sjælinne
som ospelauv fer vinde,
og kvor den, kvor den sjæl der var
dei grét fer syndinne sine.

Da aber zitterten alle Sünderseelen
wie Espenlaub im Winde.
Und jede, jede Seele die da war,
weinte über ihre Sünden.

37 De va sankte såle-Mikkjel,
han vog i skålevikt;
so vog han adde synde-såline
burt ti Jesum Krist.

Da war der heilige Seelen-Michael,
er wog in den Waagschalen:
So wog er alle Sünderseelen
hin zu Jesus Christ.

Es folgt eine lange Liste der bestraften Sünden, einige von dantesker Phantasie, wie beispielsweise:

> 39 Kjem eg meg at manni dei,
> kåpa den va bly:
> hass arme sål i dessum heimi
> va trong i dyre ti.
>
> Ich kam zu einem Mann,
> sein Mantel war aus Blei:
> Seine arme Seele war in dieser Welt
> geizig in knapper Zeit.

Man tut am besten, sich eine Musikaufnahme dieser Ballade anzuhören, um ihre Eindringlichkeit wirken zu lassen (es gibt in Norwegen mehrere Einspielungen). Ihre weite Verbreitung noch im 19. Jahrhundert ist doch ein Indiz dafür, wie wenigstens in manchen abgelegeneren Regionen der biblische Weltuntergang noch die religiöse Phantasie beschäftigte.

Die wissenschaftliche Phantasie beschäftigte gleichzeitig zum selben Thema nicht wenige Intellektuelle – nur jetzt in einer ganz religionsfernen profanen Spekulation. Der Astronom Wilhelm Herschel (1738-1822), der Entdecker des Uranus, dürfte mit seiner Theorie der Vereisung der Erde der Diskussion um das Ende der Menschenwelt einen neuen Anstoß gegeben haben (es finden sich übrigens auch heute ernstzunehmende Stimmen, die die Erde gegenwärtig in einer Phase der längerfristigen Eiszeit sehen, innerhalb derer die aktuelle Erwärmungsperiode nur kurz und planetengeschichtlich unwichtig wäre). Aufgenommen wurde die These etwa von dem Sozialphilosophen Charles Fourier (1772-1837): Allgemein komme es zur Vereisung und zum Untergang der Zivilisation, dafür schmelzen jedoch durch kosmische Veränderungen die Eiskappen der Pole, und dort entsteht eine neue Menschheit, ein boreales Arkadien als säkularisierte Version der neuen Welt der Offenbarung. Freilich erscheint sie abstrus genug: Die Menschen bekommen Tierschwänze und leben ein orgiastisches Leben unbeschwert von Inzesttabu und Monogamiezwang.[364]

Gleichzeitig ist eine Verschiebung des Themas in die Sphäre der schönen Literatur zu beobachten. Wie genugsam gezeigt, sind die apokalyptischen Themen im Mittelalter vielfach in Dichtung und bildender Kunst vorgestellt worden, wobei kein Zweifel daran besteht, daß dies nicht aus der freien und ästhetisch motivierten Wahl der Verfasser und Maler geschah, sondern gemäß einem in der Regel kirchlichen Auftrag und mit religionsdidaktischer Intention. Die Dichter und Künstler seit dem 18. Jahrhundert wenden sich dagegen, falls dieses Thema für sie überhaupt infrage kommt, mehr und mehr einem allgemeinen Publikum zu, uninteressiert an dessen möglichem Glaubenshintergrund, um einen faszinierenden Vorwurf in ästhetischer Intention zu behandeln. Dazu nimmt die Literatur auch die wissenschaftlichen Spekulationen auf.

Hölderlin war einer der Wenigen, die die Herabkunft der Apokalypse noch gläubigen Sinnes dichterisch beschrieben hat: In den *Bücher der Zeiten* von 1787, also lange vor dem Ausbruch seiner Geisteskrankheit, entrollte er das Schwarzbuch der Menschheit:

„Vatermord! Brudermord
Säuglinge blaugewürgt!
Greulich! Greulich!
Um ein Linsengericht
Därmzerfressendes Gift
Dem guten, sicheren Freund gemischt. –
Hohlaugigte Krüppel,
Ihrer Onansschande
Teuflische Opfer –.
Kannibalen
Von Menschenbraten gemästet –
Nagend an Menschengebein,
Aus Menschenschädel saufend
Rauchendes Menschenblut.

364 Metzner, Persönlichkeitszerstörung und Weltuntergang, S. 55 ff.

Wütendes Schmerzgeschrei
Der Geschlachteten über dem
Bauchzerschlitzenden Messer."

Es folgt aber nun keine aufklärerische Anklage wider Gott, der alles so in den Zeitenbüchern prädestiniert hat, sondern, wie es sich für einen guten Klosterschüler und langjährigen Theologiestudenten gebührte, vielmehr eine Theodizee. Sie besteht darin, daß sich der Sohn inkarniert habe und daß das Jüngste Gericht – zu dem der Dichter den Herrn aufruft – alles ohnehin wieder ausgleichen werde:

„Jetzt tönt die Posaun'
Ins unabsehliche Menschengewimmel
Zum Richtstuhl hinan! Zum Richtstuhl!
Zum Lohn, der aufstellt
Der Gerechtigkeit Gleichgewicht!

Jammerst du jetzt noch, Frommer,
Unter der Menschheit Druck?
Und, Spötter, spottest du
In tanzenden Freuden
Noch des furchtbarn Richtstuhls?"[365]

Was ist hier dichterische Pose à la stürmerischer Schauerdichtung, was noch dogmenkonforme Widerspiegelung der Lehre? Hölderlins Religiosität war pantheistisch, sein Liebe galt Hellas und nicht dem Heiligen Land. Die Vorzeichen des Gerichtstages – die unterste Stufe menschlicher Verkommenheit – sind als Thema für das Durchspielen einer stilistischen Richtung gewählt, die ganz irrational, dunkel, erschreckend erscheinen will – das dialektische Gegenmoment zum Vernunftideal der Aufklärung.

Im Jahre 1816, in dem ein Vulkanausbruch in Ostindien auch in Europa den Himmel verdunkelte und zu einer Hungerepidemie

365 Hölderlins Werke, hrsg. von Marie Joachimi-Dege, Berlin s.a. I, S. 264-269. Zur Frage möglicher Rezeption des schwäbischen Pietismus siehe Hayden-Roy, Priscilla: Zwischen Himmel und Erde: der junge Friedrich Hölderlin und der württembergische Pietismus, in: Hölderlin-Jahrbuch 35, 2007, S. 30-66.

führte,[366] ließ sich Lord George Byron (1788-1824) zu folgendem endzeitlichen Gedicht inspirieren:

Darkness

I had a dream, which was not all a dream.
The bright sun was extinguish'd, and the stars
Did wander darkling in the eternal space,
Rayless, and pathless, and the icy earth
Swung blind and blackening in the moonless air...
And men were gathered round their blazing homes
To look once more into each other's face;
Happy were those who dwelt within the eye
Of the volcanos, and their mountain-torch:
A fearful hope was all the world contain'd;
Forests were set on fire--but hour by hour
They fell and faded--and the crackling trunks
Extinguish'd with a crash--and all was black...
All earth was but one thought--and that was death...
Seasonless, herbless, treeless, manless, lifeless--
A lump of death--a chaos of hard clay.
The rivers, lakes, and ocean all stood still,
And nothing stirred within their silent depths;
Ships sailorless lay rotting on the sea,
And their masts fell down piecemeal: as they dropp'd
They slept on the abyss without a surge--
The waves were dead; the tides were in their grave,
The moon their mistress had expir'd before;
The winds were withered in the stagnant air,
And the clouds perish'd; Darkness had no need
Of aid from them--She was the Universe.[367]

Vollkommener Stillstand ist hier die Folge des Verlöschens der Sonne, eines Naturereignisses ohne transzendenten Hintergrund (Byron war Agnostiker).

366 http://de.wikipedia.org/wiki/Jahr_ohne_Sommer.

367 http://www.poets.org/viewmedia.php/prmMID/19991.

1828 publizierte eine gute Bekannte des Dichters, die Schöpferin des Frankenstein, Mary Shelley, den dreibändigen Roman *The last man*, in dem eine Pandemie die Menschheit bis zum Jahre 2100 ausrottet.

Als eine Ausnahme unter den Intellektuellen darf es gelten, wenn ihr berühmter Zeitgenosse, der Dichter und Philosoph Friedrich von Schlegel, im Ernst auf Grund zahlenmystischer Spekulationen das Geburtsjahr des Antichrists auf 1812 berechnete und einen neunhundertjährigen Sabbat nach der Besiegung dieses Feindes erwartete.[368] Schlegel war ja zum Katholizismus übergetreten, wagte es aber nicht, derartiges drucken zu lassen.

In der bildenden Kunst hat sich vor allem William Blake (1757-1827) mit dem Thema auseinandergesetzt, dessen Bilder vielfach auf selbst geschaute Visionen zurückgehen. Sie spiegeln deutlichst traditionelle christliche Motive, trotz der Ablehnung der christlichen Religion durch den Künstler. Die entsprechenden Werke tragen Titel wie *Vision of the Last Judgment* oder *The Day of Judgment.*

Im Weiterschreiten des profanen Weltbildes wurde das Weltuntergangsmotiv geradezu umgekehrt, was seine Koppelung an den Monotheismus betrifft. Galt es von der Zeitenwende bis zur Aufklärung als Manifestation von Gottes Gerechtigkeit und Macht, wird es nun Anlaß zu Erkenntnis der Nichtexistenz einer höheren Macht. Das bringt 1893 *Die Sündflut*, eine Sangdichtung von Max Dauthendey, dem impressionistischen Dichter, zum Ausdruck:

Entstellt, zerplagt, ein Totenschädel
Die bebende Erde.
Zuckend mit letzter Ader
Kriecht, klagt
Ein zermalmtes Geschlecht.
Dein Hader, warum so tödlich?
Recht zum Leben, haben wir Recht?
Du hast uns Atem gegeben,

368 Winter, Eduard: Ketzerschicksale, Düsseldorf 2002, S. 331 ff.

Fand man uns schlecht! Strafe!
Aber zerschellt ein Vater sein Kind? ...
Wir betteln, wir ringen,
Du offenbarst Dich nicht?!! ...
Herr, Gott, wer sagt mir,
Daß Du bist und warst![369]

Der Expressionist Georg Heym (1887-1912) gibt ein Beispiel für die Gestaltung der ganz natürlichen Abläufen folgenden Endkatastrophe, einer textimmanenten Gestaltung, die sich von den biblischen Assoziationen befreit hat und auf jeden Moralismus verzichtet. Vielmehr ist die Sinnlosigkeit des Daseins sein rekurrentes Thema.

Die niedren Himmel hingen auf dem Rand
Der toten Welt,
Untrennbar wurden Meer und Land. Das Eis
Schmolz sie in eins. Die gleiche Einsamkeit
Von Pol zu Pol lag auf den Ebnen weit
Und ohne Grenzen war der Flächen Weiß.
...
Nun war kein Leben mehr im toten Land.
Der Menschheit Stämme waren weggefegt,
In ihren Wurzeln grausam ausgesägt,'
Vom Eis, das berghoch auf den Städten stand.[370]

In der deutschen Literatur des ersten Drittels des 20. Jahrhunderts trat dann eine 'Schule der Untergangsphantastik' auf (neben dem George-Kreis Alfred Kubin, Kurt Martens, Otto Stoessl)[371].

Der junge Jurist und expressionistische Poet Alfred Lichtenstein – er fiel im ersten Jahr des Ersten Weltkriegs in Frankreich – dichtete als Soldat eine ahnungsvolle *Prophezeiung:*

369 http://www.zeno.org/Literatur/M/Dauthendey,+Max/Gedichte/Ultra+Violett.+Einsame+Poesien/S%C3%BCndflut.

370 http://gedichte.xbib.de/Heym_gedicht_Die+niedren+Himmel+hingen+auf+dem+Rand....htm.

371 Metzner, Persönlichkeitszerstörung und Weltuntergang, S. 68.

Einmal kommt – ich habe Zeichen –
Sterbesturm aus fernem Norden.
Überall stinkt es nach Leichen.
Es beginnt das große Morden.

Finster wird der Himmelsklumpen,
Sturmtod hebt die Klauentatzen:
Nieder stürzen alle Lumpen,
Mimen bersten. Mädchen platzen.

Polternd fallen Pferdeställe.
Keine Fliege kann sich retten.
Schöne homosexuelle
Männer kullern aus den Betten.

Rissig werden Häuserwände.
Fische faulen in dem Flusse.
Alles nimmt sein ekles Ende.
Krächzend kippen Omnibusse.[372]

Und prosaisch Karl Kraus: „An allen Enden dringen die Gase aus der Welthirnjauche, kein Atemholen bleibt der Kultur und am Ende liegt eine tote Menschheit neben ihren Werken ...“[373] Dazu das vielleicht bekannteste Beispiel der aversiven Kriegsdichtung aus der Feder desselben. Hier der Schluß der „letzten Tage der Menschheit“[374]:

STIMME VON UNTEN

Wir sind verbrannt!
Wer brach da ein?
Lieb Vaterland —

Ruhe

372 http://gedichte.xbib.de/--55055_29324_32970_55463_68344_77649--.htm.
373 Die Fackel 261-2, 1908, 1.
374 http://www.welcker-online.de/Texte/Karl_Kraus/die_letzten_tage/ltm_0_4.pdf.

STIMME VON OBEN

Der Sturm gelang. Die Nacht war wild.
Zerstört ist Gottes Ebenbild!

Großes Schweigen

DIE STIMME GOTTES

Ich habe es nicht gewollt.

Nach dem Zweiten Weltkrieg muß als wohl bedeutendste Gestaltung des Stoffes *Die Rättin* von Günter Grass genannt werden (1986). Der große Roman spielt nach der Auslöschung des Menschengeschlechts durch die Atombombe und war als pessimistische Gegenstimme zu Lessings optimistischer *Erziehung des Menschengeschlechts* gedacht.

Daß eine Mehrheit jener, die prinzipiell für apokalyptische Szenarien empfänglich waren und sind, diese etwa seit dem späten 18. Jahrhundert als primär von der Natur oder vom Menschen selbst zu erwartende Bedrohung ohne religiösen Überbau empfanden, ändert nichts daran, daß vor allem im Bereich der kleinen gläubigen Gemeinschaften, von ihren Gegnern Sekten genannt, die Deutung der *Bibel* weiterhin das entscheidende Moment blieb.

Bei den unter dem Namen Irvingianer bekannten Frommen z. B., offiziell den katholisch-apostolischen Gemeinden Schottlands, gab es eine extravagante Berechnung: Die in der *Geheimen Offenbarung* 11,3 genannten 1260 Tage der Weissagungen wurden mit den Jahren identisch gesetzt, die zwischen dem Erscheinen der *Digesten* des Justinian, einem für das römische Recht grundlegenden Text, und der Hinrichtung Ludwigs XVI. verstrichen. Somit kam man auf 1830 als Termin für die letzten Tage.[375] Irving war dabei von dem umfangreichen Werk des chilenischen Jesuiten Manuel Lacunza alias Ben-Erza über „die glorreiche Wiederkunft des Messias“ beeinflußt.[376]

375 Knox, Enthusiasm, S. 552.

376 ERE 2, Sp. 843.

Wesentlich bekannter sein dürften die Zeugen Jehovas, deren amerikanischer Gründer Charles Russell die endzeitliche Entrückung für 1874 prophezeit hatte, was er beim Ausbleiben des göttlichen Eingreifens auf 1914 verbesserte, wobei er das ursprüngliche Datum dadurch zu retten suchte, daß er es als unsichtbaren Beginn des Königreiches Christi deklarierte. Damals begann zwar der Ersten Weltkrieg, aber kein himmlisches Reich, weswegen es nun hieß, daß in diesem Jahr Christi Herrschaft im Himmel begonnen habe, natürlich wieder unsichtbar. Die nächste Verschiebung erfolgte auf 1975 – usf.[377] Es fehlt nicht an Frömmlern, die in die *Johannesapokalypse* jede beliebige reale Bedrohung hineininterpretieren, sei es eine durch die Atomtechnik oder die Umweltzerstörung erwachsende, obgleich beide bislang faktisch nur lokale Zerstörung auslösten.

Am Vorabend des Ersten Weltkrieges schaute C.G. Jung Gesichte riesiger Flutwellen, die Europa überschwemmten und sich in Blut verwandelten, oder die Vereisung der Landschaft durch ungeheuere Kälte aus dem Weltraum. Als geschulter Psychologe deutete er diese Träume als Symptome einer Psychose, nicht als hereinbrechenden Krieg oder gar die Vorwegnahme der Apokalypse.[378] Man kann das als Indiz des Siegs der profanen Weltanschauung interpretieren, denn ein so religiös veranlagter Mensch wie Jung hätte dies einige Generationen zuvor nicht auf sich, sondern auf die Weltgeschichte bezogen. Der 'Untergang des Abendlandes' hat in der Tat nicht stattgefunden, weder 1914/18 noch 1939/45, vielmehr befindet es sich im Gegensatz zu anderen Teilen dieser Welt und im Vergleich zu seiner bisherigen Geschichte auf einer nie dagewesenen Höhe der Lebensqualität, -bewältigung und -sicherung einschließlich einer nie dagewesenen Akzeptanz humanistischer Ideale.[379] Dies ist der historische Befund; daß politisch immer weitere Verbesserung ein-

377 Valentin, Das Ende ist nahe, S. 37 ff.

378 Jung, C.G.: Erinnerungen, Träume, Gedanken, Olten 11/1981, S. 179.

379 Dinzelbacher, Peter: Entwicklungsgeschichte der Emotionalität als Fortschritt. Eine Skizze der damit verbundenen Fragen an die Psychologie, in: G. Jüttemann (Hrsg.), Die Entwicklung der Psyche in der Geschichte der Menschheit, Lengerich 2013, S. 214-229.

gefordert werden können, steht auf einem völlig anderen Blatt, welches nie zu Ende beschrieben werden wird.

Angesichts des Wohllebens in der westlichen Gesellschaft, welche auch eine bisher in der Geschichte ungekannte Sicherheit für den Einzelnen durch ein Netz sozialer Gesetze und Institutionen geschaffen hat, werden heute apokalyptische Szenen nur von einer verschwindenden Minderheit ernstgenommen. Sie werden mit allen möglichen modernen Mythen kombiniert.

Ein Beispiel gibt Fiat Lux: 1991 verkündete die Leiterin dieser Gruppe, Uriella, das Ende der Welt sei nahe, aber die Anhänger von Fiat Lux würden von Außerirdischen in Raumschiffen gerettet werden, um einige Wochen später auf einer „gereinigten" Erde mit dem Namen „Amora" abgesetzt zu werden. Im Jahre 1997 wurde erklärt: Im August 1998 werde ein Meteorit in die Nordsee fallen. Die davon betroffenen Küstenländer werden für immer im Meer verschwinden.[380]

Wenn man auf den Spuren von Maarten Keulemans[381] eine Liste der heute im Umlauf befindlichen Weltuntergangskonzepte zusammenstellt, die in absehbarer Zeit Realität werden könnten (worunter also völlig gewisse Ereignisse wie die Verwandlung der Sonne in einen Roten Riesen nicht fallen), ergeben sich folgende Gruppen:

Nicht menschengemachte Katastrophen

Jüngstes Gericht
Meteore
Natürliche Pandemien
Natürliche Klimaextreme

380 http://de.wikipedia.org/wiki/Fiat_Lux_(neureligi%C3%B6se_Bewegung).

381 Exit mundi. Die besten Weltuntergänge, München 2010; http://www.exit-mundi.nl/exitmundi.htm. Dort finden sich auch weitere, der Science Fiction zuzurechnende und kaum ernsthaft zu diskutierende Möglichkeiten wie die Vernichtung der Menschheit durch außer Kontrolle geratene Roboter oder durch Außerirdische.

Menschengemachte Katastrophen

Nukleare Zerstörung
Ökologische Zerstörung
Künstliche Pandemien
Künstliche Klimaextreme

Neu ist tatsächlich die zweite Gruppe, denn vor der Erfindung der atomaren Kampfmittel konnte der Mensch seine Welt nicht zerstören, und dieser 'Weltuntergang' wäre auch heute alles andere als eine kosmische Katastrophe, sondern auf diesen einen Planeten beschränkt. Nicht einmal in unserem Sonnensystem wären Konsequenzen zu erwarten.

Wenn heute Vernichtungsszenarien noch publikumswirksam sind, dann eben nicht mehr die religiösen, sondern die mit mehr oder weniger Wahrscheinlichkeit entworfenen selbstgenerierten: War es nach 1945 der Atomkrieg, sind es heute eher ökologische Katastrophen, das angebliche Waldsterben in den achtziger Jahren, die Erderwärmung heute – wer Panik machen will, findet immer Motive zwischen Wärmetod und nuklearem Winter.[382]

Besorgte Einzelpersonen oder Gruppen versuchen heute sogar mit juridischen Mitteln, den Weltuntergang zu verhindern: Im März 2010 wurde ein Eilantrag eingebracht, um die Versuche zur Teilchenbeschleunigung im CERN, der Forschungsanlage im französisch-schweizerischen Grenzgebiet, zu stoppen – mit der Begründung, daß die Erde dann von Schwarzen Löchern verschluckt werde. Mit derartigem Unsinn hatte sich das Bundesverfassungsgericht in Karlsruhe zu beschäftigen! Die Klage wurden natürlich mangels hinreichender Begründung abgelehnt.[383] Ebenso erfolglos war ein Eilantrag an den Europäischen Gerichtshof für Menschenrechte.[384]

382 Birnbacher, Dieter, Wärmtetod oder nuklearer Winter? Die zeitgenössische Apokalypse in ethischer Perspektive, in: Haupt (Hrsg.), Endzeitvorstellungen, S. 359-383.

383 http://www2.evangelisch.de/themen/wissen/verfassungsgericht-erde-versinkt-nicht-in-schwarzen-loechern13987.

384 Grüter, Faszination Apokalypse, S. 271.

Wiewohl es z. B. zu Metoriteneinschlägen und ähnlichen Vorzeichen des Untergangs schon in der Frühneuzeit ein gewisses Medienecho gab, damals in Form von Flugblättern, ist die Katastrophilie erst durch die modernen Medien vulgarisiert und trivialisiert worden. In der modernen Filmindustrie kumulieren Action-Filme, die Einzelschicksale beim Einbrechen der nächsten Eiszeit, bei Kometenabstürzen, Atomkatastrophen und dergleichen mehr dramatisieren.[385] Auch die Opernbühne blieb davon nicht verschont, wie *Le Grand Macabre* von György Ligeti (1923-2006) zeigt.

Die Trivialisierung geht so weit, daß die einschlägigen Motive sogar im Kinderspiel rezipiert wurden, wie einige Yu-gi-oh-Karten zeigen, etwa „Ende der Welt“, „Wirbelsturm-Inferno“ oder „Deltakrähe-Antiumkehrung“.

Umgekehrt benützen aber auch tatsächlich religiös motivierte Autoren die aktuellen Medienkonzepte, um etwa im Abenteuerroman die Apokalypse in die Gegenwart zu holen, so der fundamentalistische Evangelikale Timothy LaHaye in der vielbändigen reißerischen Publikation *Left Behind* (1995 ff.), die trotz oder richtiger wegen ihrer blutrünstigen und antikatholischen Sensationsgier in den USA ein riesiger Bucherfolg war.[386] Das Endzeitmotiv ist hier nicht minder mediale Ware als in irgendeiner profanen Bearbeitung.

Die einstigen Erfinder und Bewahrer der apokalyptischen Drohung, die Großkirchen, haben ungeachtet alles sonstigen Festhaltens an Traditionen sehr wohl erkannt, wie unzeitgemäß jeder Versuch wäre, ihre Schäflein auf das Dogma vom Endgericht einzuschwören. Diese Thema ist vielmehr ganz aus der Pastoral und der kirchlichen Kunst verschwunden, obwohl es innerhalb ihres akademischen Fachbereichs einzelne Theologen, wie besonders Johannes Weiss und Albert Schweitzer, neu zu formulieren versuchten. Am sprechendsten ist hier vielleicht die Eliminierung des „Dies irae“ aus

385 Beispiele bei Pezzoli-Olgiati, Daria: Retterfiguren in Dystopien, in: Bluhm (Hrsg.), Untergangsszenarien, S. 231-251.

386 Grüter, Faszination Apokalypse, S. 121 ff.; http://en.wikipedia.org/wiki/Left_Behind. Einen Einblick in die amerikanische Szene bietet Abanes, Richard: End-Time Visions. The Road to Armagedddon?, New York 1998.

Aktuelle Yu-gi-oh-Spielkarten mit Weltuntergangsmotiven

der katholischen Totenmesse durch die Liturgiereform von 1969, da das Lied „die Leuchtkraft des Auferstehungsglaubens verdunkelt" habe.[387] Damit wurde, wie in so vielen anderen Stücken, die bis ins frühe Mittelalter zurückgehende Praxis ins Unrecht gesetzt, wurden die Werke gläubiger Katholiken wie Mozart und Verdi (vom Requiem des wenig frommen Berlioz und jenem des Protestanten Brahms ganz zu schweigen) noch mehr aus der Kirche in das Konzerthaus verdrängt. Sammlungen von inhaltlich ähnlichen apokalyptischen Texte sind von dezidiert katholischer Seite wohl noch vereinzelt im Umlauf,[388] wie auch Konglomerate aus endzeitlichen La-Salette- und Fatima-Botschaften manche orthodoxe Anhänger dieser Religion in ihrem Bann halten. Doch verhält sich das Gros der Geistlichkeit distanziert zu derartigen frommen Erzeugnissen.

Ein moderner Dogmatiker versteigt sich so weit in der Umfunktionalisierung des Begriffs – das heißt in seiner Abwehr –, daß er die Apokalypse im „Verdampfen des Christentums" aufgrund des Mitgliederschwunds sehen möchte.[389] Die Dogmatik und noch mehr die Pastoral hat sich in Wirklichkeit völlig von diesem Thema in seinem traditionellen biblischen Sinn verabschiedet, ungeachtet der pflichtgemäßen Behandlung in den fachlichen Überblickswerken (was indes nur sehr gelegentlich diskutiert wird[390]). Der Apokalyptik widmen sich fast nur mehr kleine religiöse Gemeinschaften, von der etablierten Geistlichkeit als Sekten und Schwärmer diffamiert. Nur dort 'erkennt' man im 20. Jahrhundert noch in den Posaunenstößen

387 Adam, A. / Berger, R.: Pastoralliturgisches Handlexikon, Freiburg 1980, S. 15.

388 Z. B. Bekh, Wolfgang: Das Ende der Welt – Visionen, Prophezeiungen, Wahrsagungen, Augsburg 1998; Angerer, A.: Das steht der Welt noch bevor. Aber am Ende wird mein unbeflecktes Herz triumphieren, St. Andrä-Wördern 2/2001.

389 Ruhstorfer, K.: „Apocalypse now and then", in: Bluhm (Hrsg.), Untergangsszenarien, S. 27-50, 27.

390 Z. B. Lutz, Bernd: Das Verschwinden des Weltgerichts aus Verkündigung und Katechese. Praktisch-theologische Überlegungen aus katholischer Perspektive, in: Jahrbuch der Oswald von Wolkenstein Gesellschaft 13, 2001, S. 115-126.

der Engel die Auswirkungen der Atombomben und in ihrem Flügelschlag den Lärm der Kampfflugzeuge...[391]

Niemand wird der Einschätzung widersprechen, daß es auch in der modernen Malerei (Ensor, Kubin, Grosz, Dali, Moore usf.) – schon vor Beginn des Ersten Weltkrieges – einen deutlichen Hang zum Apokalyptischen gegeben hat,[392] der dann durch die beiden großen Kriege noch intensiviert wurde; die Epoche jedoch generell unter dieses Signum zu stellen, wäre völlig verfehlt und eine Interpretation ex eventu. Ästhetisierung des Schreckens waren im Prinzip doch auch schon die Apokalypsenillustrationen mittelalterlicher Handschriften, der Wand- und Tafelmalerei. Endgerichts- und Apokalypsenbilder in der kirchlichen Kunst des 20. Jahrhunderts überhaupt zu finden, bedarf langer Suche und bringt nur ein ganz geringes Material. Wenn schon einer der profilierten Künstler die christliche Version der Weltuntergangsphantasien zum Thema wählte, dann nicht für die Ausstattung eines Kirchenraums und nur mit schlechtem Gewissen. Ein typischer Fall scheint der des Giorgio de Chirico zu sein, der seine Lithographien zur *Geheimen Offenbarung* für eine bibliophile Buchausgabe schuf und sich bemüßigt fühlte, diese mit einem erklärenden Zeitschriftenartikel „Perché ho illustrato l'Apocalisse?" quasi zu rechtfertigen.[393] Wenn sein Zeitgenosse Max Beckmann im Exil 1941/42 einen lithographischen *Apokalypse*-Zyklus schuf, so da für ihn damals die Gesichte des Propheten „grauenvolle Wirklichkeit" geworden waren.[394]

391 Gasper / Valentin (Hrsg.), Endzeitfieber, S. 71 f.

392 Maas, Max P.: Das Apokalyptische in der modernen Kunst, München 1965.

393 Geretti (Hrsg.), Aldilà – l'ultimo mistero, S. 215 f.

394 Höper, Corinna: Max Beckmann. Apokalypse, München 2008, S. 12.

II. Mentalitätsgeschichtliche und psychohistorische Analyse

Als Kant die Frage stellte: „Warum erwarten aber die Menschen überhaupt ein Ende der Welt?“, kam er nicht auf die nächstliegende Antwort: Weil sie sehen, daß alles in ihrer Umgebung und sie selbst der Veränderung und Vernichtung unterworfen sind, sondern vermutete, der Grund liege in der Enttäuschung über diese Welt, in der der „Endzweck ihres Daseins“ nicht zu erreichen sei. Daß jenes Ende stets als eine schreckliche Katastrophe gedacht wird, habe seine Ursache in der Erkenntnis von der bis zur Hoffnungslosigkeit „verderbten Beschaffenheit“ unseres Geschlechts, die nach gerechter Strafe verlange.[395]

Im Folgenden soll versucht werden, das Thema weniger spekulativ zu beleuchten, d. h. unter Anwendung von Konzepten der modernen Psychologie auf das Denken, Empfinden und Verhalten von Menschen der Vergangenheit. Denn Mentalitätsgeschichte impliziert nach meinem Verständnis[396] historische Psychologie oder Psychohistorie, geht es doch darum, die Vergangenheit nicht nur zu beschreiben, sondern auch zu verstehen. Daher wird Geschichte hier mit bewußter Anwendung psychologischer Kategorien geschrieben,

---

395 Das Ende aller Dinge (1794), hrsg. von J. v. Kirchmann, Immanuel Kant's kleinere Schriften zur Ethik und Religionsphilosophie II, Berlin 1871, S. 167 f.

396 Diese Bemerkung impliziert eine Distanzierung von der in Deutschland vereinsmäßig organisierten Psychohistorie und von jeglicher Zuordnung zu einer ‘Schule’. Vgl. Dinzelbacher, Europäische Mentalitätsgeschichte (Einleitung und Vorwort); ders., Körper und Frömmigkeit, S. 335 ff.

wie es ansatzweise ohnehin alle Historiker seit jeher unreflektiert taten und tun, die sich nicht auf bloße Faktenerhebungen beschränken, sondern erklären und verstehen wollen.

Es sind hierzu zu beachten
- die manifesten Intentionen, aus denen heraus vom Weltuntergang gesprochen wird,
- die verheimlichten Intentionen, die nicht publik gemacht werden, aber offensichtlich mitspielen,
- die unbewußten Motive, dem Katastrophismus zu huldigen und ihn zu propagieren,
- und die Konsequenzen, welche sich aus der Verbreitung der endzeitlichen Erwartungen für die Mentalität und die Lebenspraxis ergeben.

Die bewußten Beweggründe jener, die apokalyptische Szenarien entwerfen und verbreiten, sind an den Texten selbst leicht zu erkennen: „Was leistet die Erwartung des Weltuntergangs für die, die daran glauben? Sinngebung und Orientierung, die Vermittlung von Handlungsanweisungen und Erklärungsmustern... Sehnsüchte nach Eindeutigkeit und nach der Herstellung einer endgültigen Gerechtigkeit werden bedient; dadurch wird die Weltkomplexität auf eingängige Weise reduziert..."[397] Damit ist eine Funktion dieser Vorstellungen im Bewußtsein der Gläubigen benannt; sie sind damit nur ein spezieller Fall der übergreifenden Kategorie Religionen und Ideologien, die ja – neben anderen – primär eben dieselben Funktionen haben. Zu ergänzen ist, daß somit die eigene Denk- und Entscheidungskompetenz auf eine Autorität verschoben wird, sei es die einer als heilig betrachteten Schrift, sei es die eines Propheten und Sektenführers.

Im religiösen Bereich geht es um Trost für die Wir-Gruppe, die auch in bedrängter Situation ihr Vertrauen auf die Vorsehung nicht verlieren soll, die glauben soll, daß der Herr der Geschichte seine Anhänger (sein auserwähltes Volk) in Kürze erhöhen werde. Im

397 Rath, Untergang als Übergang, S. 265.

Neuen Testament ist sehr klar ausgedrückt, daß es nur um die Erlösung dieser kleinen Elite geht, vor allem in der Nennung ihrer Zahl 144.000 in der *Apokalypse*. Aber auch Joh 3,18 meint dasselbe: Wer nicht glaubt, ist schon verdammt: „éde kékritai" (redupliziertes Perfekt Passiv) – das schrecklichste Wort der *Bibel*, denn Gott kümmert sich gar nicht mehr um jene, die zum Sacrificium inellectus nicht fähig sind, er ist ihnen nicht einmal mehr ein Richter – welche Gerechtigkeit! Der Verfasser des *Titusbriefes* hat hier wortschöpferisch eigens einen Terminus erfunden: „hairetikós ánthropos ... autokatákritos" (3,11), der Häretiker, der sich selbst verdammt hat.

Mit diesen elitären Glücksphantasien sind fast regelmäßig verbunden als Kehrseite dieser Vorstellung die schrecklichsten Phantasien der Rache, welche die Gegner dieser Gruppe (dieses Volkes) zu erleiden haben werden. „Ohne Zweifel bestand ein Großteil der historischen Anziehungskraft der Apokalypse in der Rechtfertigung der unbändigen Gewalt und des Rachedurstes ... Die alte Welt soll untergehen: Apokalypse ist Ausdruck der Sehnsucht."[398] Beide Elemente wollen das Selbstgefühl der 'Auserwählten' in krisenhafter Zeit stärken und denen, die vielleicht faktisch im Augenblick die Letzten sind, das Gefühl vermitteln, sehr bald zu den Ersten zu gehören. Somit wird versucht, wie Drewermann sagt, „gegen eine unzumutbare Wirklichkeit der Außenwelt die eigentliche Wirklichkeit der Innenwelt zu setzen".[399] Anders gewendet: Insbesondere auf traumatische Gewalterfahrungen reagieren religiöse Kulturen oft mit dem Auftauchen von Propheten, die Gewißheit über eine radikale Änderung der Verhältnisse in der Zukunft zu haben meinen und insofern eine (unbewußte) Strategie zur Bewältigung der drückenden Gegenwart anbieten.[400] Im Juden- und Christentum bestanden diese Verkündigungen vor allem in der Rede vom anbrechenden Ende der Geschichte, gleichbedeutend mit der Erhöhung der jetzt Leidenden

398 Böhme, Hartmut: Vergangenheit und Gegenwart der Apokalypse, in: Cremerius (Hrsg.), Untergangsphantasien, S. 9-26, 18.
399 Tiefenpsychologie und Exegese II, Paderborn 1988, S. 477.
400 Burschel / Marx (Hrsg.), Gewalterfahrung und Prophetie, S. 16.

und der Erniedrigung der jetzt Herrschenden in der darauffolgenden Ewigkeit.

Unterschwellige Momente

Un- und halbewußt müssen aber weitere Motive gewirkt haben. Sehr vereinfacht gesagt, sehen die drei großen tiefenpsychologischen Entwürfe den Menschen gelenkt vor allem von seiner Sexualität (Freud), seinem Machtstreben (Adler), kollektiven Archetypen (Jung).

Eine Psychohistorie der Endzeit-Phantasien würde in diesen nur selten verdrängte libidinöse Elemente feststellen können, die Adamiten oder die Münsteraner Polygamisten wären ein Beispiel oder die 'Heilige' von Wildisbuch. Vermutlich häufiger verbanden sich die Ängste vor dem Weltende mit einer Tabuisierung von Sexualität im Sinne einer Bußleistung an die Gottheit. Der als Klostergründer berühmte Bischof Otto von Bamberg (gest. 1139) sagte dies explizit: Es ist die letzte Stunde, „novissima hora“, da braucht es Klöster für jene, die sich noch schnell retten wollen. „Nunc autem, in fine seculorum“, jetzt aber, am Ende der Zeiten, jetzt soll Enthaltsamkeit regieren, und das ist in Klöstern leichter zu erreichen, als in der Welt.[401]

Die Interpretation der Erwartung einer Gesamtkatastrophe ähnlich der Sintflut als „thalassalen Regressionszug“ und „inzestuöse Phantasie“ durch Freud mag für eingeschworene Freudianer nachvollziehbar sein,[402] andere, wie der gegenwärtige Autor, können dieser gewaltsamen Verbindung völlig unterschiedlicher Themenkomplexe nichts abgewinnen. Bei einer weiteren Analogie, die „den quasi psychotischen Untergang des Bewußtseins in dem Chaos des

401 Herbord, Dyalogus 1, 18, in: Heiligenleben zur deutsch-slawischen Geschichte, hrsg. von L. Weinrich, Darmstadt 2005, S. 300.

402 Z. B. Drewermann, Strukturen des Bösen, S. 410 ff.

Unbewußten"[403] in den Sintflutmythen ortet (Drewermann), ist immerhin das Tertium comparationis deutlich. Ähnlich meint dieser Autor, die Weltuntergangsvorstellungen kämen wie eine Psychose „einer spontanen Selbstheilung bzw. einem Selbstrettungsversuch gleich".[404]

Unter dem Aspekt der Analytischen Psychologie betrachtet, könnte man im Sinne Jungs die Ähnlichkeit etwa der Sintflut-Sagen bei Völkern auf der ganzen Welt, die ja auch Stoff für in die Zukunft projizierte Unheils-Phantasien abgaben, als kollektive Bilder interpretieren – wenn man nicht einer Motiv-Wanderung größere Wahrscheinlichkeit zubilligt. Ihre Genese liegt vielleicht in dem faktischen Anstieg der Meere nach der letzten Eiszeit mit entsprechenden Überschwemmungen.[405] Faktische Unheilserfahrung erzeugen aber anscheinend von Generation zu Generation tradierte Wiederholungsängste.

Von tiefenpsychologischer Seite sind im Zusammenhang mit Untergangsvorstellungen einige wenig unmittelbar einsichtige Impulse des Un- oder Halbbewußten genannt worden: Jung bezeichnete die „Phantasie vom Weltbrande" als „nichts anderes als eine mythologische Projektion eines eigenen, individuellen Willens zum Tode".[406] Dies setzt freilich voraus, daß wir an den Todestrieb (der schon Freud besonders wichtig war) glauben, ein Moment von wesentlich geringerer Evidenz als etwa der Sexualtrieb.

Wir wollen im Folgenden jedoch einige unseres Erachtens deutlicher wirksame unbewußte Momente analysieren. Das schon in den Konkurrenzsituationen des Kindersalter ausgebildete Streben nach Macht tritt am deutlichsten zu Tage, womit sich auch hier wieder bestätigt, daß für den Historiker die Berücksichtigung der Adlerschen Individualpsychologie zumeist den wesentlichen Erkenntnisgewinn bringt.

---

403 Ebd., S. 544.

404 Drewermann, Eugen: Tiefenpsychologie und Exegese, Olten 6/1992, II, S. 473 ff., 480 f.

405 Grüter, Faszination Apokalypse, S. 25.

406 Zit. in Metzner, Persönlichkeitszerstörung und Weltuntergang, S. 173.

Wunscherfüllung

Ein weniger 'spirituelles' Moment als das religiöse – und in der Regel unbewußt – ist das der persönlichen Wunscherfüllung, ob in der Phantasie oder im realen Leben. Als Beispiel sei Hans Engelbrecht (gest. 1642) zitiert, einer der vielen neugläubigen Visionäre aus der Zeit des Dreißigjährigen Krieges, der als Wanderprediger Norddeutschland durchzog.[407] Dieser in religiöse Träumereien versunkene und darob mehrfach verfolgte Handwerker erlebte eine Nahtoderfahrung, in der er Himmel und Hölle besuchte, viele Schauungen und Gespräche mit seinem Engel und 1625 auch ein „Gesicht vom neuen Himmel und Erde":[408] Jesus fährt mit vielen Hunderttausenden von feurigen Engeln auf einer goldenen Kugel vom Himmel herab, um die Menschheit zu richten. Die neue Erde ist durchsichtig wie Glas, von einer viel helleren Sonne, einem viel helleren Mond beschienen, mit unbekannten Farben usw. Ganz Licht, erscheint Christus, an den der Ekstatiker die Bitte richtet, seine Mutter nicht wie alle Seelen sonst in Form von Feuerfunken, sondern in leiblicher Gestalt sehen zu dürfen, da sie kurz nach seiner Geburt verstorben und ihm also unbekannt war. Gott lehnt zunächst ab, läßt sich aber schließlich erweichen: Engelbrecht darf in seinem Namen (!) den Befehl zur Auferstehung der Toten geben. Die Gräber tun sich also auf, die Leiber der Verstorbenen erscheinen klar wie Kristall, ähnlich dem verklärten Leib Christi. „Da kannte ich auch alsobald meine Mutter... und ich sahe da, wie gleich und ähnlich ich ihr sahe." Dann wendet sich die Schilderung den Wundern der neuen Welt zu, und der Seher erhält den Auftrag, davon den sündigen Menschen zu berichten und sie zur Buße zu ermahnen. Jesus verkündet: „Ich will dir auf dem Fuß nachfolgen, und will bald kommen, und mit der gottlosen Welt ein Ende machen."[409]

---

407 Arnold, Unpartheyische Kirchen= und Ketzer=Historie III, S. 217 ff.; PRE 5, S. 372; Neue Deutsche Biographie 4, S. 511.

408 Der Teutsche Swedenburg: oder: Hans Engelbrechts außerordentliche Aussichten in die Ewigkeit..., Amsterdam 1783, S. 374 ff.

409 Ebd., S. 386.

Wie so viele Mystikervisionen des Mittelalters ist auch diese mit einer ausführlichen Exegese versehen, in der u. a. immer wieder die Gelehrten angegriffen werden, die über Gott disputieren, aber keine Liebe im Herzen haben. Leicht sind darin jene Prediger zu erkennen, von denen Engelbrecht als Phantast oder Besessener verunglimpft worden war. Der Kern aber ist: Der harmlose Wunsch nach dem Aussehen der ungekannten Mutter führt zu seiner Erfüllung mittels einer privaten Vorwegnahme des Jüngsten Gerichts. Indem Christus danach sein baldiges Erscheinen ankündigt, wird die Vision auf die nächste Zukunft hin aktualisiert – das Weltende ist in Kürze zu erwarten.

Betrachten wir die verallgemeinernde psychoanalytische Lesart: „alle Untergangsphantasien implizieren die Rettung aus einer Ohnmachtssituation“, sei es durch Sühne und Verzeihung, durch Bewahrung einer Objektbeziehung, durch die Zerstörung der bösen Objekte einschließlich der negativen Selbstanteile,[410] so wäre auch dies im Sinne von Wunscherfüllungen. Jedenfalls verkörpern die Endzeit-Phantasien oft die Überlegenheitsphantasien der faktisch Unterlegenen und gesellschaftlich Marginalisierten, wie mehr als deutlich bei den jüdischen und frühchristlichen Apokalyptikern oder bei den überall im Reich von den geistlichen und weltlichen Obrigkeiten verfolgten und vernichteten Wiedertäufern. Der historische Verlauf zeigt regelmäßig, wie sehr diese Phantasien aus Selbsttäuschung und Täuschung entstanden sind.

Macht

Eindeutig dominierend erscheint die Pflege apokalyptischer Vorstellungen jedenfalls begründet im unbewußten oder bewußten Machtstreben der ‘Hüter der Traditionen’. Dafür sind aus den europäischen und außereuropäischen Sekten des 20. Jahrhunderts so viele Beispiele in den Medien veröffentlicht worden, daß es trivial erscheinen dürfte, Belege anzusammeln. Begnügen wir uns mit einem

410 Henseler, Heinz: Untergangsphantasien – Psychoanalytische Überlegungen, in: Cremerius (Hrsg.), Untergangsphantasien, S. 27-40, 39.

einzigen, weniger bekannten aus der ersten Hälfte des 18. Jahrhunderts. Die pietistische Sekte von Ronsdorf (bei Wuppertal)[411] ging auf einen Handwerker Elias Eller zurück, der in sich „die Fülle der Gottheit" verspürte und sich als Prophet gerierte. Obwohl verheiratet, verführte er eines der schönsten Mädchen unter den religiös Ergriffenen, die Ekstatikerin Anna von Büchel (van Buchel), sie heiratet er bald nach dem Tod seiner Frau. Anna verkündete, sie sei die Zionsmutter und das apokalyptische Weib und werde den neuen Messias gebären, dessen Vater Gott selbst sei. Allerdings war das erste Kind eine Tochter, der folgende, nach *Psalm* 68,28 Benjamin getaufte Sohn starb einjährig; auch ihre Prophezeiung, das tausendjährige Reich werde 1730 beginnen, erfüllte sich nicht. Trotzdem blieb die wirtschaftlich erfolgreiche Gemeinde bis nach Ellers Tod bestehen.

Dieser führte in seiner Eigenschaft sowohl als Sektenoberhaupt (Prophet) als auch Bürgermeister ein autokratisches Regiment und ließ sich wie ein Heiliger verehren, z. B. mußten alle Häuser in Ronsdorf mit ihrer Vorderseite nach Zion, d. h. seinem Haus, orientiert sein. Er konnte nicht zuletzt aufgrund seines Reichtums durch die erste Ehe sowohl aller kulinarischen Genüsse habhaft werden, als auch seine erotischen Wünsche erfüllen (obwohl dies alles aufgrund der nahenden Endzeit hätte keine Rolle spielen dürfen). Insofern kann Eller als typisches Beispiel der Vorteilsnahme durch Religion gelten.[412] Das auch hier manifeste Muster, mittels apokalyptischer Verkündigungen Macht über die Gemeindemitglieder, Erfüllung sexueller Wünsche und genußvolles Leben zu erlangen, wiederholt sich durch die Jahrhunderte ebenso wie durch die Religionen.

Nicht in diesen Zusammenhang gehört jedoch die Rolle, die Erotik bei einigen Sekten in anderer Hinsicht spielte, am bekanntesten wohl die Methode der Kinder Gottes, um Adepten – und Geld – mit

411 PRE 17, S. 131-136.

412 Dazu vgl. grundsätzlich Andreas Kilian, Die Logik der Nicht-Logik. Wie Wissenschaft das Phänomen Religion heute biologisch definieren kann, Aschaffenburg 2010.

religiöser Prostitution zu werben.[413] Angesichts ihres Glaubens, zur letzten Generation zu gehören, sollten die der Bewegung angehörigen Frauen sich als erotische Köder anbieten, um gemäß Jesu Befehl „Menschen zu fischen“ (Mk 1,17). Was sie auch jahrelang mit Erfolg taten, natürlich von den etablierten Kirchen mit ihrer sexualfeindlichen Moral heftigst verdammt. Auf diese Weise sollen über 200.000 Männer evangelisiert und vor der Hölle gerettet worden sein. Diese zielgerichtete, bewußte Funktionalisierung der Sexualität schließt, was diese Frauen betrifft, eine Deutung im Sinne Freuds eher aus, es sei denn über den Umweg, dies sei nur möglich gewesen, da ihre unbewußten triebhaften Wünsche einen solchen ‘Einsatz’ erst ermöglicht hätten.

Besonders wird mit dem immer wieder auftauchenden Argument der ‘Rettung in letzter Minute’ Macht auf gesellschaftlicher bzw. politischer Ebene angestrebt. Dies sei für die Gegenwart skizziert hinsichtlich des bekanntesten aller Schreckensszenarien: Es lautet, das Ende der Welt komme aufgrund der Klimaerwärmung, die eine Begleiterscheinung der industriellen Produktion sei, was nur zu stoppen wäre, wenn alle Macht den ‘grünen’ Heilsbringern[414] in die Hände gegeben werde. Die politische Funktionalisierung dieser ‘Prophezeiung’ wird besonders klar dadurch, daß so getan wird, als ob es die – mehrfach zugegebenen – heftigen Fälschungen zur Dramatisierung der sensiblen Daten nicht gäbe (Stichwort „Climategate“),[415] als ob nicht wissenschaftliche Gegenstimmen systema-

---

413 http://en.wikipedia.org/wiki/Flirty_Fishing.

414 Damit sind hier ausdrücklich alle Vertreter dieser Ideologie gemeint, welcher politischen Couleur sie immer angehören mögen, also auch entsprechender Fraktionen innerhalb bei anderen Fragen gegen die Grünen opponierender Parteien. ‘Grün’ wird hier als Chiffre im Sinne Jaspers für einen bestimmten Aspekt einer politischen Ideologie gebraucht; andere üblicherweise mit dieser Bezeichnung in der Politik verbundene – und ausdrücklich zu befürwortende – Positionen, wie namentlich das Eintreten für Menschen- und Tierrechte, sind keineswegs mitgemeint.

415 http://www.spiegel.de/spiegel/0,1518,686437,00.html.

tisch unterdrückt würden,[416] als ob in der historisch überschaubaren Geschichte nicht immer wieder mit den heutigen vergleichbare – reversible! – Klimaschwankungen nachweisbar wären.[417] Und dies in vorindustriellen Epochen, in denen eine Beeinflussung der Umwelt durch den Menschen noch gar nicht möglich war. Bewußt wird von 'grünen' Politikern nicht thematisiert, ob nicht ein Syndrom außerhumaner Prozesse wie Sonnen(flecken)aktivität, Schwankungen der Erdbahnparameter, Erdplattenbewegung, Vulkanismus etc. ungemein gravierendere Einflüsse auf das Klima haben, als Treibgase und andere menschengemachte Faktoren. Zumal diese Faktoren völlig unabhängig von irgendeinem menschlichen Tun bleiben, was niemandem eine Möglichkeit der Einflußnahme, sprich der Machtausübung, gewährt. Der Zusammenhang zwischen Erkenntnis und Interesse ist kaum zu übersehen, bedenkt man weiter die gut honorierte Stellung der als Regierungsberater Tätigen, die sich als regelrechte „Gewalt im Staate" sehen,[418] und die Gewinne, die durch den ökologischen Gesamtumbau der Industrie zu lukrieren sind.

Man könnte einwenden: Es fehlt dem Historiker zumeist die Fachausbildung, um die divergenten klimatologischen Thesen beurteilen zu können. So ist es in der Tat. Es fehlt ihm aber nicht die Kompetenz festzustellen, daß die Daten aus der historisch nachprüfbaren Periode nicht für die Annahme der primär menschengemachten Erwärmung sprechen,[419] und es fehlt ihm auch nicht die Kompetenz, sich einen Reim auf die Unterdrückung von Gegenthesen einer qualifizierten Minorität zu machen oder Konsequenzen aus den angesprochenen Fälschungen abzuleiten. Niemand wird in Zweifel ziehen, daß es durch industrielle Nebenprodukte zu Schäden kommen kann, daß diese aber die primär Verantwortlichen für eine Erwärmung seien, wäre nur bei einwand- und fälschungsfreier

416 Z. B. http://vademecum.brandenberger.eu/themen/klima/bio.php.

417 Behringer, Wolfgang: Kulturgeschichte des Klimas: Von der Eiszeit bis zur globalen Erwärmung, München 2011.

418 http://www.spiegel.de/wissenschaft/natur/wbgu-neue-umwelt-politikberater-der-bundesregierung-berufen-a-897730.html.

419 Behringer, Kulturgeschichte des Klimas (wie Anm. 417).

Widerlegung aller übrigen möglichen Ursachen überzeugend. Reine Spekulation ist die Voraussage des Weltuntergangs durch diese Veränderung – es gab in der Erdgeschichte bereits wesentlich gravierendere ohne Apokalypse.

In der historischen Betrachtung geht es aber um etwas anderes, nämlich die Parallelität der traditionell-religiösen und aktuell-ökologischen Strukturen, die leicht aufzuzeigen ist.[420] Ich sage also nichts zum möglichen Wahrheitsgehalt dieser Weltbilder, sondern analysiere nur ihr Funktionieren in der Gesellschaft. Der Urheber der Katastrophe ist nicht mehr ein aus seiner Transzendenz wirkender Gott, sondern der innerweltlich wirkende Mensch selber, doch die Forderungen der heutigen Ökoparteien stellen genaue Kopien der religiösen Askese-Vorschriften dar:

- Entwicklung von Umweltsensibilität in Analogie zu Reueerweckung und Zerknirschung;
- Verzicht auf Technik, Konsum (Treibstoff, eingeführte Lebensmittel) und Lebensqualität (Auto) in Analogie zu Fasten und Kasteiungen;
- Teilnahme an Prostestdemonstrationen und Blockaden in Analogie zu Wallfahrten und Prozessionen;
- Parteispenden und Kauf von Bio-Produkten in Analogie zum Zehnt, Beichtpfennig und Ablaßbriefkauf;
- Parteieintritt in Analogie zum Eintritt in eine Bruderschaft;
- politische Propaganda in Analogie zur Missionspredigt etc.

Die wort- und bildreiche Predigt des Weltuntergangs in Gestalt des Jüngsten Gerichts zahlte sich fraglos für das ökonomische System Amtskirche materiell aus, wie die wort- und bildreiche Propagierung des Weltuntergangs in Gestalt der ökologischen Apokalypse sich fraglos für das ökonomische System der Bewegungen und Parteien auszahlt, die darin ihr Hauptthema sehen – sowie für die dabei eine zentrale Rolle spielenden Medien.

---

420 Einen ganz anderen Vergleich der Strukturelemente von biblischer Apokalypse und Umweltapokalypse bietet Keller, Reiner: Das Ende der Welt (wie wir sie kannten), in: Bluhm (Hrsg.), Untergangsszenarien, S. 253-275, 261.

Engel, Tod, Teufel und die personifizierte Gottesfurcht wirken auch gemäß protestantischer Lehre zusammen, um die Seelen in Angst vor der Hölle zu halten, Deckenmalerei, 1697 (Kirche von Halla, Gotland)

Es ist hell, daß jedesmal die gleichen Mittel angewandt wurden bzw. werden: Einschüchterung, d. h. Angsterzeugung, im Volk durch Erweckung von Gewissensbissen, wobei im Christentum das eigentlich Erschreckende nicht das immerhin erschütternd genug dargestellte Weltende ist, sondern das danach kommende ewige Leben in der Hölle. Säkularisiert tritt an diese Stelle das Leben in einer von Umweltschäden und Artenverminderung belasteten Welt. Das Erlösungsversprechen ist im religiösen Bereich auf eine gute Zukunft der Gläubigen in der Transzendenz bezogen, im politischen Bereich auf eine gute Zukunft aller Menschen innerhalb der Welt.

Auch die weiteren Ähnlichkeiten lassen sich leicht aufzeigen, z. B. steht das demonstrativ kommunizierte Gefühl moralischer Superiorität bei allen Ökoaktivisten in Analogie zu dem persönlicher Heiligkeit bei den Virtuosen der Religion, die Verwerfung anderer

Weltbilder als verantwortungslos in Analogie zur Verwerfung anderer Glaubensformen als häretisch usf.

Wie edel und uneigennützig auch immer die Selbstbilder im Bewußtsein der Geistlichkeit und der Parteifunktionäre sein mochten und sein mögen, wie menschenfreundlich ihre wissentlichen Absichten, faktisch führen alle von ihnen gepredigten Verhaltensweisen zu einem Macht- und Besitzzuwachs der von ihnen vertretenen Gruppe. Es bedürfte großer Naivität anzunehmen, daß dies nur ein unbewußter oder gar unerwünschter Nebeneffekt wäre und kein zumindest implizit angestrebter Zweck ihrer Aktivitäten. Wenn in der Presse Begriffe wie geistiger Ökoterrorismus oder Ökodiktatur fallen, so drücken sie eine nicht unbegründete Furcht vor Gleichschaltung in diese Richtung aus, die in logischer Konsequenz mit einer Alleinregierung der zivilisations- und technikkritischen Politiker zu erwarten wäre (was natürlich kein Spezifikum dieser Richtung darstellt, sondern mutatis mutandis von jeder siegreichen Ideologie oder Religion praktiziert wird). Es ist nochmals an die Tiefenpsychologie Alfred Adlers zu erinnern, der Machtstreben als primären sozialen Impuls des Menschen hinreichend nachgewiesen hat.

Solcher Ökoterrorismus basiert nicht nur auf einer Realangst, sondern auch auf unbewußten Schuldgefühlen und Strafphantasien.[421] Diese lassen sich auch deutlich in „pädagogischen“ Kinderbuchtexten ausmachen, die dieser Zielgruppe tatsächlich den Omnizid möglichst grausam an die Wand malen, natürlich „in bester Absicht“, etwa vor den Gefahren eines Atomkriegs zu warnen (z.B. Gudrun Pausewang, *Die letzten Kinder von Schewenborn*, in deutschen Schulen anerkannter Lesestoff).

Bemerkenswert ist, daß, genauso wie sich manche Endzeitsekten bis heute gehalten haben, obwohl mehrfach die von ihnen mit größter Emphase verkündeten Untergangstermine schlichtweg nicht eingetreten sind (Zeugen Jehovas!), auch die Vorhersagen der Öko-Propheten wie gesicherte Wahrheiten geglaubt werden, obwohl offenbar weder das mit solcher Emphase angekündigte Waldsterben

421 Burtscher, Von Endzeitvorstellungen und Katastrophenphantasien, S. 66.

stattgefunden hat, noch bislang ein Nachweis erhöhter Erkrankungen durch das Ozon-Loch existiert. Gerade das nicht eingetretene Waldsterben zeigt, zu einem wie hohen Grade die entsprechenden Befürchtungen manipuliert und die Katastrophen-Voraussagen wissenschaftlich unseriös waren.[422] Katastrophismus scheint aber, vielleicht sogar vorrangig in der journalistischen Praktik, derartig anziehend zu sein, daß man ihn sogar in einem Medium, das sonst als Hort objektiver Information wirkt, wie *Meyers Enzyklopädisches Lexikon*, als seitenlange tendenziöse Suada unter dem Titel „Umwelt. Wie lange leben wir noch?“ den Lesern präsentiert hat.[423]

Angst und Furcht

Furcht und Hoffnung sind, wie schon vielfach gezeigt, Grundelemente der Apokalyptik; ihr Wesen gab Goethe im II. Teil des Faustdramas mit „zwei der größten Menschenfeinde“ (5441) an. Warum? Weil beide zum größten Teil, wenn nicht gänzlich, im Illusionären beheimatet sind. Es ist daher Aufgabe der Klugheit, sie in Ketten zu legen und von der Gemeinde fernzuhalten.

Wenn man die Epochen der Christentumsgeschichte überblickt, so erscheinen, auf das Weltende bezogen, Furcht und Hoffnung ganz ungleichmäßig verteilt: War für die frühen Gläubigen die Apokalypse eine Wunschphantasie, in der sie ihre Erhöhung und den Sturz ihrer Gegner erträumten, wurde sie nach der Etablierung dieser Religion als einzig erlaubte Staatsreligion mehr und mehr zur Bedrohung. Denn mehr und mehr wurde das Gewicht der Religion prescrite auf die Sündhaftigkeit auch aller pflichtbewußter Gläubigen gelegt, die dadurch besser manipulierbar wurden, sowie auf die Verdammnis aller Abweichler, der christlichen Schismatiker und Häretiker. Insofern erscheinen das Mittelalter und die frühe Neuzeit als Epochen betonter Weltuntergangsangst. Als diese religiöse Phantasie im Zuge der Aufklärung und Säkularisierung nur mehr

422 http://de.wikipedia.org/wiki/Waldsterben#cite_ref-ond_7-1.

423 24, 1979, S. 133-137 aus der Feder eines der Gründer der Ökologisch-Demokratischen Partei, Herbert Gruhl.

von Randgruppen weiter gepflegt wurde, die Mehrzahl der Europäer jedoch nicht mehr bewegte, traten andere Verunsicherungen an ihre Stelle: Seit Rousseau entwickelte sich die Sorge um die Natur und die Furcht vor der Technisierung der Welt, zunächst als minimale Gegenströmung zu den fortschrittsgläubigen Haupttendenzen, heute bereits ein das kulturelle Wissen wie die konkrete Politik manifest beeinflussendes Moment.

Damit verbunden ist die Verschiebung von Schuldzuweisungen: War einst Gott für alles Gute verantwortlich und der Teufel für alles Üble, so wurde es in der Romantik die Natur, und heute die Technik sowie die für sie Verantwortlichen. Es gehört zu den Grundgegebenheiten der menschlichen Psychologie, von ihm unabhängiges Geschehen immer auf Personen oder Personifikationen zurückzuführen, wie schon die Sprache verdeutlicht: Die Welle oder die Lawine verschlingt Menschen, als ob es sich um wilde Tiere mit eigenem Willen (und daher Schuldfähigkeit) handeln würde, nicht um leblose Verschiebungen auf molekularer Ebene, aus denen eben ein neues physikalisches Gleichgewicht resultiert. Über die Umwelt wird gesprochen wie über eine lebende Person, die Gefühle und Rechte hat – usf.

Ein Aspekt von zentraler Bedeutung unseres Lebens ist der der Angst, die letztlich immer Todesangst ist (es muß kaum erwähnt werden, daß, wenn wir über Angst, namentlich religiöser Couleur, zu sprechen haben, der Rekurs obligatorisch ist auf den widerspenstigen Lutheraner Sören Kierkegaard und den reformierten Pastor und praktizierenden Psychoanalytiker Oskar Pfister[424]). Psychologisch gesehen, können Ängste, deren Genese in ganz anderen Zusammenhängen stand (allgemeine Lebensängste, Sozialängste usw.), in der Form von Furcht vor dem Weltuntergang und Endgericht konkretisiert werden.[425] Somit sind sie aus dem Unbewußten ins Bewußte verschoben, auf etwas Konkretes bezogen (das phobische Objekt, in diesem Fall die Endkatastrophe) und also leichter bearbeitbar.

424 Das Christentum und die Angst, Frankfurt 2/1975.

425 Vgl. Mohr, Zum Verhältnis von Angst, Prophezeiung und Modell, S. 167 ff.

In der historischen Rückschau kann man konstatieren, daß in einem Teil der Fälle Realängste, wie die vor den völlig konkreten Angriffen der Türken auf Europa, mit Binnenängsten verschmolzen, die ihre Gestalt aus den Lehren der christlichen Religion bezogen.

Damit es zu Weltuntergangsphantasien kommt, kann man vielleicht generalisierend sagen, ist es nötig, daß die unbewußten existentiellen Sorgen verbunden werden entweder mit bedrohlichen Naturbeobachtungen (Astronomie...), mit ebensolchen der Zeitgeschichte (Unterdrückung...) oder mit religiösen Lehren (Sündenvergeltung...), wobei diese Momente kombiniert aufzutreten vermögen. Durch bestimmte Anlässe also aktualisiert, kann die unbewußte Integration allgemeiner Binnenängste mit solchen bewußten Faktoren ins Gigantische gesteigert werden, und es resultiert die Vorstellung des Omnizids oder Weltuntergangs.

Noch ein Wort zum bewußten, rationalen Anteil dieses Phänomens: Wir haben den Macht-Aspekt besonders hervorgehoben, da er in der bisherigen Diskussion so gut wie unbelichtet geblieben ist oder absichtlich ausgeblendet wurde. Dennoch ist es unbestreitbar aufrichtige Besorgtheit, die einen Teil der Beobachter der gegenwärtigen Entwicklung eine „ökologischen Apokalypse“[426] konstatieren läßt, der sich die Menschheit aufgrund der rücksichtslosen Ausbeutung ihrer Umwelt nähere, Ausbeutung, für die es ja in der Tat genügend horrende Beispiele gibt. Diese Besorgtheit, die dem bewußten Denken und Urteilen entstammt, also dem Sekundärprozeß, heißt im Selbstverständnis: Nötig ist die Warnung der Betroffenen vor dem nahen Ende mit dem Ziel, sie mögen die verbleibende Zeit so nutzen, daß sie die Katastrophe verhindern können. Die nämliche Struktur liegt den religiösen Katastrophenwarnung zugrunde: ... daß sie beim Weltgericht nicht zur Hölle verdammt würden. Ehrliche Betroffenheit bei den das Volk führenden und belehrenden Personen ist auch in den frommen Epochen der Geschichte mehrheitlich anzunehmen: Im Mittelalter war die Verkündung des Weltgerichts in den seltensten Fällen Ausfluß jener Handlung, die die Reformatoren und

426 Harrer, Friedrich: Die ökologische Apokalypse, in: Jahrbuch der Oswald von Wolkenstein Gesellschaft 13, 2001, S. 127-138.

Aufklärer 'Priesterbetrug' genannt hätten. Deshalb konnte die Verbreitung geglaubter Weltuntergangsprophezeiungen durchaus mit Empathie – christlich: mit dem Gebot zur Nächstenliebe – begründet werden. Das „bald" der *Apokalypse* impliziert eine Dringlichkeit, die zu sofortigem Entscheid und Handeln auffordert. „...Verhaltenskorrektur, Durchhalten, Festhalten am Erreichten, Ermutigung zu Leiden und Martyrium, Verteidigung des anvertrauten Gutes und Appell zu innerer Geschlossenheit laufen in ihrer Gesamtheit auf die Herstellung und Konsolidierung der neuen Gemeinschaft hinaus".[427] Sei es einer religiösen, sei es einer politischen.

Gruppenpsychologie

Wir-Gruppen neigen prinzipiell zur Selbstidealisierung und Abwertung der nicht dazu gehörigen Menschen. Das ältere Christentum war eine klar dualistisch strukturierte Religion: Kampf von Gut und Böse, Gott und Teufel, Christen und Heiden, Orthodoxen und Häretikern u.a.m. Während die Großkirchen diese Weltsicht in ihren Lehrverkündigungen seit dem 18. Jahrhundert mehr und mehr zurückdrängten, um nicht ganz abseits vom modernen Toleranzgedanken zu stehen, konservieren radikale christliche Sekten diese Auffassung der Welt bis heute. In säkularisierter Form lebt sie auch in der Politik weiter, wie täglich aggressive Äußerungen ihrer Vertreter jeder Couleur gegen die anderen zeigen. Für die Öko-Fanatiker sind natürlich alle, die in moderner Technik Positives sehen, Sündenböcke der von ihnen evozierten Weltkatastrophen.

Diese Außenstehenden werden in der kollektiven Phantasie der Frommen regelmäßig zum Untergang und zu schauerlichen Höllenqualen verurteilt, ein Motiv, das sich von der *Apokalypse* bis zu den heutigen Sekten durchzieht; die Kinder Gottes (Familie der Liebe)

427 Erlemann, Endzeiterwartungen im frühen Christentum, S. 133 f.

z. B. unterscheiden in diesem Sinne „Bergmenschen“ – sie selbst – von „Talschurken“ – alle übrigen.[428]

Entscheidend ist immer die durch den charismatischen Führer propagierte Lehre, der sich – im westlichen Kulturkreis – seinerseits auf eine als Autorität geltende Schrift, nämlich die Offenbarung Gottes an Johannes, beruft. Das Individuum fühlt sich von eigenem Denken und eigener Verantwortlichkeit entlastet, es läßt also eine Regression in ein kindliches Verhaltensmodell zu, indem es gehorsam und unkritisch die wesentlichen Entscheidungen an eine Autorität, eine Vater-Imago, delegiert (eine solche lag auch der mittelalterlichen Vorstellung vom Weltenherrscher der Endzeit zugrunde, basierend auf der außerbiblischen Offenbarung einer Prophetenschrift, jedoch nie in die Praxis umgesetzt). Es kann auch eigene Destruktivität, Auto- und Heteroaggressivität projiziert werden: Sie wird an den Führer delegiert, was das eigene Gewissen entlastet, vielleicht sogar ausschaltet.

Nicht selten wird in diesem Zusammenhang auf eine direkte Offenbarung an den Führer selbst rekurriert, eine Vision, Erleuchtung oder Einsprache. So mehrfach von Jan van Leyden überliefert, der es unmittelbar von Gott ‘wußte’, daß nun der gewählte Stadtrat von einem nur von ihm zu benennenden Rat der zwölf Ältesten abzulösen sei, oder daß die Vielweiberei nach dem Vorbild der Propheten des Alten Bundes einzuführen sei, weil dies von Gott verlangt würde. Regelmäßig beruht der Erfolg solcher Propheten auch auf ihrer Appellation an die Gefühlswelt und die Aktualisierung sowie Vereinfachung religiöser Lehrinhalte. Die kommunikative Struktur ist vergleichbar mit der einer Kriegerschar, die ihrem Anführer folgt – und tatsächlich sahen sich ja die chiliastischen Sekten zumeist als im Kampf gegen alle stehend, die ihren Glauben nicht teilten.

Es ist an dieser Stelle darauf hinzuweisen, daß nicht nur die Angehörigen von Sekten mit charismatischer Führung ihre Lebensgestaltung einer fremden Autorität überlassen, sondern dies die Struktur nicht nur des Katholizismus, sondern des Monotheismus überhaupt

428 Valentin, Das Ende ist nahe, S. 49.

ist. Für gläubige Katholiken gibt es in jeder Frage eine unfehlbare Autorität auf Erden, den Heiligen Vater in Rom bzw. seine lokalen Stellvertreter, den Bischof oder Pfarrer. Hier ist an die Stelle des persönlichen Charismas die Amtsheiligkeit als Garant getreten. Ähnlich aber weniger deutlich die kollektive Autorität der Synoden, Senate, Spruchkollegien und Kirchenräte der Protestanten.

Gläubige Monotheisten anderer Richtungen können auf diese zwischengeschalteten Instanzen verzichten, wenn sie sich, in ihrer Sprache gesagt, „geborgen“ fühlen, indem sie alles Gute und Schlechte in ihrem Leben in stumpfer Hingabe dem Herrn direkt zuschreiben, ohne es zu hinterfragen: „Der HERR hat's gegeben, der HERR hat's genommen; der Name des HERRN sei gelobt!“ (Hiob 1,21). So lehrt es der von Gott unmittelbar inspirierte heilige Text. Selbständige Reflexion und Eigenverantwortung sind somit überflüssig – Kismet. Das ideologische Zauberwort, das eine solche Haltung zu einem Positivum, zu einer Tugend erklärt, heißt Demut. Daß dieses Ideal der jeweiligen Hierarchie wunderbar zur Machtausübung entgegenkommt, wird entweder nicht begriffen oder nicht zugegeben.

Inwieweit der Erzeugung von Schuldgefühlen durch den Führer – genauso wie in den monotheistischen Religionen mit ihren Sündenverzeichnissen, Beichten, „mea culpa“-Gebeten usw. – auch in den chiliastischen Sekten einige Bedeutung zukommt, wie dies als ein besonderer Zug von sektenähnlichen Gruppen überhaupt gilt,[429] lassen wir hier dahingestellt. Vordringlich ist dieses Moment in den hier behandelten Fällen hinsichtlich ihrer Apokalyptik kaum, es sei denn, man nimmt wieder die Projektion eigener negativer Anteile auf die Gegner an.

Wie schon angedeutet, erscheint es von besonderer Wichtigkeit, sich zu vergegenwärtigen, daß Religion – im Unterschied zu Philosophie – primär nicht das logische Denken anspricht, sondern die

429 Jougla, Jean-P.: Le rôle de la culpabilité dans la manipulation mentale sectaire, in: La culpabilité. Actes des XXèmes journées d'histoire du droit, hrsg. von Jacqueline Hoareau-Dodinau und Pascal Texier, Limoges 2001, S. 203-213.

Gefühlswelt. Die Jenseitsreligionen bieten an, das Gefühl der Todesangst zu besänftigen, indem sie ein Weiterleben in einer anderen Welt als sicher darstellen, sie erregen auch die Hoffnung auf die Überwindung aller irdischen Leiden in einem superlativisch ins Positive gesteigerten Paradies. Diese emotionalen Effekte sind offenbar für viele Menschen wesentlich mehr wert als rational gewonnene Erkenntnis. Wer das „sacrificium intellectus“ nicht ganz schafft, flüchtet sich in die nicht minder simple Annahme der ‘doppelten Wahrheit’, nämlich daß man die Welt einerseits immanent aufgrund von Erfahrung und Vernunft betrachten könne und andererseits supranaturalistisch mit den Augen des Glaubens. Es wird nicht zugegeben, daß der Satz vom Entweder-Oder gültig sei oder daß die krassen Unverträglichkeiten zwischen diesen beiden Sichtweisen zur Verwerfung einer von ihnen führen *müsse.*[430] Daher wird auf die vernünftige Überprüfung der religiösen Lehren verzichtet und stattdessen eine Autorität anerkannt (Worte eines Propheten, Heilige Schriften). Daß diese unmittelbar von Gott stamme, wird unkritisch akzeptiert, teils aus intellektuellem Unvermögen, teils aus dem Bestreben, die emotionelle Entlastung nicht durch etwaige Einsprüche der Ratio zu gefährden.

Aus der Sicht der apokalyptischen Sekten waren ihre Einstellungen und Handlungen sicher als praktizierte Emanzipation verstanden worden, als antinomistische Lösung aus den Zwängen der kirchlichen und staatlichen Obrigkeiten. Gerade die Naherwartung machte es möglich, den Autoritätsanspruch der etablierten Strukturen zu leugnen – denn bald würde die Macht der Kirche und des Staates ohnehin durch das Reich Gottes liquidiert sein. Daher wohl auch die des öfteren zu bemerkende nur geringe Furcht vor den Sanktionen der machthabenden Institutionen, daher das Festhalten an den eigenen Ideen, auch wo sie zu Gefängnis und Folter führten (Gerard von Borgo San Donnino, Münzer, Frau von Buttlar ...).

Andererseits sah man sich aber immer wieder gezwungen, beim Ausbleiben des prophezeiten Gottesreiches in dieser Welt weiterzu-

430 Dinzelbacher, Die doppelte Wahrheit heute.

existieren, sei es, indem man sich unter Aufgabe der chiliastischen Ideale anpaßte, sei es, daß man die eschatologische Phantasie selbst auf Erden zu verwirklichen suchte – wodurch sie teilweise säkularisiert und zu einer gelebten Utopie wurde. Dies ist besonders deutlich bei den frühen Christen, wo die Parousieverzögerung zur Etablierung der Kirche führte, die die charismatische und chiliastische Religiosität rasch zugunsten hierarchischer, auf 'Amtsheiligkeit' gegründeter fester Strukturen unterdrückte. Auch die Münsteraner Wiedertäufer versuchten angesichts des Ausbleibens der Endzeit, in der von ihnen befehligten Stadt eine neue Gesellschaft zu etablieren, einen utopischen Stadtstaat. Man erinnert sich, daß knapp zwanzig Jahre zuvor Thomas Morus seinen Roman *Utopia* verfaßt hatte.

Wie entsteht der Zusammenhalt solcher Gruppen? Zum Teil so wie sonst auch, durch persönliche Bindungen, gemeinsame Überzeugungen, Ziele usw. Dazu kommt Angst: Es läßt sich z.B. bei den Münsteraner Wiedertäufern bis in die letzten Einzelheiten studieren, wie Jan von Leiden mit seinen engsten Helfershelfern durch laufende Hinrichtungen ein Klima der Angst erzeugte, das jene, die nicht hinreichend von seinem charismatischen Auftreten beeindruckt waren – und das waren nicht ganz wenige – jedenfalls zum Mitmachen zwang. Ähnlich berichtet ein Adept der Sonnentempler: „Jo hielt uns in einer angespannten Atmosphäre drohender Gefahr. Er verstärkte den Druck immer mehr. 'An dem Tag, an dem die Meister mir grünes Licht signalisieren', sagte er immer wieder, 'gehen wir fort.'“ [431] Und zwar zu einem bestimmten kosmischen Ziel, das nur die (phantasierten) Meister kannten, und wo allein das Weltende überlebt werden konnte.

Angezielt wird von den Führern also eine Gleichschaltung der Gruppen-Mitglieder vermittels einer kollektiven Rettungsphantasie, die als Überlebensideologie in Erscheinung tritt (ein Überleben in einer Gottesstadt, im Bunker, Rettung auf eine Insel oder gar einen anderen Planeten). Derartige Ideologien aus der Welt der Ideen in

431 Mayer, Jean-François, Tödliche Hoffnung. Endzeiterwartung im Orden des Sonnentempels, in: Gasper / Valentin (Hrsg.), Endzeitfieber, S. 144 f.

die des konkreten Lebensvollzuges zu übertragen, sie zur Basis neuer sozialer Experimente zu machen, ist in der Geschichte immer wieder versucht worden. Die Resultate reichen vom vollkommenen Scheitern (Münster) bis zur Etablierung andauernder Strukturen. Letzteres ist allerdings nur möglich unter Aufgabe der ursprünglichen Leitidee vom bevorstehenden Hereinbrechen des Weltuntergangs (Christentum) oder ihrer permanenten Verschiebung (Wachturm-Gesellschaft). Diese Uminterpretierungen können in der Regel nur Generationen vollziehen, die nach dem Tod der charismatischen Gründergestalten die Gruppe der Gruppe wegen, und nicht der Idee wegen, weiterführen (mag ihnen dies auch nicht bewußt werden und die Idee nach wie vor die Ideologie definieren).

Die so oft erfolgte Radikalisierung besonders der endzeitlich bewegten Sekten erklärt sich wohl aus ihrer teilweise selbst gesuchten, teilweise von der Umwelt aufgezwungenen sozialen Isolierung, die im Gegensatz zu ihren fast stets vorhandenen Missionsbestrebungen steht. Derartige Gruppen tendieren einerseits dazu, sich aus der Gesellschaft auszugliedern, erwarten sie doch exklusiv für sich die Rettung bei der allgemeinen Katastrophe, andererseits dazu, ihre Zahl, also die der zu Rettenden, zu vergrößern.

Durch die in der Predigt, Meditation und Diskussion erfolgte Vergewisserung über die speziellen eigenen Ideen, ebenso durch die Befolgung gemeinsamer Riten intensiviert sich das elitäre Gemeinschaftsgefühl. Wir sahen, wie schwer oder unmöglich es einzelnen Mitgliedern wurde, eine solche Glaubensgemeinschaft in einer feindlichen Umwelt zu verlassen, auch wo sie zu körperlichen und seelischen Verletzungen führte: Man denke an die vergleichsweise vielen Frauen, die in der Buttlarschen Rotte durch brutale Verstümmelung der Gebärmutter unfruchtbar gemacht wurden und dennoch dabei blieben, oder den Zusammenhalt der Frommen von Wildisbuch auch angesichts blutiger Gewalttaten und Mord.

Was die erwähnten Anstrengungen zur Mission betrifft, so hatten sie wenigstens zwei Gründe: einerseits bedarf jede Herrschaft – also auch die von Sektengründern, die stets mehr Macht über mehr Menschen anstreben – der Untertanen. Dies ist freilich der in der Regel nicht bewußte Grund für missionarische Aktivitäten. Bewußt und formuliert war bzw. ist vielmehr das Bestreben, vor dem Ende der Welt noch einen Beitrag zu ihrer Verbesserung zu leisten, um damit das Kommen des Heilands zu beschleunigen und mehr 'auserwählte' Menschen vor der Katastrophe zu retten.

Kollektiver Freitod

Anders als in vorhergehenden Epochen sind in jüngerer Zeit extrem selbstzerstörerische Verhaltensweisen nicht ganz selten, denn unter den neureligiösen Gruppen greifen manche mit der Konsequenz des kollektiven Selbstmords auf Weltuntergangstraditionen zurück.[432] So am spektakulärsten 1978 die Anhänger des Peoples Temple, vielfach sozial Unterprivilegierte, die eine nukleare Apokalypse fürchteten und von denen sich 900 im Urwald von Guyana töteten, eingeschlossen ihr Haupt Jim Jones.[433] In Europa waren es die Sonnentempler, die sich 1994/97 selbst liquidierten.[434] Ihr Prophet, Luc Jouret, hatte 1987 in Genf erklärt: „Die Welt steht am Rand des Scheiterns", das durch eine gewaltige Sintflut binnen sechs Jahren eingeleitet werden würde; die Angehörigen des Ordens allerdings verfügten natürlich über die Kräfte, davonzukommen und die Welt neu zu erbauen.[435]

Wie ist das Phänomen des kollektiven Suizides zu erklären, das bei solchen apokalyptischen Gruppen zu beobachten war? Aus der Perspektive der Verhaltensforschung gesehen, gibt es bekanntlich drei Reaktionsmöglichkeiten auf Bedrohungen: Flucht oder Todstellreflex oder Angriff. Die Furcht vor einer Weltkatastrophe führte hier zur heftigsten möglichen Aggression, der gegen sich selbt.

---

432 Wessinger, Curth: New Religious Movements and Millennialism, in: Encyclopedia of Religion 10, Detroit 2005, S. 6544-6551; rein deskriptive Übersicht: Haenel, Thomas: Amok und Kollektivsuizid, München 2012.

433 http://de.wikipedia.org/wiki/Jim_Jones.

434 Mayer, Tödliche Hoffnung (wie Anm. 431), S. 131-152.

435 Ebd., S. 141, 143.

Sehr deutlich wird in den Quellen über die im kollektiven Selbstmord endenden Gemeinschaften, daß die Atmosphäre, in der sie lebten, von Elementen des präsuizidalen Syndroms geprägt war: Einengung der Wahlmöglichkeiten, Flucht in die Irrealität, Aggression.[436] Nach Freud wäre der Selbstmord auch ein Akt der Selbstbestrafung (für wirklich Getanes oder nur Gewünschtes) und würde niemand die psychische Energie, sich zu töten, finden, „der nicht dabei ein Objekt mittötet, mit dem er sich identifiziert hat, und der nicht zweitens dadurch einen Todeswunsch gegen sich selbst wendet, welcher gegen eine andere Person gerichtet war".[437] Es dürfte klar sein, daß die eigentlich Gemeinten all jene sind, die der Gruppe nicht angehören, sie kritisieren oder verspotten, mehr oder minder 'die Gesellschaft'. Laut Melanie Klein wäre die mit dem phantasierten Akt der Weltzerstörung einhergehende Selbstvernichtung sogar als ein Rettungsversuch des Ichs zu werten.[438] Nach Jung kann man die fatalen Konsequenzen eine Folge des Größenwahns nennen, eine Folge der „Befürchtung, daß die gewähnte Größe beim Zusammenstoß mit der Wirklichkeit eine Niederlage erleiden könnte".[439]

Parallelen ergeben sich zur kollektiven Neurose solcher Gruppen, wo die aggressiven Elemente jedoch auf die Außenwelt gerichtet werden.[440] Ein besonders bekanntes Beispiel hierfür lieferte die „Sekte der absoluten Wahrheit Aum",[441] die außer in Japan in den USA und in Rußland Anhänger fand, mit ihren verschiedenen Anschlägen und Morden, vor allem dem Giftgas-Attentat in der Tokioter U-Bahn 1995. Religiös motiviert wurde dieses Agieren damit, daß der bevorstehende Untergang der Menschheit beschleunigt und die Seelen befreit werden sollten, aber auch mit einem Kampf gegen

436 Ringel, Erwin: Der Selbstmord. Abschluß einer krankhaften Entwicklung, Wien 1953.

437 Freud, Studienausgabe VII, Frankfurt 2000, S. 171 f. (Über die Psychogenese eines Falles von weiblicher Homosexualität).

438 Metzner, Persönlichkeitszerstörung und Weltuntergang, S. 216.

439 Zit. in ebd., S. 237.

440 Ebd., S. 211.

441 http://www.zeit.de/gesellschaft/zeitgeschehen/2011-11/aum-sekte-geschichte/seite-2.

die Regierung. Man kann hier von „Eschatologen der Tat“ sprechen, die die End-Katastrophe nicht nur verbal heraufbeschwören, sondern sie aktiv herbeiführen.[442]

Sicher ist, daß Weltuntergangsängste Teil einer wahnhaften psychischen Erkrankung sein können, ein bekanntes Beispiel ist der hochrangige Jurist Schreber, über den u. a. Freud eine Studie verfaßte.[443] Dieser glaubte, die gesamte Sternenwelt löse sich in einer eben im Gange befindlichen Katastrophe auf, die Menschheit sei schon untergegangen, bis auf ihn selber, der durch eine Verwandlung zum Weib Gott bestricken und somit die Welt erlösen werde. Die anderen Patienten der Heilanstalt, die ihn durch Jahre beherbergte, seien nur flüchtiger Schein. Dabei spielten für ihn damals in den Naturwissenschaften diskutierte Untergangsszenarien ihre Rolle: Erdbeben und Vereisung namentlich.[444] Dieses starre Festhalten an bestimmten Wahrheiten, deren Überprüfung keinesfalls zugelassen wird, ist natürlich prinzipiell für viele religiöse Menschen besonders in den Monotheismen charakteristisch. Psychologisch erinnert es an Paranoia.[445] Daß diese Diagnose bei den meisten Weltuntergangsfanatikern zu stellen wäre, wird man annehmen dürfen.

Eine sexualpsychologische Deutung[446] greift im Prinzip wohl beim Freitod der Margarete Peter in Wildisbuch: Das selbst auferlegte Verbot geschlechtlicher Betätigung führte zur Sublimierung der latenten Energien in der oben geschilderten Weise. Die als sündig empfundenen eigenen Triebe werden als Angriffe des Satans interpretiert, der in einer Gewaltorgie bekämpft werden muß; schließlich steigert sich die Lust an der Zerstörung des eigenen als negativ emp-

---

442 Rath, Untergang als Übergang, S. 257.

443 Psychoanalytische Bemerkungen über einen autobiographisch beschriebenen Fall von Paranoia, in: Studienausgabe VII, S. 133-203.

444 Canetti, Masse und Macht, S. 496 f.

445 Páramo-Ortega, Raúl: Überlegungen zu Paranoia und Religion, in: Aufklärung und Kritik 21, 2014, S. 64-84.

446 Schroeder, Theodor, Die gekreuzigte Heilige von Wildisbuch, in: Zentralblatt für Psychoanalyse und Psychotherapie 4, 1914, S. 464-471, legte eine wenig tiefgehende Deutung in diesem Sinne vor.

fundenen 'Schattens' so weit, daß es zum Todeswunsch kommt, wobei die vom Christentum prinzipiell geforderte Identifikation mit dem Erlöser, die „Imitatio Christi", so wörtlich verstanden wird, daß Peter den Kreuzestod wählt – was einem Selbstmord gleichkommt. Ideologisch eingebettet sind diese Phantasien in die Lehre von der Wiederkunft des Herrn zum Weltgericht am letzten Tag, des Herrn, mit dem die positiven Anteile des Selbst identifiziert wurden.

Der Auslöser für die suizidale Tat scheint oft die Verzweiflung darüber zu sein, daß Gott eben nicht in die Geschichte eingreift, wie geweissagt und fest geglaubt. So wird man selbst aktiv. Man kann von Frustrationsaggression sprechen, wie sie ja die religiöse Literatur zum Weltuntergang und zur Sintflut beherrscht (bekanntes Beispiel: Die politische Unterdrückung ihres Volks durch die römischen Kaiser wurde von den jüdischen Apokalyptikern in literarischen Schöpfungen – mit Ernstcharakter! – sublimiert).

Bei den Sonnentemplern scheinen das Zusammentreffen von innerer Infragestellung mit Kritik von außen zu einer Flucht in den Suizid als spektakulärem „Transit" in eine bessere Welt geführt zu haben.[447] Eine Flucht also vor dem Zerfall ihrer Illusionen, motiviert vom Gefühl, aus einer Sache, für die man schon so viel geopfert hat, nicht mehr aussteigen zu können. Dabei wird phantasiert, nur Menschen von elitärem Charakter wären zu Derartigem in der Lage, d. h. die tatsächliche Unterlegenheit wird zu kompensieren versucht durch eine Handlung, deren Kritik man nicht mehr wird erleben können. Die Frustrationsaggression wendet sich nach innen, gegen die eigene Gruppe – ganz anders als etwa bei revolutionären Bewegungen wie den Narodniki oder heute den islamistischen Terroristen, die die Erwartung, durch ihr Tun eine Änderung der Verhältnisse herbeizuführen, nicht aufgegeben haben. Ermöglicht wird die Selbstzerstörung in christlichen Sekten durch die vorhergehende Eliminierung des Dogmas vom Freitod als Hauptsünde, das sonst die Apokalyptiker innerhalb dieser Religion stets daran gehindert hat, die letale Autoaggression zu praktizieren.

447 Mayer, Tödliche Hoffnung, S. 137 f.

Es ist übrigens evident, daß kollektive Selbsttötungen nicht immer von allen Betroffenen freiwillig vollzogen wurden. Zwang, beginnend bei psychischem Druck durch die Autorität des Anführers, der in seinen Untergang narzisstisch auch alle anderen mitnehmen will, bis hin zum Mord dürfte in den meisten Fällen mitgespielt haben.

Anlässe für die Aktivierung von Untergangsphantasien

Die Überzeugung vom nahenden Weltende kann 'kalt' durch intensives Studium der biblischen Texte erwachsen, 'heiß' durch eine visionäre Offenbarungserfahrung, aber auch durch aktuelle Naturbeobachtung. In diesem Fall werden Ereignisse der Umwelt nach einem aus der Tradition bekannten Deutungsmuster, dessen Geschichte eben mit der biblischen *Apokalypse* beginnt, interpretiert.

Es scheint aber auch wichtig festzuhalten, daß davon, jedenfalls in Europa, nie größere Kollektive wie ganze Regionen oder Völkerschaften ergriffen wurden (anders die Xosas, siehe oben, S. 107). Selbst der hypothetische 'mittelalterliche Mensch' hat nicht auf alle Naturkatastrophen und alles von ihm selbst verursachte Unheil mit apokalyptischen Assoziationen reagiert, es finden sich genug Beispiele praktischer Problembewältigung und weltimmanenter Deutung.[448] Auch existierte wohl immer eine zum jeweiligen Katastrophismus dialektische Strömung der Kritik; so erschien z. B. 1581 ein Flugblatt, in dem ironisch gefragt wurde, was denn mit dem so oft verkündeten Weltende los sei – der Letzte Tag komme einfach nicht, ob er denn unterwegs verloren gegangen sei?[449]

Andererseits gaben immer wieder Naturerscheinungen wie Kometen, Erdbeben, Invasionen von Feinden oder Schädlingen und klimatisches Unheil Anlaß, die Furcht vor dem Gericht, die durch die kirchliche Lehre und später das eigene Bibelstudium latent ent-

448 Berlioz, Jacques: Flé: Dictionnaire raisonné de l'Occident médiéval, hrsg. von J. Le Goff et al., Paris 1999, S. 407-421.

449 Delumeau, Sin and Fear, S. 529.

standen war, zu aktivieren.[450] Für die vielen Sterngläubigen wiesen auch besondere Konjunktionen am Himmel auf kommendes Unheil hin, was vom modernen Weltbild her leicht zu verlachen ist – Nestroy hat das 1833 in seinem *Lumpazivagabundus* getan –, wenn man aber der Überzeugung ist, die Natur werde im wörtlichen Sinn von Gott bewegt, wirkt dies schon plausibler.

Als z.B. im Dezember 1227 ein Sturm große Verwüstungen anrichtete, fühlte sich Walther von der Vogelweide inspiriert zu einem Aufruf, ins Heilige Land zu pilgern (wo im Tal Josaphat bei Jerusalem das Endgericht stattfinden sollte):

„Ouwê ez kumt ein wint, daz wizzet sicherlîche,
dâ von wir hoeren beide singen unde sagen:
...
starken liuten waet er diu houbet abe.
nu suln wir fliehen hin zu gotes grabe."[451]

Die Erhöhung sozialen Druckes kann ebenfalls eine Flucht in den Weltuntergangstaumel bewirken, wie dies an den ursprünglich friedvollen Wiedertäufern zu beobachten ist, deren anfängliches Anliegen nur die bibelkonforme Nachahmung der apostolischen Lebensweise war, die eben die Kindertaufe nicht kannte. Unter den blutigen Verfolgungen, die sie von Katholiken und Protestanten zu erleiden hatten, wuchs die Tendenz, sich in entlastende Endzeitphantasien zu stürzen. Bei den spontan während des Dreißigjährigen Krieges so zahlreich auftauchenden Propheten dürfte das Muster von erhöhtem Druck und apokalyptischer Reaktion ebenso deutlich sein. Wie zu erwarten, interpretierten adventistische Sekten den Ausbruch des Ersten Weltkriegs nach dem bekannten Schema.[452]

Auch nicht traditionell religiöse Phantasien wie etwa die von Zusammenhängen zwischen einem rein menschengeschaffenen Kalen-

450 Smoller, Laura: Of Earthquakes, Hail, Frogs, and Geography. Plague and the Investigation of the Apocalypse in the Later Middle Ages, in: Bynum / Freedman (Hrsg.), Last Things, S. 156-187, 316-337.

451 L 13, 12 ff. Walther von der Vogelweide: Gedichte I, hrsg. von H. Paul und S. Ranawake, Tübingen 1997, S. 60 f.

452 Case, Second Adventism, S. 286.

dersystem und dem Weltuntergang (Jahr 2000, Maya-Kalender[453]) können nur durch einen Glaubensakt, nämlich durch den mit dem Ziel der emotionalen Entlastung getätigten Verzicht auf rationale Überprüfung, erklärt werden. Denn wie sollte gerade eine bestimmte unter hunderten in den verschiedenen Kulturen erdachten Zeiteinteilungen die Geschehnisse beeinflussen, wie überhaupt eine erdachte Struktur? Eine solche ist jede Chronologie oder Periodisierung, mag sie auch astronomische Vorgänge zugrunde legen. Die extrem absurden Erwartungen von Weltkatastrophen als Konsequenzen einer Kalenderberechnung erscheinen wie Fluchten in die puerile Welt der Magie oder, fachsprachlicher formuliert, als Regressionen in die frühkindliche Denkweise. Es läßt sich nicht generalisierend sagen, unter welcher Art von Druck Menschen auf diesen Eskapismus verfallen, darüber könnte nur die biographische Erforschung einzelner Anhänger solcher Thesen eine Antwort geben.

453 Zu den Fakten vgl. http://de.wikipedia.org/wiki/Maya-Kalender.

Die großen Linien der Entwicklung

Wir wollen nun die Geschichte der Weltuntergangsphantasien präzisierend zusammenfassen: War die Erwartung einer Endkatastrophe zunächst nur eine Möglichkeit im Rahmen der natürlichen Existenz, wurde sie durch die Verbindung mit einer allmächtigen Gottheit zur Gewißheit und wurde zugleich moralisch aufgeladen: Nun erfolgte der Weltuntergang nach dem Willen Gottes und zur Strafe der Menschen. Was ursprünglich ohne Begründung durch die Natur geschah (Hochwasser, Brand) oder durch ein mythisches Wesen (Erdbeben verursachender Drache), konnte für Anhänger eines Monotheismus nur durch die ethische Entscheidung des höchsten Wesens geschehen. Greifbar ist dies z. B. in der altnordischen Literatur: „Die wachsende Macht der Gottheit äußert sich dadurch, daß sie die ursprünglich selbständigen Ragnarökmotive ihrem Ziele dienstbar macht.“[454]

Während die Antike im Weltende einen vom Menschen unabhängigen natürlichen und zyklisch wiederholten Vorgang sah, verbanden die jüdische und die christliche Religion die globale Vernichtung mit moralischen Wertungen. Ihre Vernichtungsphantasien basierten auf einer Offenbarung, die als von Gott gesetzt geglaubt wurde. Sie erscheinen in der von der christlichen Mentalität durch 2000 Jahre hindurch geprägten westlichen Kultur fast immer aus zwei Komponenten zusammengesetzt: einem aggressiven Anteil, der Untergang und Bestrafung der feindlichen oder auch nur nicht zur eigenen Gruppe gehörigen Menschheit erhofft, und einer egoistischen Wunscherfüllung, die die Fortexistenz der eigenen Gruppe in einem unvergleichlich besseren Zustand erhofft, sei es auf einer neuen Erde, sei es im Himmelreich. Für die Auswahl, wer welcher Gruppe zugeteilt wird – den Schafen oder Böcken – gilt die Zugehörigkeit zur elitären Wir-Gruppe, die sich (im Bewußtsein) durch die Erfüllung der Normen religiös-ritueller und religiös-moralischer Art konstituiert.

454 Olrik, Ragnarök, S. 457.

Die nicht religiös besetzten Untergangsängste basieren dagegen auf rational diskutierbaren Erwägungen gemäß den jeweils aktuellen naturwissenschaftlichen Kenntnissen. Eine bewußte und nachvollziehbar begründbare Realangst wird jedoch durch unbewußte Binnenängste ins Gigantische gesteigert. Ihre Propheten gehen in der Regel vom Omnizid aus, übernehmen aber gelegentlich säkularisierte Formen von Überlebenshoffnungen für – wiederum – eine kleine auserlesene Gruppe. Für die Auswahl gelten Kriterien des Informationsvorsprunges, wenn nicht vom blind wirkenden Zufall ausgegangen wird. Im Gegensatz zu den antiken und christlichen Konzeptionen endet für die nicht religiösen Weltuntergangsgläubigen die Menschheit absolut, es gibt keinen zyklischen Neubeginn und keine neue Schöpfung einer vollkommenen Welt.

Es basierten somit die Weltuntergangskonzeptionen der Antike auf naturwissenschaftlichen und geschichtsphilosophischen Theorien; mit dem Verhalten der Menschen hatten sie nicht zu tun. Wenn religiöse Elemente integriert wurden, blieben sie peripher und wurden nicht mit moralischen Wertungen verbunden. Im Judentum und Christentum dagegen wird das Weltende als Willensakt der Gottheit vorgestellt, deren Ursache im ethischen Fehlverhalten der Menschheit liege. Der Weltuntergang erscheint somit als Konsequenz menschlicher Schuld, da die Ehrfurcht vor dem höchsten Wesen es unmöglich machte, dessen Inkonsequenz zu thematisieren. Denn nach dem Schöpfungsbericht hätte die Welt und der Mensch ja gut sein müssen, aber zweimal muß die Schöpfung korrigiert werden: einmal durch die Auslöschung des ersten Menschengeschlechts (die 'Archen-Elite' ausgenommen) und den Neubeginn nach der Sintflut und zum zweiten Mal, da auch die Abkömmlinge Noahs versagen, durch die endgültige Vernichtung im apokalyptischen Feuer und die Erschaffung einer neuen, nunmehr – angeblich – wirklich vollkommenen Welt. Dies entspricht einer Reinigung, da das Ende der Welt mit dem Beginn einer neuen und ewig glücklichen Daseinsform für die wenigen Auserwählten verbunden ist. In Gestalt des Jüngsten Gerichts ist diese Erwartung fester Bestandteil des mittelalterlichen und frühneuzeitlichen Christentums in allen Varianten: Katholiken,

Evangelische, Reformierte, Anglikaner, Sekten... Das Geschichtsbild ist linear, nicht zyklisch, da es nur eine Weltschöpfung und ein Endgericht gibt. Nach diesem hört auch die Zeit auf zu existieren. Detaillierte Ausmalungen der Endzeit beruhen zum Teil auf exegetischen Spekulationen, zum Teil auf visionären Erfahrungen.

Die Neuzeit perpetuiert die Endzeitängste trotz Aufklärung und Glaubensrückgang in säkularisierter Form[455] gemäß den nunmehr aktuellen wissenschaftlichen Weltbildern. Für einige handelt es sich dabei aber nicht um Wahrscheinlichkeiten – wie es der wissenschaftlichen Sicht einzig angemessen wäre –, sondern um Dogmen eines Religionsersatzes. Die Untergangsszenarien gelten entweder ohne religiös-moralische Elemente als vom Menschen unbeeinflußbare Naturabläufe (z. B. Vereisung) oder sie werden wieder einem Fehlverhalten des Menschen zugeschrieben, jetzt nicht mehr einer Sünde wider den transzendenten Gott, sondern wider die immanente Umwelt. Die Art und Weise, wie diese personifiziert wird, macht ihre Funktion als Gottesersatz sehr deutlich. Gott aber ist tot oder ist nicht greifbar, an seine Stelle sind Naturphänomene als Verursacher des Untergangs getreten, etwa die Aktivität der Sonnenflecken, oder menschliches Fehlverhalten. „Zynisch gesagt: Selbst noch seinen Untergang nimmt der 'prometheische' Mensch selbst in die Hand.“[456] Das kann er inzwischen in der Tat durch die von ihm geschaffene Technik. Die Denkfigur des „wir sind verantwortlich“ wäre für diesen Fall richtig, nicht für außerterrestrische Einwirkungen, wohl aber für Atombomben u. ä.

Von jenen, die auch klimatische Veränderungen primär für menschengemacht halten, wird – genauso wie einst zu religiöser Umkehr durch Reue und Buße in den Riten der Kirche aufgerufen wurde – jetzt zu Reue und Buße in politischer Form bzw. ökologischem, d. h. sich selbst beschränkendem Verhalten aufgerufen. Wo Rettung in Aussicht gestellt wird, wird diese als Folge des ökologisch braven Agierens der Menschen dargestellt, wobei ausgeblendet wird, daß der größte Teil der Menschen zu Verhaltensänderungen nicht

455 Vgl. Collins, Encyclopedia of Apocalypticism III, S. 323 ff.

456 Birnbacher, Dieter: Wärmetod oder nuklearer Winter?, S. 363.

bereit ist, ja von ihm die Möglichkeit einer menschengemachten Katastrophe nicht einmal thematisiert wird (Dritte Welt). Genauso ausgeblendet werden jene naturwissenschaftlichen Daten, die dafür sprechen, daß klimatische Prozesse ganz entscheidend von außerterrestrischen Gegebenheiten abhängen, welche durch den Menschen überhaupt nicht zu beeinflussen sind.

Daß auch in dieser säkularisierten Mentalität immer wieder Sekten mit theistisch begründeten Apokalypse-Lehren auftreten können, hat wenigstens zum Teil seinen Grund, mit Erdheim formuliert, in den „Leerstellen des naturwissenschaftlichen Denkens, welche mit Restbeständen aus Religion und Mythos ausgefüllt werden mußten".[457] Aktuell werden nicht von den Großkirchen, aber in christlichen Sekten, Untergangsphantasien als zentraler Bestandteil ihres Glaubens quasi als religiöse Survivals weitergepflegt, wobei bei einigen nicht mehr Gott als der „deus ex machina" auftritt, der die auserwählte Elite rettet, sondern zeitgemäßere Surrogate wie Außerirdische und UFOs.

Generell gilt die Beobachtung von Karl Jaspers für die einzelnen Aktivierungen der stets latenten Weltuntergangserwartung: „Das nah bevorstehende Ende schien durch den Hinweis auf die bedrohliche Konvergenz verschiedener Entwicklungen sich aufzuzwingen. Die empirischen Feststellungen und mythischen Chiffren sind wohl unheimlich. Aber jedesmal ist die These vom Ende ein unkritischer Sprung vom Aspekt einer Erscheinung zum vermeintlichen Grundvorgang, von einer Orientierung im Wißbaren zum vermeintlichen Totalwissen ... Die Beziehung mehrerer Aspekte auf einen einzigen Grundvorgang bleibt Fiktion."[458] Dies hat, jedenfalls in der europäischen Neuzeit, auch der größere Teil der Gläubigen eines Volkes regelmäßig so gesehen, weswegen es nie zu einer Untergangsstimmung gekommen ist, die mehr als einen Bruchteil einer Population erfaßt hätte. Die maximale Beschränkung war etwa die Größe einer

457 Erdheim, Mario: Die Psychoanalyse und das Unbewußte in der Kultur, Frankfurt 1988, S. 322.

458 Jaspers, Die Atombombe und die Zukunft des Menschen, S. 286.

Stadt – und auch in Münster glaubten nicht alle Einwohner an das Weltende.

Die skizzierte Entwicklung ließe sich auch als Kampf um die Deutungshoheit kosmischer Phänomene beschreiben: Während diese in Antike und Neuzeit bei der Naturphilosophie bzw. den Naturwissenschaften lag, wurden seit dem Religious Turn der Spätantike die Priester bzw. Theologen die allein berechtigten Interpreten. In der Neuzeit verloren diese stets an Autorität, um sie den Naturwissenschaftlern abzutreten. Auch religiöse Apokalyptik rekurriert heute in der Regel auf diese, desgleichen die ökologischen Panikmacher in der Politik. Es ging und geht also um die Deutungshoheit über Raum und Zeit: Welchen Sinn hat es, was in der nächsten Zukunft an Katastrophalem im Kosmos geschieht, einen religiösen oder einen profanen?

Daß alle schriftlichen Entwürfe der Weltkatastrophe von gebildeten Autoren, von Intellektuellen geschaffen wurden, ist nicht zu bezweifeln. Es ist anzunehmen, daß dem einfachen Volk lange die Möglichkeit, das gewohnte Leben könnte einmal völlig zugrunde gehen, fremd war und die entsprechenden Vorstellungen, die auf naturphilosophischen und religiösen Spekulationen basieren, aus der jeweiligen Hochkultur in die Volkskultur 'gesunken' sind. Überlegungen zur Kosmologie und zur Vergänglichkeit alles Bestehenden scheinen am Beginn gestanden zu sein, wenn auch irrationale Elemente, wie Träume und Visionen, bei der weiteren Entwicklung mitgespielt haben werden. Auch die Tradition von der Sintflut muß ihren Anteil gehabt haben als Beweis, daß solches geschehen kann. Eine Hochwasser-Katastrophe war ja eine reale allgemeine Erfahrung, die ins Gigantische projiziert in das allgemeine kulturelle Gedächtnis, auch die mündliche Volkstradition, eingegangen ist.

Für den gesamten Zeitraum mit historischer Gewißheit nicht zu beantworten ist die Frage, welche Gruppen oder Schichten in den einzelnen Perioden besonders Träger solcher Vorstellungen waren. Vor dem 16. Jahrhundert sind die Quellen über diesbezüglich im Volk umlaufende Vorstellungen zu dürftig; wie weit in der Antike auch die ungelehrten Schichten eine Ekpyrosis erwarteten, läßt sich wohl kaum eruieren. Im Mittelalter blieben Spekulationen über das Weltende auf den Kreis der Literaten beschränkt, die sie aber, wenn sie einen Predigtauftrag besaßen, weit verbreiten konnten. Doch fungierte im vorneuzeitlichen Europa die Angst vor dem Weltgericht nur sehr selten nachweisbar als Stimulus für Volksbewegungen.[459] Daß die stete Konfrontation der Gläubigen mit dem Weltgericht, wie es in der Predigt und der kirchlichen Kunst besonders ab dem hohen Mittelalter präsent war, religiöse Angst erzeugen mußte, dürfte unabweisbar sein. In Reaktion auf die Umwälzungen der Reformation und die Verbreitung des volkssprachlichen Bibeltextes beschäftigten chiliastische Erwartungen viele Laien in kleinen Splittergruppen der neuen Religion, von denen die Münsteraner Täufer die (kurzzeitig) 'erfolgreichsten' und prominentesten waren. Im 17. Jahrhundert scheint die Situation ähnlich gewesen zu sein, die Religionskriege waren vor allem im nicht katholischen Deutschland und in England vom Auftreten zahlreicher, meist laikaler Propheten begleitet. Ab dem 18. Jahrhundert bis zur Gegenwart war für die gläubigen Intellektuellen die Verbindung der Offenbarung mit naturwissenschaftlichen Thesen Ziel ihrer Bemühungen, während gelegentlich einige fundamentalistische Sekten durch Gründung radikal-endzeitlicher Gemeinden auffielen. Vielleicht kann man den Fortschrittsglauben als rationale Überbietung der Untergangsangst und -hoffnung interpretieren.[460] Im 20. und 21. Jahrhundert war und ist die Kenntnis des Themas wahrscheinlich durch die Massenmedien in weiteren Kreisen verbreitet als je zuvor, doch rangiert die traditionelle Apokalyptik gegenwärtig für fast alle Europäer nur mehr auf dem Niveau von Science Fiction und Fantasy, ist vielleicht ein Motiv spannenden Spiels und aufregender Filme, sogar der Angst-Lust, aber besitzt nicht mehr geglaubte Realität. In der Theologie gilt sie nur mehr als ein akademisches Exerziergelände, in die Pastoral wagt man die Weltuntergangs-Motive der *Apokalypse* nicht mehr einzubringen, da sie weder unter der Geistlichkeit noch unter dem Kirchenvolk ein lebendiges Glaubensgut darstellen.

459 Cohn, The Pursuit of the Millennium.

460 Böhme, Vergangenheit und Gegenwart der Apokalypse, S. 20.

Eine ob ihrer Propagandawirkung stets erwünschte Form des Umgangs mit den apokalyptischen Ängsten war im Mittelalter und in der frühen Neuzeit ihre ästhetische Aufbereitung. Als die Endzeit in praxi aufhörte, geglaubter Bestandteil des Weltbildes der Großkirchen zu sein, verlor ihre künstlerische Bearbeitung ihren Ernstcharakter. Apokalyptik existierte jedoch als marginales Thema hochkünstlerischer Gestaltung außerhalb des kirchlichen Raums und schließlich in der Trivialkunst und im Spiel weiter.

Sprechen über den Weltuntergang

„... In religion,
What damned error, but some sober brow
Will bless it and approve it with a text ...“[461]

Anders gesagt, aus dem reichen Fundus der *Bibel* – dies meinte Shakespeare hier mit „Text“ – können auch die absurdesten Ideen und ihre Verwirklichung legitimiert werden. Dies trifft besonders auf unser Thema zu, aber warum in der alteuropäischen Epoche und bei modernen Sekten immer wieder dieser Eifer von Theologen und Sektenführern, die entsprechenden Stellen aus dem heiligen Buch hervorzusuchen und mit ihnen Schreckensszenarien zu malen? Wenn man Religion nicht als etwas frei durch den Raum Schwebendes begreift, sondern als von Menschen geschaffenen Vorstellungskomplex, muß man doch danach fragen, mit welchen (bewußten oder unbewußten) Interessen sie von jenen verbreitet wird, die sich als ihre Verkünder gerieren. Dabei fällt auf: Geschichtsmächtig, d. h. Handlungen hervorrufend, werden die apokalyptischen Vorstellungen immer dann, wenn einzelne (Propheten ...) oder Gruppen (Priesterschaft ...) sie funktionalisieren, indem sie sie mit dem Ziel verbreiten (lehren), denen, die sie ängstigen, Angstabbau anzubieten durch Beitritt zu einer von ihnen geleiteten elitären Rettungsgruppe (paradigmatisch die 144.000 der *Geheimen Offenbarung*). Um dieser Erlösung teilhaftig zu werden, sind Leistungen zu erbringen

461 Merchant of Venice III, 2.

Höllenrachen und Seelenwaage, Detail eines Wandgemäldes des Jüngsten Gerichts, 2. Hälfte 15. Jahrhundert (Kirche von Mästerby, Gotland)

(materielle und solche des Verhaltens wie vor allem Unterordnung), durch die sie Macht und Reichtum erwerben.

Nochmals: Erst dadurch wird der apokalyptische Mythos geschichtsmächtig, daß er von einzelnen oder Gruppen zur Erreichung eines Zieles eingesetzt wird. Das primäre Ziel heißt regelmäßig: Macht. Das ist bei den eschatologischen Sekten unmittelbar einsichtig, gilt aber ebenso für die Paränese der Catholica in der Phase ihrer größten Herrschaft: Man hätte ja im Mittelalter auch bei dem frühchristlichen Usus bleiben können, ein freundliches Symbol wie das Lamm Gottes im Zentrum der Apsiden und Tympana als Standardikonographie beizubehalten oder dort eine tröstliche Szene wie etwa die Auferweckung des Lazarus zu vergegenwärtigen! Keine Stelle der *Bibel* verpflichtet, die Schrecken des Gerichts, der Hölle oder des Fegefeuers in der Monumentalmalerei wiederzugeben und damit die Träume der Gläubigen zu terrorisieren.

Gerade die detaillierte Beschreibung von Untergangs- und Unterweltszenarien, wie sie uns zunächst in den Apokalypsen der Zeitenwende begegnet und dann in Wort und Bild immer wieder, ist eine Technik, die Affekte der Rezipienten zu steigern und damit ihre Ratiokontrolle zu schwächen, wodurch ihre Manipulation seitens der Priester und Propheten erleichtert wird. „... der Mythos des 'Jüngsten Gerichts' mag den Wunsch nach einer Gerechtigkeit, welche auch die Herrschenden zur Rechenschaft zieht, zum Teil befriedigen, aber die dabei auftauchenden Ängste sowie die verzweifelte Anlehnung an eine transzendente Macht wirken sich derartig lähmend aus, daß davon nur die Herrschaft profitiert."[462]

Die 'Therapie' dieser Ängste bestand aber immer in der Erfüllung der Vorgaben jener, von denen man in Schrecken versetzt wurde, und funktionierte zu deren sozialem wie pekuniärem Vorteil. Nicht nur die modernen Sektenführer beuteten ihre Adepten finanziell und sexuell aus, dies taten genauso die Anführer der Täufer in Münster und oft genug die alteuropäische Geistlichkeit, die gegen die von ihr erzeugten Teufels-, Höllen- und Gerichtsangst unter dem Titel „pro remedio animae" die entsprechenden 'Versicherungen' anboten: Beichte (für die dem Geistlichen der Beichtpfennig zu bezahlen war), Spenden an die Kirche, Pilgerfahrten nach Rom und San Jago (wovon diese Orte lebten) usf.

Ausdrücklich ist festzuhalten, daß diese Nutznießer nach dem historischen Befund zumeist selbst Geängstigte waren; während die Rede heutiger Politiker von 'Verantwortungsübernahme' wohl in den allermeisten Fällen nur eine Formel darstellt, die Geltungssucht und Machtstreben 'demokratisch' kaschieren soll, läßt sich für die meisten Angehören der kirchlichen Hierarchie und weltlichen Herrscherkaste vor dem Zeitalter der Aufklärung annehmen, daß sie an das auch sie bedrohende Endgericht und die Jenseitsstrafen selbst glaubten. Dies erhellt u. a. daraus, daß auch die Angehörigen dieser Schichten reichlich Almosen für ihr Seelenheil spendeten oder Pilgerfahrten zur Vergebung ihrer Sünden unternahmen.

462 Erdheim, Die Psychoanalyse und das Unbewußte in der Kultur, S. 330.

Hunderte ähnlicher Gebete und Äußerungen wie die oben auf Seite 48 von dem Erzbischof Anselm von Canterbury zitierte ließen sich aus dem Mittelalter anführen – Beweise für eine Auffassung von Religion, die auf die Vernichtung des Ichs hinzielt, jeden Selbstwert leugnet, um die Gottheit – das Über-Ich – zur einzigen wertbesetzten Instanz in Denken und Fühlen machen zu können, Beweis für den Selbsthaß, den die christlichen Religionen so oft von den Menschen abforderten. Es hat durch die Lehre von der ewigen Hölle, der der weitaus größte Teil aller Menschen nach dem Individual- oder dem Weltgericht überantwortet wird, ein ungeheuerer Druck auf den Frommen gelegen – das beweisen wohl unwiderlegbar nicht zuletzt ihre so oft extremen Askeseleistungen[463] –, nämlich das Bewußtsein: Gott vergibt keine Sünde straflos.[464]

Betrachtet man die Ängste im traditionellen Christentum im Vergleich mit denen in den säkularisierten Epochen, dann kann man wohl feststellen, daß immer mehr 'Furcht' von 'Angst' abgelöst wird. Denn während heute oft eine unbestimmte „existentielle" Angst, eine „Weltangst" viele Menschen bedrückt, die sich eben nicht unbedingt konkretisiert (etwa als Furcht von einer Atomkatastrophe), wußte man im Mittelalter im allgemeinen genau, woran man seine entsprechenden Emotionen festzumachen hatte, da es die „auctoritas" der Heiligen Mutter Kirche bereits festgelegt hatte: Furcht hatte zu walten vor dem Teufel, vor der Hölle, vor dem Weltende mit dem Gericht und letztlich vor allem vor Gott: „Die Furcht vor dem Herrn ist heilig und dauert in Ewigkeit" (Psalm 18,10). Wenn man darin einen entlastenden Faktor sehen will – Konkretisierung der Ängste als Hilfe zu ihrer Bannung –, dann sieht man nur eine Teilwahrheit. Denn sich zu fürchten, heißt zu leiden; die Gläubigen wurden von Kindesbeinen an gezielt mit Schmerz bringenden Ängsten geimpft und diese wurden in ihnen durch Predigt, Beichtgespräch, Literatur und Kunst immer wieder erneuert. Furcht vor allem ermöglichte die

463 Dinzelbacher, Körper und Frömmigkeit.

464 Angenendt, A.: Deus, qui nullum peccatum impunitum dimittit, in: Lutz-Bachmann, M. (Hrsg.), Und dennoch ist von Gott zu reden, Festschrift H. Vorgrimler, Freiburg 1994, S. 142-156.

Verdammter auf dem Weltgerichtsbild des Stephan Lochner (gest. 1451) (Köln, Wallraff-Richartz Museum)

Herrschaft der Religion bzw. der kirchlichen Hierarchie im „Zeitalter des Glaubens“. Es ändert nichts daran, daß diese Hierarchie in der Regel selbst von der Richtigkeit dieser Vorstellungen, auf Grund derer sie so gut lebte, überzeugt war und oftmals ebenso unter ihnen litt.

Ob hiermit nicht eine grundlegende Struktur menschlichen Herrschaftsverhaltens getroffen ist? Auch manche Politiker der Gegenwart glauben ja an die Programme, vermittels derer sie in ihre staatlichen Positionen aufsteigen. Nur daß dic von ihnen dazu mobilisierten Ängste innerweltlich bleiben, wogegen die Lehren des Christentums ewige und unabänderliche Gültigkeit beanspruchen: „qui vero mala [egerint], in ignem aeternum [ibunt]. – Haec est fides catholica, quam nisi quisque fideliter firmiterque crediderit, salvus esse non poterit“[465], „wer aber Böses tat, wird ins ewige Feuer kommen. Dies ist der katholische Glaube. Wer dies nicht zuverlässig und

465 Text: http://de.wikipedia.org/wiki/Athanasisches_Glaubensbekenntnis.

fest glaubt, wird nicht gerettet werden können." So das Dogma im sog. *Athanasianischen Glaubensbekenntnis Quicumque* (um 600?), das im Mittelalter in der Meßliturgie memoriert wurde und an dem auch jeder gegenwärtige Katholik und Anglikaner als unabdingbare Glaubenswahrheit festhalten muß, will er nicht der automatischen Exkommunikation (ipso facto) und damit eben der genannten Jenseitsstrafe verfallen. Damit soll für die Gruppe der traditionell rom- und canterburygläubigen Christen ein herrschaftsstabilisierendes Element einer Weltsicht perpetuiert werden, welche durch die Bewußtseinsmutation, die auf der Entdeckung des Un- und Unterbewußten basiert, längst obsolet geworden ist.[466] Die Gültigkeit dieses Weltbildes für Katholiken wurde erneut 2007 durch das Motu proprio *Summorum Pontificum* außer Zweifel gestellt, worin das Weiterbestehen der mittelalterlich-tridentinischen Liturgie (neben der des II. Vatikanums) anerkannt wird. Insofern darf auch das 1969 aus der Totenliturgie gestrichene *Dies Irae* wieder verwendet werden, womit die auf jenem Konzil versuchte Beschneidung archaischer Elemente zurückgenommen wird. Wie die Drohung mit dem Weltgericht ist somit die Apokalyptik überhaupt eine Thematik, an der das Wesen und das Funktionieren von Religion in der gesellschaftlichen Wirklichkeit besonders gut aufgezeigt werden kann.

Epilog

Was sind Religionen? Auf diese Frage sind tausende Antworten möglich, die auch alle im Lauf der Geschichte formuliert wurden. Jedenfalls ist eine Religion ein System zur Welterklärung und Lebensbewältigung. Insofern gibt es nur einen Unterschied zwischen Religionen und Ideologien, nämlich daß erstere behaupten, ihre Basis in einer dem normalen Menschen unzugänglichen Transzendenz

466 Die einschlägigen Theorien werden diskutiert von Dinzelbacher, Peter: Psychologische Erklärungsmodelle historischen Kulturwandels und ihre Anwendbarkeit, in: Janus, L. (Hrsg.), Die Psychologie der Mentalitätsentwicklung – vom archaischen zum modernen Bewusstsein, Münster 2013, S. 67-108, erweiterte Fassung i. Dr.

zu haben, wogegen letztere sich auf das irdische Leben beschränken. Sonst sind Religionen wie Ideologien in 'heiligen Schriften' (die *Bibel*, das *Kapital*) formuliert, gliedern ihre Angehörigen hierarchisch in Elite und Volk (Geistlichkeit vs. Laienschaft, Mitglieder des Zentralkomitees vs. einfache Parteiangehörige), strukturieren das Leben durch Riten (Firmung vs. Jugendweihe) usf.

An sich könnte eine Religion wie eine Philosophie von einem isolierten Einzelnen in einer anders denkenden Umgebung gelebt werden, oder von einer Gruppe Gleichberechtigter, die miteinander betet und meditiert etc., ohne sonst andere Menschen zu beteiligen bzw. zu behelligen. In der historischen und gegenwärtigen Praktik jedoch bildeten alle Religionen Mehrklassengesellschaften von Beherrschern und Beherrschten, Befehlsgebern und Befehlsempfängern, Wissenden und zu Belehrenden, Initiierten und Initianden, Hirten und Schafen usf. Regelmäßig wurde unter dem Vorwand dieser Funktionsteilung die Mehrzahl der Gläubigen von den Eliten ausgebeutet, jedenfalls ökonomisch und sozial, oft auch sexuell. Was die Priesterschaften der staatlich anerkannten christlichen Kirchen seit dem Beginn des Bundes zwischen Thron und Altar unter Kaiser Konstantin in dieser Hinsicht praktizierten und praktizieren, tritt in den apokalyptischen Kleinkirchen (Sekten in der Terminologie der siegreichen religiösen Institutionen) deutlicher hervor, da deren Praktiken nicht durch jahrhundertelange Gewöhnung camoufliert werden, sondern oft durch Radikalität viel auffälliger erscheinen. Insofern sind sie Erscheinungen, deren Studium besonderes Interesse verdient, denn sie zeigen mit mehr Klarheit als die Großkirchen, wie Religion in der Praxis wirkt: als Herrschaftsinstrument der Machtausübung von Menschen über Menschen. Denen, die an sie glauben, versprechen sie ja noch viel mehr als jede Ideologie, die nur eine Verbesserung der Lebensverhältnisse auf Erden anzuzielen vermag. Sie versprechen die vollkommene Wunscherfüllung, genannt Himmel, und, wenn sie die *Apokalypse* zur Grundlage haben, vorher noch ein himmelähnliches tausendjähriges Reich schon auf Erden. Alle in diesem Buch erwähnten Sektenstifter haben dergleichen versprochen und damit ihre Macht sowohl begründet als auch erhalten. Denn jedesmal galt die Verheißung nur für die kleine Schar der Auserwählten, die sich durch gläubigen Gehorsam zu definieren bereit waren.

Wenn man die Frage nun weiterführen wollte, so würde sie darauf hinauslaufen, wieso denn selbst oft abstruse endzeitliche Verkündungen immer wieder von relativ vielen Christen geglaubt wurden. Die Antwort wäre von der Verhaltensforschung zu erhalten, sie gehört in die umfassendere Thematik, wieso Menschen überhaupt Autoritäten anerkennen – also das zurückstellen, was das Sprichwort als ihr Himmelreich bezeichnet, ihren eigenen Willen. Es dürfte kaum möglich sein, hier an der Tatsache vorüberzugehen, daß der Homo sapiens eben zu den Herdentieren gehört und somit darauf geprägt ist, sich einem Alpha-Tier unterzuordnen. „Die Disposition des Menschen, Rangordnungen auszubilden, basiert auf Primatenerbe."[467] Wie gut dies gegen alle 'höheren Ideale' humanistischer Prägung geht, hat eindeutig das bekannte Milgram-Experiment gezeigt[468] und zeigen nicht weniger deutlich so viele der hier geschilderten historischen Vorgänge. Anders als das psychologische Experiment von 1961 spielten diese jedoch in Kreisen, die noch an die Wahrheit der Offenbarungsreligion glaubten und daher von vornherein viel mehr mit dem damaligen Weltbild harmonierten, das prinzipiell zutiefst autoritätsgläubig war.

Die Theologie hat ihre Antwort auf die oben gestellte Frage nach der Glaubwürdigkeit endzeitlicher Szenarien übrigens schon in der Antike gegeben, es ist das (ernst gemeinte!) „credo qui absurdum est",[469] ich glaube, weil es widersinnig ist. Dieser in manchen Variationen formulierte Spruch scheint in besonderem Maße auf die Lehren von der von Gott verhängten Weltkatastrophe zuzutreffen.

Von der Conditio humana ist es zweifellos richtig, die unbewußte Todesangst auch als Motor apokalyptischer Gedanken und Be-

467 Eibl-Eibesfeldt, Irenäus, Die Biologie des menschlichen Verhaltens, Vierkirchen 5/2004, S. 445.

468 Ders., Grundriß der vergleichenden Verhaltensforschung, Vierkirchen 8/2004, S. 762 ff.

469 LThK 2, 1994, Sp. 1342 f.

wegungen zu sehen. Für alle Endprophetien gilt: „Der Glaube, daß die Menschheit den entscheidenden Augenblick ihrer Geschichte erreicht hat, drückt die Weigerung aus, sich mit der Vergänglichkeit des menschlichen Lebens und der menschlichen Errungenschaften abzufinden."[470] Deshalb geht sogar der akribisch vorsichtige Historiker kein Risiko ein, wenn er vorhersagt, daß sich religiöse Gruppen mit endzeitlichen Ideologien auch im 21. Jahrhundert neu bilden werden. Einige werden rasch vergehen, andere mögen sich als so langlebig erweisen, wie das Christentum, das als endzeitliche Sekte eines Rabbi Jesus aus Nazareth seinen Anfang nahm.

Was dazu Karl Jaspers zur Zeit des Kalten Krieges und unter der Drohung atomarer Vernichtung schrieb, bleibt jedoch weiterhin gültig: „Sollen wir neue Propheten und Offenbarungen Gottes erwarten? Nein, auch wenn ein solches Ereignis möglich sein könnte, ist es doch unvorstellbar. In der Erwartung von etwas Unbegreiflichem können wir nicht sinnvoll tätig sein. Diese Erwartung würde uns in einen selbstgemachten Trug bannen und uns versäumen lassen, was wir können."[471]

---

470 Thompson, Das Ende der Zeiten, S. 418.
471 Jaspers, Die Atombombe und die Zukunft des Menschen, S. 335.

Abkürzungen

ADB = Allgemeine deutsche Biographie
Diz. Inq. = Dizionario Storico dell'inquisizione (Hrsg. A. Prosperi)
ERE = Encyclopedia of Religion and Ethics (Hrsg. J. Hastings)
HDA = Handwörterbuch des deutschen Aberglaubens
Jb = Jahrbuch
KLNM = Kulturhistorisk Leksikon for Nordisk Middelalder
LcI = Lexikon der christlichen Ikonographie
LexMa = Lexikon des Mittelalters
LThK = Lexikon für Theologie und Kirche
MGH = Monumenta Germaniae historica
OER = Oxford Encyclopedia of the Reformation
PL = Patrologiae latinae cursus completus (Hrsg. J. Migne)
PRE = Realenzyklopädie für protestantische Theologie und Kirche
RGG = Die Religion in Geschichte und Gegenwart (2. Aufl.)
TRE = Theologische Realenzyklopädie
VL = Die deutsche Literatur des Mittelalters, Verfasserlexikon, (Hrsg. K. Ruh)

Literaturverzeichnis

(enthaltend die allgemeine Literatur zum Thema, weitere in den Anmerkungen)

Aertsen, Jan / Pickavé, Martin (Hrsg.): Ende und Vollendung. Eschatologische Perspektiven im Mittelalter, Berlin 2002

Andreas, Willy: Deutschland vor der Reformation, Stuttgart 1932

Arnold, Gottfried: Unpartheyische Kirchen= und Ketzer=Historie... I-IV, Frankfurt 1729

Barnes, Robin: Apocalypticism, in: The Oxford Encyclopedia of the Reformation I, Oxford 1996, S. 163-168

Beutin, Wolfgang: Weltuntergangsphantasie, Schlaraffenlandtraum – literaturpsychologisch, in: Jahrbuch der Oswald von Wolkenstein Gesellschaft 13, 2001, S. 195-270

Bluhm, Lothar u.a. (Hrsg.): Untergangsszenarien. Apokalyptische Denkbilder in Literatur, Kunst und Wissenschaft, Berlin 2013

Burschel, Peter / Marx, Christoph (Hrsg.): Gewalterfahrung und Prophetie, Wien 2013

Burtscher, Peter: Von Endzeitvorstellungen und Katastrophenphantasien. Eine Kritik, Diss. [in Psychologie] Salzburg 1997

Bynum, Caroline / Freedman, Paul (Hrsg.): Last Things. Death and the Apocalypse in the Middle Ages, Philadelphia 2000

Canetti, Elias: Masse und Macht, Frankfurt 1980

Carey, Hilary: Astrology and the Last Things in Later Medieval England and France, in: Morgan, Nigel (Hrsg.): Prophecy, Apocalypse and the Day of Doom, Donington 2004, S. 19-38

Case, S.J.: Second Adventism, in: ERE, S. 282-286

Christe, Yves: Das Jüngste Gericht, Regensburg 2001

Cohn, Norman: The Pursuit of the Millennium, London 3/1970

Collins, J.J. et al. (Hrsg.): The Encyclopedia of Apocalypticism I-III, New York 2000

Coulton, G.G.: From St. Francis to Dante, Philadelphia 2/1972

Cremerius, Johannes u.a. (Hrsg.): Untergangsphantasien, Würzburg 1989

Delumeau, Jean: Sin and Fear. The Emergence of a Western Guilt Culture 13th-18th Centuries, New York 1990

Dinzelbacher, Peter (Hrsg.): Europäische Mentalitätsgeschichte, Stuttgart 2/2008

Dinzelbacher, Peter (Hrsg.): Wörterbuch der Mystik, Stuttgart 2/1998

Dinzelbacher, Peter: Angst im Mittelalter. Teufels-, Todes- und Gotteserfahrung. Mentalitätsgeschichte und Ikonographie, Paderborn 1996

Dinzelbacher, Peter: Die doppelte Wahrheit heute. Über das Nebeneinander der archaisch-religiösen und progressiv-profanen Weltsicht in einer Person, in: Aufklärung und Kritik 21, 2014, S. 85-102

Dinzelbacher, Peter: Die letzten Dinge. Himmel, Hölle, Fegefeuer im Mittelalter, Freiburg 1999

Dinzelbacher, Peter: Eschatology, in: Handbook of Medieval Studies, hrsg. von A. Classen, Berlin 2010, S. 506-524

Dinzelbacher, Peter: Gruppensex im Untergrund. Chaotische Ketzer und kirchliche Keuschheit im Mittelalter, in: Sexuality in the Middle Ages and Early Modern Times, hrsg. von A. Classen, Berlin 2008, S. 405-428

Dinzelbacher, Peter (Hrsg.): Handbuch der Religionsgeschichte im deutschsprachigen Raum I-VI, Paderborn 2000 ff.

Dinzelbacher, Peter: Himmel, Hölle, Heilige. Visionen und Kunst im Mittelalter, Darmstadt 2002

Dinzelbacher, Peter: Körper und Frömmigkeit in der mittelalterlichen Mentalitätsgeschichte, Paderborn 2007

Dinzelbacher, Peter: La Gerusalemme celeste, in: Geretti, A. (Hrsg.): Aldilà – l'ultimo mistero, Torino 2011, S. 79-89

Dinzelbacher, Peter: Lebenswelten des Mittelalters, Badenweiler 2010

Dinzelbacher, Peter: Manifestazioni apocalittiche nella cultura scandinava del medioevo, in: Guglielmetti, Rossana (Hrsg.): L'apocalisse nel medioevo, Firenze 2011, S. 427-443

Dinzelbacher, Peter: Mentalität und Religiosität des Mittelalters, Klagenfurt 2003

Dinzelbacher, Peter: Revelationes (Typologie des sources du moyen âge occidental 57), Turnhout 1991

Dinzelbacher, Peter: Unglaube im „Zeitalter des Glaubens“, Badenweiler 2009

Dinzelbacher, Peter: Vision und Visionsliteratur im Mittelalter, Stuttgart 1981

Dinzelbacher, Peter: Von der Welt durch die Hölle zum Paradies. Das mittelalterliche Jenseits, Paderborn 2007

Dinzelbacher, Peter: Zeichen am Himmel - Schrecken auf Erden. Mittelalterliche Prophezeiungen, in: Unser Auftrag 11, 1995, S. 17-19

Drewermann, Eugen: Strukturen des Bösen II, Paderborn 5/1985

Dülmen, Richard van: Reformation als Revolution, Frankfurt 1989

Eligh, P.: Leven in de eindtijd. Ondergangsstemmingen in de middeleeuwen, Hilversum 1996

Emmerson, Richard / McGinn, Bernard (Hrsg.): The Apocalypse in the Middle Ages, Ithaca 1992

Erlemann, Kurt: Endzeiterwartungen im frühen Christentum, Tübingen 1996

Fin du monde et signes des temps... (Cahiers de Fanjeaux 27), Toulouse 1992

Franco jr., Hilário: As utopias medievais, Sâo Paulo 1992

Franke, William: Dichtung und Apokalypse. Theologische Erschließungen der dichterischen Sprache, Innsbruck 2011

Fried, Johannes: Aufstieg aus dem Untergang. Apokalyptisches Denken und die Entstehung der modernen Naturwissenschaft im Mittelalter, München 2001

Fried, Johannes: Die Endzeit fest im Griff des Positivismus?, in: Historische Zeitschrift 275, 2002, S. 281-321

Fried, Johannes: Endzeiterwartung um die Jahrtausendwende, in: Deutsches Archiv für Erforschung des Mittelalters 45, 1989, S. 381-473

Funkenstein, Amos: Heilsplan und natürliche Entwicklung, München 1965

Gasper, Hans / Valentin, Friederike (Hrsg.): Endzeitfieber – Apokalyptiker, Untergangspropheten, Endzeitsekten, Freiburg 1997

Geretti, A. (Hrsg.): Aldilà – l’ultimo mistero, Torino 2011

Gieseler, Johann: Lehrbuch der Kirchengeschichte I-V, Bonn 4/1844 ff.

Goertz, H.-J.: Träume, Offenbarungen und Visionen in der Reformation, in: Postel R. / Kopitzsch, F. (Hrsg.): Beiträge zum politischen Wandel und den sozialen Kräften am Beginn der Neuzeit. Rainer Wohlfeil zum 60. Geburtstag, Stuttgart 1989, S. 171-193

Grüter, Thomas: Faszination Apokalypse. Mythen und Theorien vom Untergang der Welt, Frankfurt 2011

Guadalajara Medina, J.: Las profecías del anticristo en la edad media, Madrid 1996

Guglielmetti, Rossana (Hrsg.): L'apocalisse nel medioevo, Firenze 2011

Halter, Ernst / Müller, Martin (Hrsg.): Der Weltuntergang. Mit einem Lesebuch. Katalog zur Ausstellung „Weltuntergang & Prinzip Hoffnung" im Kunsthaus, Zürich 1999

Hanegraaff, Wouter (Hrsg.): Dictionary of Gnosis and Western Esotericism, Leiden 2006

Haupt, Barbara (Hrsg.): Endzeitvorstellungen, Düsseldorf 2001

Heer, Friedrich: Abschied von Höllen und Himmeln, München 1970

Jaspers, Karl: Die Atombombe und die Zukunft des Menschen, München 1961

Kerby-Fulton, Kathryn: Reformist Apocalypticism and Piers Plowman, Cambridge 1990

Keulemans, Maarten: Exit Mundi. Die besten Weltuntergangsszenarien, München 2010

Knox, R. A.: Enthusiasm. A chapter in the history of religion with special reference to the XVII and XVIII centuries, Oxford 1950

Lambert, Malcolm: Ketzerei im Mittelalter, München 2001

Landes, Richard: On Owls, Roosters, and Apocalyptic Time – A Historical Method for Reading a Refractory Documentation, in: Union Seminary Quarterly Review 49, 1996, S. 165-185

Lauer, Gerhard / Unger, Thorsten (Hrsg.): Das Erdbeben von Lissabon und der Katastrophendiskurs im 18. Jahrhundert, Berlin 2008

Lerner, Robert: The Medieval Return to the Thousand-Year Sabbath, in: Emmerson, Richard / McGinn, Bernard (Hrsg.): The Apocalypse in the Middle Ages, Ithaca 1992, S. 51-71

McGinn, Bernard: Apocalypticism in the Western Tradition, Aldershott 1994

Metzner, Joachim: Persönlichkeitszerstörung und Weltuntergang. Das Verhältnis von Wahnbildung und literarischer Imagination, Tübingen 1976

Möhring, Hannes: Der Weltkaiser der Endzeit, Stuttgart 2000

Mohr, Bernd: Zum Verhältnis von Angst, Prophezeiung und Modell, dargelegt an der Offenbarung des Johannes, in: Weidner, Daniel u.a. (Hrsg.): Prophetie und Prognostik, München 2013, S. 167-190

Morgan, Nigel (Hrsg.): Prophecy, Apocalypse and the Day of Doom, Donington 2004

Müller, Achatz von, Chiliasmus und Sozialgeschichte, in: Cohn, Norman: Das neue irdische Paradies, Reinbek 1988, S. 385-403

Nigg, Walter: Das ewige Reich, München 1967

Olrik, Axel: Ragnarök, Berlin 1922

Pace, V. / Angheben, M. (Hrsg.): Alfa e omega. Il Giudizio Universale tra Oriente e Occidente, Milano 2006

Pot, J.H.J. van der: De periodisering der geschiedenis, 's-Gravenhage 1951

Potestà, Gian: Il tempo dell'apocalisse. Vita di Gioacchino da Fiore, Roma 2004

Rath, Norbert: Untergang als Übergang. Strukturmuster endzeitlich-religiösen Bewusstseins, in: Jüttemann, G. (Hrsg.): Die Entwicklung der Psyche in der Geschichte der Menschheit, Lengerich 2013, S. 255-269

Riedl, Matthias: Joachim von Fiore. Denker der vollendeten Menschheit, Würzburg 2004

Rohr, Ignaz: Die Prophetie im letzten Jahrhundert vor der Reformation als Geschichtsquelle und Geschichtsfaktor, in: Historisches Jahrbuch 19, 1898, S. 29-56, 547-566

Schaff, Philip: History of the Christian church I-VIII, Peabody, Mass. 1996

Seibt, Ferdinand: Utopica. Modelle totaler Sozialplanung, Düsseldorf 1972

Smoller, Laura: The Alfonsine tables and the end of the world – astrology and apocalyptic calculation in the later Middle Ages, in: The Devil, Heresy and Witchcraft in the Middle Ages, hrsg. von A. Ferreiro, Leiden 1998, S. 211-239

Talkenberger, H.: Sintflut. Prophetie und Zeitgeschehen in Texten und Holzschnitten astrologischer Flugschriften 1488-1528, Tübingen 1990

Thompson, Damian: Das Ende der Zeiten. Apokalyptik und Jahrtausendwende, Hildesheim 1997

Töpfer, Bernhard: Eschatologie et millénarisme, in: Le Goff, Jacques / Schmitt, Jean-Claude (Hrsg.): Dictionnaire raisonné de l'Occident médiéval, Paris 1999, S. 360-373

Valentin, Friederike: Das Ende ist nahe. Naherwartung und Parusieverzögerung bei Sekten und religiösen Sondergruppen, in: Gasper, Hans / Valentin, Friederike (Hrsg.): Endzeitfieber – Apokalyptiker, Untergangspropheten, Endzeitsekten, Freiburg 1997, S. 30-50

Vaneigem, Raoul: Resistance to Christianity (2013): http://www.notbored.org/resistance-1.html

Vuillaud, Paul: Fin du monde et prophètes modernes, in: Les cahiers d'Hermès 3 nov. 2008 : http://sophia.free-h.net/spip.php?article159

Wallmann, Johannes: Kirchengeschichte Deutschlands seit der Reformation, Tübingen 3/1988

Weber, Eugen: Apocalypses – Prophecies, Cults, and Millennial Beliefs through the Ages, Cambridge 1999

Wollgast, Siegfried: Philosophie in Deutschland 1550-1650, Berlin 2/1993

Zimbaro, Valerie: Encyclopedia of Apocalyptic Literature, Santa Barbara 1996

Bildnachweis

Cover: © Gerhard Knobloch, www.grafik-kunst-fotos.eu.
Seite 47, 55, 59, 119, 124, 152, 166, 191, 194: Peter Dinzelbacher.
Seite 116: Corpus Vitrearum Deutschland, Freiburg i.Br. (Foto: Rüdiger Tonojan).

Register

A

Abbo von Fleury 43
Adamiten 75f.
Adelgreiff, Johann Albrecht 57, 93
Adso von Montier-en-Der 118
Adventisten 107
Ahlers, Christian 133
Ailly, Pierre d' 68
Alexander IV. 50
Alsted, Johann 93
Anna von Büchel 162
Anselm von Canterbury 48, 193
Antonianer 101f.
Arnald von Villanova 56f.
Augustinus 23-29, 53, 92, 129
Aum 178
Ava 114

B

Bacon, Roger 51, 128
Bayle, Pierre 115
Beatus von Liebana 41
Beckmann, Max 154
Bengel, Johann 92, 105
Bergengruen, Werner 84
Bernhard von Clairvaux 49-51, 130
Berthold von Regensburg 56
Birgitta von Schweden 21, 37
Blake, William 144
Bockelson, Jan *siehe* Jan van Leyden
Bonaventura 54
Bonifatius VIII. 57, 126
Bonincontri, Lorenzo 77
Bourignon de la Porte, Antoinette 99f.
Bruderschaft vom Gelben Kreuz 127
Brut(e), Walter 67, 74
Burnet, Thomas 110
Buttlar, Eva von 100f., 174
Buttlarsche Rotte 100f., 176
Byron, George 143

C

Calvin, Johannes 81, 115, 130
Camisarden 98
Canne, John 96
Chaucer, Geoffrey 84
Chirico, Giorgio de 154
Christ III 43
Columbus, Christoph 67f.
Cusanus 67, 69, 121

D

Dauthendey, Max 144
Demokrit 16
De semine scripturarum 50
Deutschherrenorden 127
Dies Irae 39, 151, 195
Dietrich von Apolda 64
Dolcino 72, 126, 128
Dominikus 64
Don Bosco 124, 125
Draumkvaedet 137
Dröscher, Martin 92
Dürer, Albrecht 85, 86

E

Ebel, Johann W. 105
Eccles, Solomon 97

Edda 31
Egli, Raphael 94f.
Elisabeth von Schönau 58
Eller, Elias 162
Emicho 52
Engelbrecht, Hans 93, 160
Engelsbrüder 97
Eon von Stella 52

F

Felgenhauer, Paul 92f.
Ferrer, Vincent 62-64
Fiat Lux 149
Fourier, Charles 140
Franz von Assisi 54
Freud, Sigmund 158f., 178f.
Freytag, Gustav 92
Friedrich Barbarossa 125
Friedrich II. 56, 121, 126
Friedrich III. 126
Friedrich von Sizilien 126

G

Gamli 60
Gebeno von Eberbach 57
Geißler 56, 74
Gerard von Borgo San Donnino 54, 174
Gifftheil, Friedrich 93
Giovanni da Correggio 68
Grass, Günter 147
Gregor I. (der Große) 37
Gregor VII. 121
Gregor von Nazianz 20
Greulich, Joachim 95

H

Hahnische *siehe* Michelianer
Harmsól 60
Hausknechtianer 106
Hegel, G.W.F. 135
Heinrich von Neustadt 118
Helmolt von Bosau 50
Hemmerlin, Felix 69
Hermas 8
Herrenhuter 104
Herschel, Wilhelm 140
Heym, Georg 145
Hildegard von Bingen 57, 121
Hilten, Johannes 69
Hippolytus von Rom 23
Hochmann von Hochenau, Ernst Christoph 96
Hoffmann, Melchior 82f.
Hoffmansthal, Hugo von 134
Hölderlin, Friedrich 141f.
Hugenotten 98
Hus, Jan 75
Hussiten 75
Hut, Hans 86

I

Innozenz III. 128
Irvingianer 147

J

Jacob van Maerland 121
Jakob von Varazze 64, 114
Jansen, Cornelius 130
Jan van Leyden 72, 87-89, 172
Jaspers, Karl 163, 187, 198
Joachim von Fiore 53, 56f.
Johannes der Täufer 18
Johannes de Rupescissa 73
Johannes Paul II. 122
Johannes von Parma 55
Johannes XV. 38
Johann von Brugge 68
Jones, Jim 177
Jost, Ursula 83
Jouret, Luc 177
Jung, C.G. 148, 159, 178
Jurieu, Pierre 98

K

Kannler, Konrad 74
Kant, Immanuel 155
Karl der Große 38
Kinder Gottes 162, 171
Klein, Melanie 178
Kotter, Christoph 93
Kraus, Karl 146
Krüdener, Juliane von 104
Kubin, Alfred 145
Kuhlmann, Quirinus 98f.
Kynewulf 43

L

Lactantius 73
Lacunza, Manuel 147
LaHaye, Timothy 151
Leade, Jane 97
Lessing, Gotthold Ephraim 147
Libro del conocimiento del fin del mundo 62
Lichtenstein, Alfred 145
Ligeti, György 151
Loisy, Alfred 19
Ludus de antichristo 66
Ludwig XI. 127
Ludwig XIV. 98
Lukrez 16
Luther, Martin 21, 80f., 92, 122, 127, 130

M

Malachias 129
Martens, Kurt 145
Mathys, Jan 89
Maximilian I. 127
Mede, Joseph 95
Methodius 69
Michaelsritter 109
Michelianer 106
Militz von Kromeriz 75
Miller, William 107
Minucius Felix 23
Mirandola, Pico della 67
Montanisten 26
Morin, Simon 57
Mormonen 97, 131
Mucker 105
Münzer, Thomas 130f., 174
Muspilli 38

N

Napoleon 104, 109, 122f.
Nayler, James 96f.
Nestroy, Johann Nepomuk 182
Norbert von Xanten 50

O

Orientius von Auch 30
Ortlieber 72
Osiander, Andreas 80
Otloh von St. Emmeram 48
Otto von Bamberg 158
Otto von Freising 52

P

Paisley, Ian 122
Panacea Society 108
Pausewang, Gudrun 167
Peoples Temple 177
Peter, Marget 103f., 179f.
Petersen, Johanna 96
Petrarca 67
Physikotheologen 110
Pietisten 91f., 102, 105
Plato 23
Pöschlianer 109
Pöschl, Thomas 109
Postel, Guillaume 90
Pregizerianer 106
Prick of Conscience 115

Q

Quäker 96

R

Radulf 52
Ranter 97
Robins, John 97
Ronsdorfer Zioniten 131, 162
Rosamunde von der Asseburg 96
Russell, Charles 148

S

Sachs, Hans 66
Salimbene 56
Savonarola, Hieronymus 78
Schedelsche Weltchronik 59, 114
Schiller, Friedrich 135
Schlegel, Friedrich von 144
Schmid, Conrad 74, 126
Seneca 17f.
Servet, Michel 115
Shaker 97
Shelley, Mary 144
Sibylle 24
Sibyllinische Orakel 114
Sickinger, Magdalena 109
Smith, Joseph 132
Sonnentempler 175, 177, 180
Southcott, Joanna 108
Spohn, Bärbel 106
Stifel, Michael 81f.
Stoessl, Otto 145
Strabon 15
Swedenborg, Emanuel 10, 111f.
Swift, Jonathan 111

T

Tanchelm von Antwerpen 50, 71f.
Templer 106
Theuda *siehe* Thiota
Thietmar von Merseburg 36
Thiota (Theuda) 38
Thom, John Nichols 108
Tommasuccio da Foligno 128
Tura von Siena 67
Turrel, Pierre 68

U

Unternährer, Anton 101, 102
Uriella 149
Ussher, James 96

V

Villani, Giovanni 67
Völuspá 31, 32

W

Walther von der Vogelweide 182
Wesley, John 112
Wetti von Reichenau 57
Whiston, William 111
Wiedertäufer 13, 72, 83, 86-89, 131, 161, 175, 182, 189, 192
Wilder, Thornton 8
Wilhelmsen, Johann 90
Willemsen, Jan *siehe* Wilhelmsen, Johann
Wycliff, John 74, 80

X

Xosas 107, 181

Z

Zeugen Jehovas 148, 167
Ziehen, Conrad Siegmund 112f.
Zwickauer Propheten 131
Zwingli, Huldreich 130

Hermann Detering

O du lieber Augustin

Falsche Bekenntnisse?

ISBN 978-3-86569-181-1, ca. 300 Seiten, kartoniert, Euro ca. 22.-

Augustinus (354-430) gilt als der bedeutendste Kirchenlehrer und wichtigster katholischer Philosoph der späten Antike. Seine Schrift *Bekenntnisse* (Confessiones) gehört als autobiographischer Text zur Weltliteratur. Hermann Detering stellt in seinem Buch die Echtheit dieses Augustinus-Werkes in Frage. Er untersucht den Text eingehend, vergleicht ihn mit anderen Schriften und kommt zu dem Ergebnis, dass es sich um eine mittelalterliche Fälschung handelt. Der mutmaßliche tatsächliche Autor ist kein Unbekannter...

Karlheinz Deschner

Die Politik der Päpste

Vom Niedergang kurialer Macht im 19. Jahrhundert bis zu ihrem Wiedererstarken im Zeitalter der Weltkriege

Nachwort von Michael Schmidt-Salomon

ISBN 978-3-86569-116-3, 1231 Seiten, gebunden, Euro 59.-

Karlheinz Deschners so voluminöses wie gut belegtes Werk verfolgt den Weg des Papsttums von dessen tiefster Krise im 19. Jahrhundert bis heute. Von Pius IX., dem Verkünder päpstlicher Unfehlbarkeit, über Benedikt XV., den kurialen Kriegsgewinnler, zu Pius XI., der Mussolini, Hitler, Franco förderte. Und Pius XII. setzte diesen antikommunistischen Kurs fort, zur Verfolgung, Vernichtung der Juden fast ausnahmslos schweigend und die Ermordung orthodoxer Serben durch die katholische Ustascha in Kroatien widerspruchlos duldend. – Deschner weist nach, dass die Stellvertreter Gottes auch in dieser Epoche auf der Seite jener Mächtigen standen, von denen sie Unterstützung ihrer imperialen Ziele erhofften.

Für die Neuausgabe hat Karlheinz Deschner den Text durchgesehen und etliche Angaben aktualisiert. Im Nachwort widmet sich Michael Schmidt-Salomon den Amtszeiten von Johannes Paul II. und Benedikt XVI. bis zu dessen Rücktritt im Februar 2013.

Theodor Ebert

Der rätselhafte Tod des René Descartes

ISBN 978-3-86569-048-7, 236 Seiten, Abbildungen, kartoniert, Euro 16.-

René Descartes hat einen festen Platz in der Philosophiegeschichte, sein Rationalismus hat die europäische Aufklärung geprägt. Im Herbst 1649 folgt er einer Einladung der schwedischen Königin Christine nach Stockholm. Wenige Monate später stirbt der französische Philosoph dort – wie es heißt, an einer Lungenentzündung.

So jedenfalls die „offizielle" Version, wie sie sich bis heute in Descartes-Biographien findet. Doch bereits kurz nach Descartes Tod kursierten Gerüchte, es sei Gift im Spiel gewesen. Theodor Ebert geht diesem Verdacht nach und rollt den „Fall Descartes" noch einmal auf. Anhand bislang wenig beachteter Dokumente rekonstruiert er zunächst den Krankheitsverlauf. Dabei ergeben sich erhebliche Zweifel an der Diagnose „Lungenentzündung". In einem zweiten Schritt erörtert er, wer Motiv und Möglichkeit für einen Mord an Descartes gehabt haben könnte. Am Ende der akribischen Untersuchung erscheint der rätselhafte Tod des René Descartes in einem neuen Licht.